龙湖涉侨编年

施能狮　吴谨程　编著

中国华侨出版社
·北京·

图书在版编目（CIP）数据

龙湖涉侨编年 / 施能狮，吴谨程编著. -- 北京：
中国华侨出版社，2024.2
ISBN 978-7-5113-9052-3

Ⅰ.①龙⋯　Ⅱ.①施⋯ ②吴⋯　Ⅲ.①乡镇—地方史
—编年史—晋江市　Ⅳ.①K295.75

中国国家版本馆 CIP 数据核字（2023）第 161285 号

龙湖涉侨编年

编　　著：施能狮　吴谨程
责任编辑：桑梦娟
经　　销：新华书店
开　　本：710 毫米 × 1000 毫米　1/16 开　　印张：22.25　　字数：304 千字
印　　刷：北京天正元印务有限公司
版　　次：2024 年 2 月第 1 版
印　　次：2024 年 2 月第 1 次印刷
书　　号：ISBN 978-7-5113-9052-3
定　　价：68.00 元

中国华侨出版社　　北京市朝阳区西坝河东里77号楼底商5号　　邮编：100028
编辑部：（010）64443056-8013　　传　真：（010）64439708
网　　址：www.oveaschin.com　　E-mail：oveaschin@sina.com

如发现印装质量问题，影响阅读，请与印刷厂联系调换。

序　一

首次获悉龙湖镇侨联正着手编纂《龙湖侨乡文化丛书》，时在今年 4 月下旬，陪同上级领导到龙湖镇作侨务工作主题调研之际。我勉励之，并期待着这一文化研究成果早日问世。如今，短短 4 个月时间过去，作为丛书首卷的《龙湖涉侨编年》清样摆在我的案头，令人心生感佩。我用 4 个月的时间期待，编者施能狮先生、吴谨程先生用多年的时间耕耘，他俩做人做事低调，不善张扬。

侨乡是中国特有的地理概念，是一个地区移民海外到一定程度的产物，是移民海外比较活跃的区域性社会。从理论层面体察《龙湖侨乡文化丛书》，一定意义上是应学术与时代发展之需求，在以往零散的、独立的研究著述的基础上，形成全面、系统的序列性著作。《龙湖侨乡文化丛书》含五个子课题，分别是《龙湖涉侨编年》《龙湖侨捐碑刻》《龙湖侨乡调查》《龙湖旅外社团》《龙湖侨史人物》，如此看来，丛书的研究内容已涵盖侨乡文化、华侨华人文化、华侨华人与侨乡的关系等，不仅具有一定的学术意义，且具有较强的现实意义。

晋江市是全国著名侨乡，祖籍晋江的域外乡亲有 300 多万之众。中国改革开放中县域经济发展四大模式之一的晋江模式，就是侨乡利用海外资源进行现代化建设的典型例证。在习近平总书记总结提出的"晋江经验"指引下，海内外 500 万晋江人经过多年拼搏，创造了开创中国县域经济发展的典范。

龙湖镇在地理上独拥江、河、湖、海，"以水为居"，这个侨乡名镇以其悠久、丰厚的侨乡文化资源，被誉为"侨乡中的侨乡"。其中，涌现出大批杰出的侨界人物，如菲律宾华人甲必丹许志螺，"菲律宾科学之父"许肇堆，归侨革命家许立、许志猛，归侨科学家、中科院院士施教耐，菲律宾华人首富施至成等，可谓灿若星河。其间，发生了众多影响深远的历史事件，如吴克诚于 19 世纪末在菲律宾南岛开辟"新晋江"工业城镇，许友超以马尼拉中华商会会长身份出任厦门特别市市长，施学齿家族三代五建惠济桥，郭华忠、许鹏飞从菲律宾奔赴延安参加抗战，施教锯烈士在日寇狱中坚贞不屈、英勇就义等，可谓光耀史册。

以镇为单位，对侨乡文化进行系统的梳理和研究，这在全国并不多见，在晋江亦属首例。可喜的是，他们踏踏实实地做了，而且丰富厚重。似乎可以据此断定：他俩不善张扬，到底还是张扬了。试以《龙湖侨乡文化丛书》首卷《龙湖涉侨编年》，来考察龙湖镇侨乡文化精神，不难发现：龙湖镇并不仅仅是一个简单的行政区域概念，更主要的是根植于深厚的历史和文化基础之上。在晋江本土文化和旅外乡亲住在国文化的影响下，龙湖镇逐渐形成了具有海洋与侨乡特色的文化特征，形成了海纳百川、拼搏创新的思维方式和行为规范。

定格乡愁记忆，传承历史文脉，记录时代变迁。他俩从历史文献及田野调查中获取了珍贵的史料，如此广搜博采，这个过程是创造的过程，也是发现的过程。

本书呈现的是基层侨联工作者视域下的侨乡文化生态，亦从中突显了业余华侨文化学者的初心使命。他俩以合适的体例，用史学的笔法架构，以时序为经，以事类为纬，翔实记述了龙湖侨乡经济社会发展的历史和现状。如果细加研读，便能窥见其中的史学价值：我们可以从本书第一手侨乡社会的基本资料，了解龙湖侨乡社会的发展变迁。同样还可以发现：龙湖的华侨华人史是一部风雨沧桑的血泪史，是一部自强不息的奋斗史，是一部开拓拼搏的创业史，更是一部生生不息的爱国爱乡史。

本书的价值还在于：可以帮助我们厘清新时期华侨华人与侨乡的关系，对历史与现状进行总结和思考，为侨务工作提供参考，为侨乡文化建设提供智力支持。

"存史，资政，育人"，希望本书能让读者管窥龙湖侨乡发展之一斑，同时希望本书所蕴含的侨乡文化资源，转化为龙湖地域文化资源，以优秀的侨乡文化助力龙湖镇"产城乡"战略融合发展。

黄天凯

中共晋江市委常委、统战部部长

2023 年 8 月

序　二

　　福建省是全国著名侨乡，泉州市是福建省著名侨乡，晋江是泉州市的著名侨乡。晋江龙湖，则是泉州侨乡中的一颗明珠。看到《龙湖涉侨编年》，心中充满敬畏与欣喜，它展现了晋江龙湖的侨心、侨亲可亲可敬的事迹，它让这颗侨乡明珠闪亮起来，亲近、亲切。

　　侨乡，其内涵是由侨乡的人、人的社会活动尤其是跨国活动、人的精神世界以及物理空间事物构成。晋江，之所以产生"晋江经验"，和改革开放密不可分，和伟大的新时代密不可分，和晋江侨乡人的精神特质密不可分，和晋江的海外侨亲密不可分。可以说，"晋江经验"与侨亲及侨乡密不可分，伟大的新时代是其叙事的宏大背景和底色，晋江侨乡创新性发展、晋江侨乡内生动力的勃发是其生动的绽放。晋江龙湖的故乡亲人与海外侨亲，是"晋江经验"宏大叙述与生动演绎中的重要组成部分，扮演着重要的角色。《龙湖涉侨编年》丰富了泉州侨史与海外侨情研究的内涵，也让晋江侨乡的内涵更加丰富起来。

　　在《龙湖涉侨编年》中，晋江龙湖已经超越了地理概念中的家乡，龙湖海外侨亲不论走到哪里，始终保持着对中华优秀传统文化的深厚情怀与薪火相传，包含着爱国爱乡的华侨精神，具有深刻的爱拼敢赢、爱国爱乡、诚信修睦、急公好义、反"独"促统的精神气质，在跨国界活动、跨文化交流中，在故乡与他乡中，寻找美丽的故土情怀和实现的路径。

　　《龙湖涉侨编年》的编者施能狮、吴谨程，扎根故乡，联系海外，在浩瀚的历史资料中，探骊得珠，收集第一手资料，精心打造一部编年史。一览全书，深切感受到作者的静心、精心、敬心。首先是静心，静下心来，坐得住冷板凳，思接千载，视野宏阔，看得见龙湖侨乡的变迁，看得见海外侨亲的爱国之侨心，感受得到海外侨亲的爱国之情。其次是精心，精心构思，精心撰写，"出精品"的情怀溢出书来。最后是敬心，作者以敬畏之心来对待历史、对待龙湖故土家园、对待龙湖的海外侨亲，对待写作。一书在手，全方位展现晋江龙湖海外侨亲的出国史、奋斗史、奉献史，使龙湖的海外侨亲，从历史中走出来，显得可亲、可敬、可佩。

刘以榕

华侨大学马克思主义学院副教授，硕士生导师；

兼任福建省华侨历史学会副会长，泉州华侨历史学会会长

2023 年 8 月

序　三

所谓侨乡，就是海外华侨华人的故乡。外来文化与本土传统文化发生碰撞、交融，经年历久，乡村民众的心理、行为都随之发生了有别于传统的变化，乡土建筑也多了一些与传统乡村不同的色彩。这种有别于传统地域文化的文化形态，就是侨乡文化。

时至今日，在全国范围内，还没有第二个乡镇被誉为"侨乡中的侨乡"，龙湖镇于是成为唯一。作为闽南著名侨乡，龙湖镇港澳台同胞、海外华侨有 20多万人，华侨足迹遍布世界各地，涌现出施至成、施恭旗、施子清、洪祖杭等侨领，成为龙湖镇发展的强劲动力。辖区内有南浔、福林等传统村落，龙园、烧灰等革命老区村，后溪、粘厝埔等少数民族文化村，衙口、埔头等滨海旅游村，历史人文底蕴丰厚，自然资源禀赋优越。如何利用侨乡文化助力龙湖镇经济社会发展，一直是镇党政部门持续探索的课题。

现在，《龙湖侨乡文化丛书》首卷《龙湖涉侨编年》即将付梓，这是值得称道的。它将为龙湖镇旅外侨亲、在乡乡亲呈现较为客观的侨乡文化生态，为晋江侨史研究提供较为翔实的微观案例。编者施能狮、吴谨程先生任职于龙湖镇侨联，善能发挥人缘、地缘和学缘的优势，为编纂工作提供了良好的条件。

按照惯常思维，施能狮、吴谨程先生基于职责所在、博闻强识、熟知侨情，才能成为真正的侨务工作实干家。然而依我们所见，除了职责，更多的还有情怀。侨史研究并非他俩的专业，然而他俩为梳理与研究龙湖侨乡文化迈出了难能可贵的第一步，为龙湖侨乡献上了一份厚礼。

"历史是什么？是过去传到将来的回声，是将来对过去的反映。"在《龙湖涉侨编年》中，我们可以获知：时间是线，串联海外侨亲的步履匆匆；时间是绳，牵系四海龙湖人的乡情殷殷。我们愿在时间长河中追寻侨亲足迹，以先辈的荣光，共同创造"侨乡中的侨乡"更大的辉煌。

新的历史时期，面对前所未有的机遇和挑战，重温龙湖华侨华人历史，必将进一步激发广大海外侨胞热爱祖国、建设家乡的热情，也必将激励我们学习领会习近平新时代中国特色社会主义思想，进一步凝聚侨心，汇聚侨力，加快"产城乡"融合新型织造名镇建设，为奋力推进中国式现代化晋江实践，谱写"晋江经验"新篇章贡献更多龙湖力量。

许文倡　张志雄

中共龙湖镇委员会书记，龙湖镇人民政府镇长

2023 年 8 月

目 录
C ONTENTS

1999 年

2005 年

2013 年

2018 年

龙湖涉侨编年

1698 年
——
2023 年

1698 年（清康熙三十七年）

洪光弼捐建仑上洪氏小宗祠

是年　仑上村旅居暹国乡侨洪光弼捐资兴建仑上村洪氏小宗祠。"便于康熙戊寅年不吝二三千金，积资兴建本乡小宗祠，深得家乡族人之赞誉。"

1714 年（清康熙五十三年）

洪光弼倡建英林洪氏大宗祠

是年　仑上村旅居暹国乡侨洪光弼"自暹回棹……乃四出奔走，呼告族人，首倡建造吾族大宗，率先带头捐题百余金。并经常与吾族老乡贤帷幄运筹，潜心计议，为此费时多月，直至大宗筹建之务业已就绪，方返暹国。"嗣后，因诸多原因致使工程进展缓慢，洪光弼"再费金七百余"，命长子尚彬全力以赴，协助族中之耆老同心同德共成所未成大宗之建。

1717 年（清康熙五十六年）

侨捐英林洪氏大宗祠竣工

是年　由仑上村旅居暹国乡侨洪光弼倡建的英林洪氏大宗祠竣工。

1805 年（清嘉庆十年）

吴圭房卒葬菲律宾

是年　锡坑村后厝份旅菲乡侨吴圭房卒葬菲律宾；生于乾隆辛酉年（1741），享寿 65 岁。（本条载于《岱阳吴氏三房锡里公谱》）

1827 年（清道光七年）

许逊沁卖秤往菲

是年　檀林村许逊沁卖掉家里的一杆"大秤"，贴补路费，往小吕宋

（菲律宾马尼拉）谋生，时年 20 岁。

1850 年（清道光三十年）

许逊沁捐助安海养生堂

是年 檀林村旅菲乡侨许逊沁捐助安海养生堂（即安海育婴堂，晋江市育婴院前身）。泉州府正堂嘉赠"诚心保赤"匾额，彰其功德，此匾至今仍悬挂于许逊沁故居厅楣。因其慨捐，得朝廷授詹事府主簿。

1851 年（清咸丰元年）

许逊沁主持重修檀林许氏宗祠

是年 檀林村旅菲乡侨许逊沁主持重修（扩建）祠堂，并邀请许春晖协助料理有关事务，撰修族谱。祠堂坐北朝南，三开间二进，下落是庑廊，中有天井。祠堂前有一小一大两池塘。据族谱记载，檀林祠堂始建于 1627 年（明天启年间），规格、格局无可查证，但祠堂地址未变。此后尽管宗祠几经修建，但至今仍保留许逊沁重修之格局。

1855 年（清咸丰五年）

许逊沁创建檀林第一所私塾"绿野山房"

是年 檀林村旅菲乡侨许逊沁兴建村中第一所私塾——绿野山房，此为闽南一带较早可考的侨办私塾。

1863 年（清同治二年）

许逊沁出资重修石龟许氏宗祠

12 月 檀林村旅菲乡侨许逊沁出资重修石龟许氏宗祠，1865 年（清同治四年，乙丑）十月竣工。大门匾额"许氏家庙"，一时"栋宇恢宏，几筵之陈设以为外观之美"，并由举人许祖涝撰《重修石龟许氏宗祠记》，刻碑留念。时编有瑶林一派由 29 世至 39 世昭穆："逊志经书，自有文章光世德；

存心孝友，居然仁让振家声。"

1864 年（清同治三年）

后坑村菲律宾、台湾省乡亲捐资简修法济寺

仲春 后坑村菲律宾、台湾省乡亲捐资简修法济寺（龙山别院），遂成歇山式三间张四榉头规制。

许逊沁移溪

是年 檀林村因地处丘陵溪谷，地势低洼，溪床泥沙淤积，若水潦骤至，则泛滥成灾。乡人如遇豪雨天气，夜里彷徨，卧不安席。是年，旅菲乡侨许逊沁治理溪患，为乡人避祸造福，捐巨资移溪，数月后告竣。

1866 年（清同治五年）

许逊沁重建水尾宫

十一月 檀林村旅菲乡侨许逊沁继移溪之后，又接纳乡贤建议，捐银千两，委托其长子许志岚负责重建水尾宫工程，乡人鼎力协助。工程于农历九月开工，十一月落成，镌《檀林移溪并起福林堂记》载其事。水尾宫即"福林堂"，民国初期改名为"福林寺"。

1869 年（清同治八年）

施至埯因避瘟疫侨居菲律宾

是年 大埔村施至埯因避瘟疫，逃离家乡前往菲律宾。施至埯在菲律宾马尼拉结婚，育有两子，长男施性萍，次男施性溪，兄弟两人各自开办"东方""茂林"两大木材公司。

1877 年（清光绪三年）

许志螺任菲律宾华侨善举公所董事

是年 菲律宾华侨善举公所成立，檀林村旅菲乡侨许志螺任董事。善举

公所是当时菲律宾华侨社会最高的社团组织，专门管理华侨慈善事务的机构，主办有中华崇仁总医院、崇仁护理学院、华侨义山、善举养老院、善举公所义诊处等。

1878 年（清光绪四年）

许志螺捐资参建菲律宾马尼拉华侨义山崇福堂

是年 菲律宾甲必丹杨尊亲向侨界募捐兴建崇福堂时，捐资者众多，檀林村旅菲乡侨许志螺系 20 个董事之一。事载菲律宾华侨义山崇福堂后墙《新仙山开用条目》及《新仙山条规章程》碑记。

1884 年（清光绪十年）

施能宗营建红砖大厝

是年 大埔村旅菲乡侨施能宗在大埔村营建两座红砖大厝，附有书房、花园、店铺，称"顶新厝"。1920 年农历七月十四，该宅被浙江军陈肇英部烧毁一座。现两座大厝遗址尚存。

1885 年（清光绪十一年）

施显龄创办印度尼西亚《马来鼓声报》

是年 衙口村旅居印度尼西亚中爪哇三宝垄乡侨施显龄发起并参与创办《马来鼓声报》，并任总编辑。该报为印尼最早的以华侨为读者的马来文报纸，主要刊登时政、经济新闻。不久，施显龄买下《马来鼓声报》，精心经营，影响力日隆，这份报纸以后相继重组易名为《垅川导报》《垅川明星报》《垅川之烛报》，一直办到 1913 年才停刊。

1886 年（清光绪十二年）

许志螺等代表旅菲华人第二次具禀清廷要求设领护侨

是年 菲律宾华人第二次具禀清廷，请求设官保护。檀林村旅菲乡侨许志螺与其他三位华商叶龙钦、陈最良、林光合到达香港，携有设领公函，有290人签字，要求面呈两广总督张之洞，反映在菲华人疾苦。叶龙钦即叶钦，1880年曾任甲必丹；陈最良即陈谦善，也是甲必丹；许志螺于1888—1889年任甲必丹。时，清廷驻西班牙大使张荫桓尚在香港，与该批商人在香港会商。

1887年（清光绪十三年）

许志螺捐建泉州府学文庙明伦堂尊经阁

是年 檀林村旅菲乡侨许志螺（玉田）捐银伍佰圆，参建泉州府学文庙明伦堂尊经阁。题捐芳名"吕宋珉伊腊捐银条目"载："檀林乡职员许玉田……各伍佰圆。"

1888年（清光绪十四年）

许志螺任菲律宾华人甲必丹

1888—1889年 檀林村旅菲乡侨许志螺（Federico Camir Co Sequieng）任菲律宾华人甲必丹。西班牙殖民统治菲律宾后期，实行"以华养菲""以华制华"的"甲必丹制"，即殖民当局挑选对其"忠诚"的华侨领袖作为甲必丹，代其管理华侨社会。

1890年（清光绪十六年）

许志长创建檀林第二所私塾"养兰山馆"

是年 檀林村旅菲乡侨许志长在村东头创办第二所私塾——养兰山馆。

1892年（清光绪十八年）

菲律宾栖梧同乡会在马尼拉成立

是年 菲律宾栖梧同乡会在马尼拉成立。

1894 年（清光绪二十年）

施承福等创办厦门捷洪信局

是年 衙口乡人施承福等创办厦门侨批局——捷洪信局，专营南洋侨批。

1898 年（清光绪二十四年）

施承福参股安海鸿捷信局，经营侨批业务

4 月 鸿捷信局在安海下墟巷开业，股东五人：在厦门开设合发客栈的衙口乡人施承福，在泉州城内开设米铰、任厦门总局经理的吴维碧，厦门总局经理施九守，泉州局经理吴维纯，安海局经理许昭恒。该信局以收派南洋各属番批为主，同时也兼收台湾和晋江内地民信业务。

吴克诚开发三宝颜木业

是年 西吴村旅菲乡侨吴克诚在三宝颜附近觅得大片原始森林后，与菲当地政府订立采伐条约，并将其命名为"新晋江"。接着，他多方筹资购买机器，购置轮船，创办木锯厂，扩大木业经营。

1899 年（清光绪二十五年）

施显龄创办印度尼西亚《爪哇之光报》

是年 衙口村旅居印度尼西亚中爪哇三宝垄乡侨施显龄在三宝垄创办《爪哇之光报》，宣传国内时事与维新变法主张，介绍中国传统文学。1913年，《爪哇之光报》停刊。

1901 年（清光绪二十七年）

施学淮敕授儒林郎布政司

是年 石厦村旅菲乡侨施学淮由福建赈捐局捐项，蒙福建承宣布政局周详督宪奏准，敕授儒林郎布政司经历。

1903 年（清光绪二十九年）

施能宗捐建施氏宗祠"世德堂""懋德堂"

是年 大埔村旅菲乡侨施能宗在石狮曾坑霞露村独资捐建施氏宗祠"世德堂"，在大埔村独资捐建浔海二房"懋德堂"小宗祠。

施能宗聘请美国工程师建造顺济大铁桥

同年 大埔村旅菲乡侨施能宗聘请美国工程师建造晋江通往泉州的顺济大铁桥。1913 年，因晋江发生大洪水，顺济大铁桥被冲毁。

1904 年（清光绪三十年）

吴克诚参与创建菲律宾中华总商会

是年 菲律宾金融界华商邱允衡出面提议组织纯商业团体，立即得到陈清源等 20 名华侨界知名人士的响应，其中包括西吴村旅菲乡侨吴克诚。8 月，"以发展华侨商业为第一谋求，以华侨福利为当然的努力"为宗旨的"小吕宋中华商务局"（菲律宾中华总商会前身）宣告成立。

1905 年（清光绪三十一年）

施健庵任马尼拉华侨中西学校校长

是年 南浔村施健庵应邀南渡菲律宾，任菲律宾第一所现代化学校——马尼拉华侨中西学校第二任校长。施健庵思想开明，独具慧眼，"为使学生适应时代要求和商场之用，开始加授英文"，开菲律宾华侨教育中英文双学制之先河。

1908 年（清光绪三十四年）

菲华《警铎新闻》创刊，施健庵兼任总编辑

是年 菲律宾马尼拉中华商务局创办华文报纸《警铎新闻》，南浔村旅菲乡侨、华侨中西学校校长施健庵兼任《警铎新闻》总编辑。该报日出两大张，一年后因销路不畅停办。

1909 年（清宣统元年）

吴克诚发起创建菲律宾让德堂

3 月　南吴旅菲乡侨吴克诚、吴泽探、吴泽透、吴修库、吴起佃、吴泽栖、吴起居、吴彙祝、吴彙沛等与旅菲吴氏共同发起组织"让德堂"，西吴村乡侨吴克诚任首届总理。该会于 1946 年改总理制为理事制。1966 年更名为"菲律宾让德吴氏宗亲总会"。

侨助福建省泉州府晋江县衙口乡公立南浔初等小学堂创办

是年　清政府在衙口创办福建省泉州府晋江县衙口乡公立南浔初等小学堂，堂长施能宣。办学经费依赖侨资，如施能约、施千俩两位乡侨每年分别定额资助学校大洋五百圆、三百圆。1914 年，学堂更名为"南浔小学"。

旅菲侨胞资助私立尊道小学办校

同年　尊道两等小学校长施哲谋赴菲发动侨亲资助办学经费。该校由前后港施氏宗亲创办，以前港新街店房为初期校舍。1914 年，该校移至前港施氏大宗祠内。

1910 年（清宣统二年）

吴克诚当选连任菲律宾让德堂第二届总理

是年　西吴村旅菲乡侨吴克诚当选连任菲律宾让德堂第二届总理。

1911 年（清宣统三年）

施能宗、施至泵等发起成立"旅菲临濮堂"

9 月　龙湖籍菲律宾乡侨施能宗、施至泵等人发起成立"旅菲临濮堂"（菲律宾施氏家族自治会），联合旅菲钱江、浔江乡侨，同心协力，守望相助，关心桑梓建设。

施健庵任菲律宾《公理报》总编辑

10 月　中国同盟会小吕宋分会创办了《公理报》，南浔村乡侨施健庵任总编辑。

1912 年（民国元年）

施健庵、施光铭出席北京政府工商部会议

10 月 南浔村旅菲乡侨施健庵与菲律宾马尼拉中华商会主席施光铭应北京政府工商部之约，代表马尼拉中华商会，出席该部召开的工商会议。会上，他俩就 1895 年美国限制华工入境以来一直为海内外有识之士所关注的问题，重新提出"中国必须向美国交涉，准予华工自由入美"的议案，为会议所接受，交由外交部与美方交涉，获得华侨的一致拥戴。

1913 年（民国二年）

吴泽探任菲律宾华侨善举公所总理

4 月 7 日 西吴村旅菲乡侨吴泽探任菲律宾华侨善举公所第三十六届总理。他还于 1918 年、1919 年、1920 年连任该团体第四十一届、第四十二届、第四十三届总理。任职期间，吴泽探与其弟泽弄、金鼎筹集菲币 20 余万元创办崇仁医院。

1914 年（民国三年）

施健庵任菲律宾《中华日报》总编辑

是年 菲律宾华文《中华日报》创刊，南浔村乡侨施健庵任总编辑。该报为中华革命党菲律宾总支部机关报。

1915 年（民国四年）

檀林村旅菲乡侨创办檀声小学

是年 檀林村旅菲乡侨、厦门鼓浪屿名绅许经果鉴于时代要求倡议创办学校，得到海外侨胞及乡贤的一致响应。旅菲乡侨推选许经卜任董事长，聘任许书田为校长，许友超为秘书长，郑叙园负责学校的具体工作（年后由杜佑安接任）。学校借用私人书房，命名为"檀声小学"。

施健庵创办菲律宾《新福建报》

同年 南浔村旅菲乡侨施健庵在马尼拉创办《新福建报》，任总编辑。

1916 年（民国五年）

吴绵果获美国芝加哥大学医学学士、博士学位

是年　西吴村旅菲乡侨吴绵果在美国芝加哥大学医学专业结业，获医学学士学位。1917 年，再获医学博士学位，并任美国医学联合会职员，为菲律宾侨界留美西医士第一人。

1917 年（民国六年）

许经权、许经果创办厦门美南信局

是年　檀林村旅菲乡侨许经权、许经果在厦门鹭江道 21 号创办美南信局。美南信局在安海关帝宫街设有分局，专营吕宋侨批。

石龟村华侨创办震瑶小学

同年　石龟村旅菲乡侨许逊圆、许逊梓、许经景等发动许存恭、许志沾、许志仕、许志添、许志霖、许经邦等，合并村中原有三所学堂（玉湖房的玉湖学堂、西门外角的毓彬学校、石龟角陈桂津主办的私塾），创办震瑶小学。校址设于祠堂内，聘请许志霖为校长。

1918 年（民国七年）

吴克诚赴京建言

是年　闽南地方不靖，盗匪如毛，北洋政府无力收拾，民众深受其苦。西吴村旅菲乡侨吴克诚晋京面谒临时大总统徐世昌，条陈意见：集中南洋华侨人力财力，拯救家国；政府先从军事民政整理，进而剿灭匪气；继而举办实业，建设交通，开发矿产，以利民生；"闽事不无可为"。

1919 年（民国八年）

吴泽探任菲律宾华侨善举公所第四十二届总理

是年　西吴村旅菲乡侨吴泽探任菲律宾华侨善举公所第四十二届总理。这是继他 1913 年首任此职后的第三届。

1920 年（民国九年）

晋南乡团抗击"浙江兵"

8月25日 驻石狮靖国军陈肇英部"浙江兵"40余名士兵拟南下深沪侦办陈厥廷案，借道衙口被拒，遂强行途经衙口海滩，遇以衙口为主力的晋南乡团在大埔据险拦截，双方各有死伤。

农历七月十七黎明，浓雾之时，陈肇英下征剿令：由曾坑起至围头止，格杀勿论。以一营之军，靠军械之精良，沿曾坑、大埔、后溪、鲁东，直入衙口，沿途放火焚烧，以曾坑、大埔损失最大。但民气激昂，不为气馁。

是时，南浔乡绅，归侨施健庵在厦门主持暨南局（即省侨务局），不忍梓里受灾，亲自向厦门海军呼援，允派永绩军舰驶锁围头；一面派人入泉，请北军直捣青阳。部署已定，遂于农历七月廿一全面进攻。浙军营长蔡培庆识大势，反戈相向。陈肇英知大势已去，遂偕靖国军全部撤退。而所途经各乡，民众群起截击，死伤甚大。退至广东梅县，只剩800多人。

吴克诚出席菲律宾华侨鼓浪屿座谈会

10月17日 菲律宾华侨在鼓浪屿召开"华侨座谈会"，商讨救乡事宜。参加会议的有菲律宾华侨富商李清泉、吴克诚、李文秀、郑焕彩、黄秀娘、王境如、马厥猷等，以及侨居其他国家的闽籍华侨，共44人。座谈会上，华侨为故乡悲惨的现状而痛心疾首，深感福建自救的前提是福建自治。会后，吴克诚等即回马尼拉联络侨商，酝酿组织福建自治会。

吴泽探与李清泉等发起创办菲律宾中兴银行

是年 西吴村旅菲乡侨吴泽探与李清泉（晋江籍）、薛敏佬（厦门籍）、黄奕住（南安籍）、吴记霍（南安籍）、邱允衡（石狮籍）等联合发起创办中兴银行。该行是菲律宾华侨设立的第一家银行，后来业务渐渐扩大，在中国的上海、香港及欧美等国家和地区设立了通汇机关。

施健庵主持福建暨南局

同年 南浔村菲律宾归侨施健庵主持福建暨南局。暨南局是民国时期第一个省级侨务机构，直接隶属于都督府，其负责归籍华侨保护及招待、移民规划、华侨实业、华侨教育、华侨状况调查及华侨屈抑代为伸理等。局下设总务、调查、交际三科；分局设主任，并设参事会。

1921 年（民国十年）

吴克诚任菲律宾福建自治会筹备处副主席

11月 菲律宾华侨在菲律宾东方俱乐部集会，成立了福建自治会筹备处，推选李清泉、吴克诚为正、副主席，着手起草宪章和筹集款项。随后福建自治会在马尼拉召开大会，提出了"驱逐军阀李厚基，联络各自治团体，整肃民军民团"三项主张，此即"救乡运动"的发端。

吴克诚北平上访，美国陈情

是年 西吴村旅菲乡侨吴克诚和薛敏佬（律师，厦门籍）受命赴美陈述华侨对簿记法的立场。是年2月，美国议会通过一项《西文簿记法案》，规定：凡菲岛商业，一律须用英文、西文记录账簿，违者课以罚金或刑罚。这无疑是针对华商而来的，即不准华侨用中文记账，实际上就是不准他们经营。于是，华侨群情激愤，纷纷电请中华商会合力抗争。马尼拉中华商会有鉴于此，决定进行抗争，同时诉诸舆论，并与美国政府交涉。于是，吴克诚和薛敏佬受命，联袂上访北平，呼吁当局，请求支持。后又远赴美国，陈述华侨对簿记法的立场。他们以马尼拉中华商会和菲律宾群岛全体中国居民的名义，递交给美国国会《关于菲律宾立法机关2972号立法的备忘录》。美国最高法院不得不于1926年6月7日宣布西文簿记法违反宪法，予以撤销。

孙中山委任施雨苍为国民党菲律宾第一支部评议员

同年 孙中山委任衙口旅菲乡侨施雨苍为国民党菲律宾第一支部评议员。嗣后，施雨苍游说南洋群岛数年，所至之处办报馆、兴学校，奉献公益事业，先后创办旅菲尚螺女子学校、星州南洋工商补习学校、槟榔屿邱氏新江学校、缅甸中国女子学校等。

许经权创办溪（尾）安（海）民办汽车路股份有限公司

同年 檀林村旅菲乡侨许经权在菲律宾发起创办溪安民办汽车路股份有限公司（路程为南安溪尾至晋江安海，简称"溪安公司"），股东有许经权、林文聘（菲侨，石井奎霞籍）、詹孟衫（菲侨，永宁港边籍）、苏其昌、许经果（菲侨，龙湖檀林籍）、许经撇（菲侨，龙湖檀林籍）、许经黎（菲侨，龙湖檀林籍）等华侨投资，皆为其时富商。公司创办之初由许经权任董事长，选任林清玑（菲侨，内坑葛洲籍）、许昌濬任正、副经理，负责具体事务。聘请工程师雷文铨（南安人，留英爱丁堡大学）、工程员陈文通（惠安人，雷文铨学生）负责测量勘察路线等一切工程，自行购地筑路，车路规划建设自安海新街头经南安官桥至溪仔尾（今南安市溪美）。溪安公司是继泉安公司之后，安海另一家较有实力和社会影响的侨办汽车路公司，对沟通晋江、南安二县乃至山区安溪、永春、德化的交通起到带动作用。

1922 年（民国十一年）

吴克诚任旅菲华侨自治急进会副主任

11 月 菲律宾华侨鉴于福建军阀混战，召开了华侨治安大会，决定组织旅菲华侨自治急进会，选举菲律宾侨界名人李清泉、吴克诚等 71 人为干事，李清泉为主任，吴克诚、陈迎来为副主任。大会向新加坡中华总商会，福建省议会、厦门商会、厦门教育会，以及北京、上海等地的福建同乡会发出通电，拒绝南北军阀入闽，倡导闽人自治。

秀山"旅菲协进会"成立

是年 秀山旅菲乡侨许经合、许孝宋、许书尖、许书环、许经述等 15 人在菲律宾成立"旅菲协进会"，广泛发动乡侨捐资兴办家乡教育，并委托许书环、许书尖回国筹建秀山小学校舍。

洪金乞率"福庆成"班赴菲演出

同年 杭边村"福庆成"班洪金乞应菲律宾"丝竹尚义社"班主吴仔居邀请，组织文武旦李文阁、三花卓水怀、苦旦洪仔返、文武小生洪元章、大花洪大钦等 20 多名知名艺人组成的戏班，在马尼拉福华大舞台连演 13 个月。初演出《水淹金山寺》，洪金乞饰白素贞，洪元章饰许仙，李文阁饰小青，剧情精彩，演技精湛，形象逼真，引人入胜。在此期间，洪金乞经吴仔居介绍，加入"丝竹尚义社"。

1923 年（民国十二年）

吴彙祝、吴宾秋参与创办"民办泉围汽车路公司"

是年 鉴于晋南交通闭塞、商旅不便，古盈村旅菲乡侨吴彙祝、西吴村旅菲乡侨吴宾秋会同金井镇籍乡侨李清泉、李汉昌、李文炳、吴达三等集资20万元，创办"民办泉围汽车路公司"，开辟从围头到泉州的公路，全程47公里。

1924 年（民国十三年）

华侨起大厝，引发前后港"冤"

农历四月间 杏坑村华侨施议潜择地在石厦村拟兴建一座二落大厝，石厦中份即以风水关系出面阻挡，引发前、后港大规模械斗。械斗蔓延了整个前、后港所属上百个村落，至九月结束，持续五个多月，计前港死11人，后港死23人，财产损失莫考。械斗期间所有的农作物，诸如大豆、花生、地瓜等，有的未敢下种，有的因战事被毁，有的失收，损失不计其数。

许经权鼓浪屿别墅"番婆楼"兴工

是年 檀林村旅菲乡侨许经权为孝敬其母亲，于厦门鼓浪屿安海路36号兴建"番婆楼"。该楼为两层清水红砖圆拱回廊的法式别墅，色彩鲜丽，造型别致，洛可式建筑风格与中国的传统工艺结合得非常和谐巧妙，在鼓浪屿别墅群里不多见。

施渡在龙园一带组织"天地会"

同年 印尼归国华侨施渡在龙园一带组织"天地会"，参加者有数千人。

1925 年（民国十四年）

后溪村立《后溪改良风俗碑记》

农历正月 时驻防石狮的福建陆军二师步兵四旅八团一营营长蔡培程，联络邻村各姓房长代表调解后溪村顶房菲侨郭章所"起厝"引发的风水纠纷，立《后溪改良风俗碑记》，记该案发生及调解始末，立下挡界不挡伤的公约。

吴彙祝任菲律宾华侨善举公所第四十八届总理

2月28日 古盈村旅菲乡侨吴彙祝任菲律宾华侨善举公所第四十八届总理。他还于1927年、1928年分别出任该团体第五十届、第五十一届协理。

施学齿首建石厦惠济桥

是年 石厦村旅菲乡侨施教锯捐资协助其父施学齿在家乡龙湖石厦建造惠济桥。此桥以石为柱，整木对开作桥板，沟通阳溪南北两岸要道。其后，施学齿家族三代人重修惠济桥4次，首建至重修时跨65年，最后一次重建在1991年8月。被誉为"三代五建惠济桥"。

洪金乞二度率"福庆成"班赴菲演出

同年 杭边村"福庆成"班洪金乞再次应菲律宾"桑林社会"吴文忠邀请，同柯贤溪等名艺人前往马尼拉，在"阿实乾拉驾"戏院演出达2年之久。为了更新剧目，洪金乞根据古典章回小说，自己编排幕表剧目，如《说岳》《万花楼》《大五义》《小五义》《五代残唐》《薛刚反唐》等连台本戏。

1926 年（民国十五年）

汪连火烧之后，龙园村再现出洋高潮

7月5日（农历五月廿六） 驻泉军阀孔昭同派所辖民军部署汪连和杜建，率领大批军队开赴龙园村围剿三点会。汪连所部在龙园村大肆搜掠，逢人便杀，放火焚烧房屋，时全村民宅六七十栋，几近被毁，大火三日不熄，村民受害者达19人，厥状至惨。之后，龙园村再次形成出洋高潮。

许立发起组织"菲律宾华侨工人协会"

是年 石龟村旅菲乡侨许立发起组织"菲律宾华侨工人协会"。该会是以工人、店员为主体，吸收职工和教师参加的进步组织。

1927 年（民国十六年）

龙湖乡侨合建衙口街

是年 龙园村旅居新加坡华侨施性鑵营建"九间口"，田头村乡侨建

"五间口";另有一条横街（俗称"暗街仔"）东向连接施琅将军府衙石埕市场。中段建成后向北延伸，1930年前后，衙口乡绅施祖怀召集乡侨集资兴建"四房街"，仍临水道建成两层楼，双向3排40多间店面，钢筋混凝土框架，北面街头建隘门1座。中段向南叫"竹篾街"，旅菲乡侨施性利在抗战爆发前建有"批馆"，兼营侨汇。

民国初年，衙口人烟阜盛，水运便利，市场繁荣，对台贸易尤其发达，为霞坡镇（中华人民共和国成立后改称"衙口镇"）公所所在地。坐商陆续在水道（现在的衙口街地底下）两边兴建店面，连市成街。衙口街分布着百余家店铺和作坊，著名的商号有长顺、盛吉、瑞成、成益、活源、重美等18家，号称"十八商行"，医院、学校、邮政、镇公所等市政设施配套齐全，时人将其与安海、石狮、永宁合称"晋江四大集市"。

菲律宾钱江联合会成立

同年 菲律宾钱江乡侨组织成立钱江联合会，石厦村施教锯被推选为首届主席。

旅菲乡侨倡建檀林街

同年 檀林村旅菲乡侨、厦鼓名绅许经果倡议兴建檀林街，得到海内外有识之士的热烈响应。8月开始组织市政，征购土地，筹集资金，历经数年，檀林街建成。檀林街建筑面积1.2万平方米，东西南北4条街道组成"回"字形，街道宽6米，店铺94间。

旅菲乡侨许经撇等重修檀林"许氏祖祠"

同年 在许经撇、许志兑、许经谋、许书谭等乡侨主持下，檀林"许氏祖祠"再度重修，至1930年上半年竣工，1930年下半年择吉进主、进禄位。旅菲乡侨许经权独献手表，作为落成酬宾礼物。

许经权鼓浪屿别墅"番婆楼"竣工

同年 由檀林村旅菲乡侨许经权在厦门鼓浪屿安海路36号营建的"番婆楼"竣工。"番婆楼"是20世纪上半叶鼓浪屿华侨洋楼建筑的重要代表，是华侨洋楼中不同建筑文化自由融合的珍贵实例，反映了鼓浪屿与海外的密切交往。

1928 年（民国十七年）

石龟村旅菲侨眷俾麻省回国定居

是年底 石龟村旅菲乡侨许经朝的夫人俾麻省怀着身孕，带着二男一女回到夫家石龟村定居，时年 24 岁。俾麻省系菲籍西班牙人，15 岁时（1919年）在菲律宾与许经朝相识并结婚。

许立组织"菲律宾华侨总工会"

是年 石龟村旅菲乡侨许立在菲律宾推动各行业职工分别成立工会，并且联合起来组织"菲律宾华侨总工会"。

吴宾秋任菲律宾侨界捐助北伐军饷募捐委员会委员

同年 菲律宾侨界发起捐助北伐军饷及慰劳北伐军将士募捐活动，西吴村乡侨吴宾秋任募捐委员会委员。

1929 年（民国十八年）

吴克诚参股创办"福建造纸有限公司"

是年 旅菲西吴村乡侨吴克诚与李清泉（金井）等发起创办"福建造纸有限公司"，股金 100 万比索，于 1932 年正式投产。

许经权自菲返厦投资创办实业

同年 檀林村旅菲乡侨许经权从菲律宾回到厦门，创办永安酱油公司、顺庆银庄、德舆地产公司、唐山船务公司，业务涉及金融、地产、食品、运输等多个领域。

许立出席在上海召开的泛太平洋职工代表大会

同年 石龟村旅菲乡侨许立代表菲律宾华侨总工会出席在上海召开的泛太平洋职工代表大会。

华侨筹资创办梧坑村私塾

同年 梧坑村华侨筹资在树后角湘江房"三间仔"创办私塾。

台湾施学贤编撰的《临濮堂施氏族谱》刊行

同年 由台湾施学贤编撰的《临濮堂施氏族谱》刊行。施学贤，字毓斌，号云峰，台湾南投人，赏戴蓝翎五品职衔。他跑台岛，访大陆，不畏辛劳，到处"详查世系"，并搜罗一批志同道合的耆宿，诸如台南的进士施士洁，彰化的施之东部郎，台中的施文远（寄庵）等，共同协力，继继承承，谱成。

1930 年（民国十九年）

旅菲南浔学校校友会成立

2月3日（农历正月初五） 旅菲南浔学校（衙口中心小学前身）校友会在马尼拉成立。

旅菲华侨倡建私立英园小学

是月 在旅菲乡侨洪源栓、洪源港、洪溯程等倡导下，私立英园小学创办，假西头祠堂及邻近几间民房为校舍，招收杭边和曾厝村学生。

许立赴莫斯科出席赤色职工国际第五次代表大会

4月 石龟村旅菲乡侨许立赴莫斯科出席赤色职工国际第五次代表大会。同年11月，许立在菲加入中国共产党。

许友超任菲律宾中华木商会会长

是年 檀林村旅菲乡侨许友超任菲律宾中华木商会会长。这一年，他遍游南洋各埠，考察木业及商务。

旅菲石厦厝后乡侨营建"竹山里"华侨新村建筑群

20世纪20年代末 石厦村厝后旅菲乡侨施学剑、施学领、施学读等乡侨营建"竹山里"华侨新村洋楼、红砖古厝建筑群。

1931 年（民国二十年）

吴起顺倡建中山街

是年初 古盈村旅菲乡侨吴起顺发动旅菲南吴八乡乡侨集资兴建中山街。中山街自泉围公路阳溪桥南开始，临路建成两层骑楼，双向 8 排 80 间店面，钢筋混凝土框架，砖木墙面，含菜市场 1 座；北面街头建"顺记楼"1 座，创办"顺记银行"。

蔡廷锴题赠许友超"爱国义务"

7 月 14 日 十九路军爱国将领蔡廷锴与福林村旅菲华侨社会活动家许友超同乘"芝沙丹尼"轮由香港至厦门。途中许友超一再表示愿意动员旅菲华侨力量支持治闽大政。蔡廷锴深为感动，挥笔题赠他"爱国义务"四字。

许友超当选全菲华侨救国代表大会主席团成员

11 月 26 日 为谋求全菲侨胞统一行动，全菲 163 个华侨团体代表（包括 91 个救国会的代表 303 人），加上马尼拉侨众共 3000 人，在马尼拉举行全菲华侨救国代表大会。檀林村乡侨许友超当选大会主席团成员，在大会发表宣言，痛陈历届国民政府无能，使祖国备受帝国主义欺凌和丧权失土之辱。

旅菲龙湖乡侨吴泽探等 16 位收录于《菲律宾华侨名人史略》

12 月 由菲律宾名人史略编辑社编辑发行、上海大东书局印刷的《菲律宾华侨名人史略》出版，全书收录侨界名人共 138 人。龙湖籍吴泽探、许友超、吴泽弄、吴宾秋、吴金鼎、吴克仁、吴泽拖、施学齿、施教锯、吴克诚、吴泽拐、吴泽炊、吴实堂、吴泽富、吴绵果、许志巧等 16 位乡侨被收录该书。

许友超当选岷里拉（马尼拉）中华商会第二十八届副主席

是年 檀林村旅菲乡侨许友超在岷里拉（马尼拉）中华商会第二十八届代表大会上，被选为该会副主席。

许经撇捐建檀林"孝端桥"

同年 檀林村旅菲乡侨许经撇在福林寺东南兴建跨溪钢筋水泥桥——孝端桥（以许经撇字孝端命名），由泉州清末举人、书法名家曾遒题写桥名。

1932 年（民国二十一年）

许友超任菲律宾华侨国难后援会副主席

2 月 3 日　日寇猖狂进攻上海，檀林村乡侨许友超出任菲律宾华侨国难后援会副主席。十九路军将领翁照垣号召华侨"航空救国"后，许友超组织中国航空建设协会马尼拉分会，担任副主席。在他的倡议下，菲律宾各地华侨捐购飞机款达 300 万元，购买飞机 15 架送给十九路军，命名为"菲律宾华侨飞机队"。

吴金鼎印《白喉治法忌表抉微》赠各界

6 月　中国南方流行白喉症。西吴村旅菲乡侨吴金鼎通过小吕宋岷埠华洋印务公司重印《白喉治法忌表抉微》一书，赠送各界，并亲自撰写了一篇介绍文字附于书前。

许经权等旅菲檀林村乡侨参股溪安民办汽车路股份有限公司

10 月　许经权等旅菲檀林村乡侨参股溪安民办汽车路股份有限公司。据溪安公司第一届股东股权表载：许经权执有 800 权，蔡红绫（许经权妻，石狮玉浦蔡枢南次女）1000 权。在公司 58 名股东中，其檀林村兄弟子侄及族亲股东十几名，其中有许书楚 500 权、许书表 500 权、许经果 344 权、许经撇 300 权、许经黎（许经权弟）100 权、许书城 100 权、许文檀 100 权、许志兑 50 权。公司共有股权 8395 权，每权 20 元，共 16 万多元。许经权等旅菲檀林村乡侨合 3794 权，占全部股权的 45.2%。

许友超当选岷里拉（马尼拉）中华商会主席

是年　檀林村旅菲乡侨许友超当选岷里拉（马尼拉）中华商会主席。

侨捐尊道小学新校舍落成

同年　由前港村旅菲乡侨捐建的尊道小学钢筋混凝土结构新校舍落成。

1933 年（民国二十二年）

许友超任厦门市市长兼思明县县长

11 月 25 日　由十九路军将领蔡廷锴、蒋光鼐、陈铭枢联合李济深等成立的"中华共和国人民革命政府"设厦门特别市,任命檀林村旅菲乡侨、岷里拉(马尼拉)中华商会主席许友超为厦门市市长兼思明县县长。此为厦门设市之始,许友超为首任市长。同年12月1日上午8时,许友超出席在思明县政府举行的就职典礼。

许经撇兴建"端园"

是年 檀林村旅菲乡侨许经撇兴建别墅"端园",俗称"番仔楼"。自动土施工至竣工乔迁,历时三载。"端园"工艺精湛,设计独具一格,被誉为"中西合璧之杰作",2013年2月被列为第五批市级保护单位。

旅台浔江粘厝宗亲集资修葺粘氏宗祠

同年 旅台浔江粘厝宗亲集资修葺粘氏宗祠。

1934 年 (民国二十三年)

许志北、许志端昆仲建造"拱辰别墅"

7月 梧坑村旅菲乡侨许志北、许志端昆仲回家乡建造一幢占地两亩五分九的"番仔楼",俗称"霸土楼"。该楼延请上海名师设计,温州师傅建造,于1935年12月竣工。拱门书"拱辰别墅",楼顶字匾为"志成兄弟楼",耗资两万一千五百块大洋。

吴宾秋任"衙金深风俗改良会旅菲促进会"委员、司库

9月 晋江县成立"衙金深风俗改良会"。该会是衙口、金井、深沪三镇民间自发组织的社会团体,旨在倡导婚丧喜庆风俗改良,存在时间一年左右。该会在菲律宾设立"衙金深风俗改良会旅菲促进会",成员7名,西吴村旅菲乡侨吴宾秋任委员、司库。

旅菲阳溪小学校董会创办阳溪小学

是年 南吴旅菲乡侨吴起顺(古盈)、吴天德(吴厝)、吴修叠(埭头)等,发动南吴八乡吴氏乡侨筹建阳溪小学,在中山街阳溪桥北岸建校。旅菲阳溪小学校董会(菲律宾阳溪南吴联谊会前身)成立,吴起顺任首届董事长。翌年,旅菲阳溪小学校董会捐校车一部,接送学生上下学,由旅菲阳溪

小学校董会委派 3 名乡侨驾驶员轮流回乡驾驶。

旅菲梧坑同乡会创办启文小学

同年 旅菲梧坑同乡会诸乡侨呼吁创办新式学堂——启文小学。启文小学由菲律宾梧坑同乡会提供经费，为私立侨办小学。

侨捐秀山小学校舍落成并投入使用

同年 由秀山旅菲协进会捐建的秀山小学校舍落成并投入使用，聘请曾松龄为首任校长。

1935 年（民国二十四年）

许志猛赴菲任教职

11 月 石龟村许志猛赴菲从事文教工作，任洪光学校、建国中学教师、教导主任。

旅菲龙湖许氏乡侨参与组建烈山五姓联宗总会

是年 菲律宾烈山五姓联宗总会成立，多位龙湖乡侨参与组建该团体。

1936 年（民国二十五年）

吴彙沛任菲律宾华侨善举公所第五十九届董事长

1 月 8 日 古盈村旅菲乡侨吴彙沛任菲律宾华侨善举公所第五十九届董事长，石厦村乡侨施教锯任外务。

吴映平参加菲律宾怡朗华侨纪念"一·二八"淞沪抗战 4 周年大会

1 月 28 日 锡坑村旅菲乡侨吴映平参加菲律宾怡朗华侨纪念"一·二八"淞沪抗战 4 周年大会。

旅菲乡侨创办大埔村台峰小学

仲夏 大埔村旅菲乡侨将台峰、尧村两所小学堂并校，名为"台峰小学"。1951 年，"台峰小学"更名为"集青小学"，改私立为公办。

吴彙沛率菲律宾华侨善举公所董事会维修华侨义山崇福堂

12 月 由古盈村乡侨吴彙沛率菲律宾华侨善举公所董事会维修的华侨义山崇福堂竣工。"为堂于义山之上，屋建翎而檐高啄，流丹耸翠，屹立于蕉椰之中，以章吾华之建筑特者，则崇福堂之结构是也……于今年兴工，十二月蒇事，倾者以廓，塌者以穿，丹如垩如，而轮焕美如矣。"

郭华福倡建后溪村育才小学

是年 后溪村旅菲乡侨郭华福倡建后溪村私立育才小学。

施性义创办龙埔村青锋小学

同年 龙埔村旅菲侨亲施性义创办青锋小学。

许经撇任菲律宾许氏宗亲总会会长

1936 年至 1937 年 檀林村旅菲乡侨许经撇任菲律宾许氏宗亲总会第四至第五届会长。该会创建于 1933 年，其建会宗旨是："崇尚祖国文化及纪念始祖先人，集思广益，从祖国历史及族谱中寻找我们列祖列宗的根源，联络更多的宗亲共聚一堂，真正做到尊宗敬祖，弘扬伦理道德，推行敦宗睦族。"

1937 年（民国二十六年）

庄杰贝任岷里拉华侨干鱼商同业公会首届理事长

7 月 湖北庄厝村旅菲乡侨庄杰贝与旅菲蔡火烟、林玉查、蔡继田、庄材素等在马尼拉发起组织岷里拉华侨干鱼商同业公会，庄杰贝任首届理事长。该会宗旨为：团结同业，输财救国，支持抗日战争。日本占领菲律宾期间，会务停顿；1945 年菲律宾光复，组织恢复。1961 年，为容纳菲籍同业，乃扩大组织，改名为马尼拉干鱼商同业公会。

吴宾秋任菲律宾抗战后援会委员

是月 "七七"卢沟桥事变爆发后，菲华各界组织成立抗战后援会，西吴村乡侨吴宾秋任该会委员，组织侨界劝募捐款，抵制日货，并推销救国公债，筹款救济伤兵难民。

许立在菲成立"菲律宾华侨各劳工团体联合会"

9月 石龟村旅菲乡侨许立在马尼拉发起组织成立"中华民族武装自卫会菲律宾分会",继而成立"菲律宾华侨各劳工团体联合会"。

吴身彩报名参加"菲律宾华侨归国抗日义勇队"

是月 洋垵村旅菲乡侨吴身彩在马尼拉参加许立、沈尔七等人领导的"中华民族武装自卫会菲律宾分会",报名参加"菲律宾华侨归国抗日义勇队"。

许肇堆任美国医药援华会会长

同月 秀山村旅美乡侨许肇堆等3位医药界著名人士在纽约发起创建美国医药援华会,许肇堆被推举为会长。抗战期间,美国医药援华会先后募集总额达5700多万美元的医药物资,支援中国抗战。

许经权创办菲律宾中菲汇兑信托局

同月 檀林村旅菲乡侨许经权从厦门返回菲律宾,创办中菲汇兑信托局。总局设在岷里拉仙道其里街,怡朗代理处在亚逾幼街,和中国银行泉州支行联合办侨批。该局经理章派晕,原为美南信局经理,美南收盘后,受泉州中国银行影响,设立中菲汇兑信托局,因有其岳父菲律宾富商许经权在菲律宾的社会地位,又挂中国银行特约代理处的招牌,章自身又业务谙熟,事业蒸蒸日上。当时菲律宾委托局虽有十余家委托中国银行代解侨批,而以中菲信托局首屈一指。每一班轮到,信件有四五大袋之多。

施顶、蔡培培回国参战

10月 中国驻菲律宾领事在《华侨商报》发表文告,号召华侨机工回国参加"菲律宾华侨司机回国服务团",龙湖籍乡侨施顶、蔡培培等为入选首批24人之二。经"广州汽车司机训练所"短期培训后,他们经粤北进入湘桂,编入华侨机工汽车连,奉命调到湖南,先后转战于湖南、湖北、广西、云南等省。1938年年底,开始奋战于"抗战输血管"——滇缅公路上。

吴起顺任菲律宾抗日后援会委员等职

是年 抗日战争全面爆发,古盈村旅菲乡侨吴起顺任菲律宾抗日后援会委员、劝募救国公债委员、中国航空建设协会菲律宾分会名誉委员。

许友超任菲律宾华侨救国会主席

同年 抗战全面爆发，檀林村旅菲乡侨许友超在菲律宾挺身参加抗日救国运动，被推举为菲律宾华侨救国会主席。

许立在马尼拉发动组织成立"中华民族武装自卫会菲律宾分会"

同年 石龟村旅菲乡侨许立在马尼拉发动组织成立"中华民族武装自卫会菲律宾分会"，后又组织"菲律宾华侨归国抗日义勇队"。1938年1月，挑选28人经短期训练后，由沈尔七带队回祖国参加抗日战争。

旅菲苏厝崎同乡会成立

同年 旅菲苏厝崎同乡会在马尼拉成立。该会乡村组成单位为龙湖镇西吴村苏厝自然村。

许经撇任菲律宾华侨善举公所第六十至第六十一届董事长

1937—1938年 檀林村旅菲乡侨许经撇任菲律宾华侨善举公所第六十至第六十一届董事长。

1938 年（民国二十七年）

许肇堆主持招聘赴中国医护志愿者

是年初 由秀山村旅美乡侨许肇堆博士领导的美国医药援华会，公开招聘自愿去中国参加抗日的医生、专家、护理人员。这些人员经过专业培训，被派到中国从事医疗服务或培养中国的医务人员。其中，加拿大医生白求恩和其他几名美加医护人员志愿者于1938年2月被派到中国延安。

吴身彩回国参加新四军

1月22日 洋垵村旅菲乡侨吴身彩参加的"菲律宾华侨归国抗日义勇队"一行28人从马尼拉抵厦门，经漳州进入龙岩白土镇。后义勇队易名为"菲律宾华侨回国随军服务团"，沈尔七为团长。3月1日，随新四军第二支队离开龙岩，奔赴江南抗日战场。

吴起顺助赈泉属粮荒

3月 泉州粮荒，古盈村旅菲乡侨吴起顺除以让德堂名义发起助赈外，还自捐巨款，汇往香港购米，转运泉州救灾。

郭华忠任怡朗华侨救亡会主席

是年春　后溪村旅菲乡侨郭华忠参加菲律宾地下党领导的怡朗华侨救亡会，并被推选为主席。

许肇堆在美国组织发起全美"一碗饭运动"

6月17日　由美国医药援华会和中国平民救济协会联合发起的"一碗饭运动"在美国各地同时举行，其目的在于筹赈100万美元，救济因黄河决口遭兵祸、罹天灾的数十万中国灾民。其时，秀山村旅美乡侨许肇堆任美国医药援华委员会主席。在旧金山，参加这一活动的华侨和美国群众达20万人之多。当日的节食运动，由美国前总统胡佛、《纪事报》主编史密斯等联合各团体及华侨救国会共同进行，一日之中共募得5万美元。

施能杞以福建救济委员会代表身份往菲律宾劝募

夏　衙口村乡绅施能杞以福建救济委员会代表身份往菲律宾劝募，因日本突然开战而滞留，直至1944年在宿务去世。

吴起顺捐赠救护车

8月　古盈村旅菲乡侨吴起顺购买汽车2辆，赠予晋江县做救护车。

郭华忠、许飞鹏回国参加抗战

10月初　后溪村旅菲乡侨郭华忠、秀山村旅菲乡侨许飞鹏与菲律宾怡朗市第三批华侨青年一道回国抗战，他们离开菲律宾，经香港回国，奔赴革命圣地延安。同行的有孙易彬、李烈、戴碧轩、王精华、黄子英等7人。

许友超任南洋华侨总会候补常务委员

10月10日　南洋各属华侨筹赈祖国难民会代表大会在新加坡南洋华侨中学礼堂召开，成立南洋华侨筹赈祖国难民总会（简称"南侨总会"），陈嘉庚任主席，庄西言、李清泉任副主席，檀林村旅菲乡侨许友超任候补常务委员。

许良枫参加"国防剧社"抗日演出

是年　龙玉村旅菲乡侨许良枫参与菲律宾"国防剧社"歌咏队在马尼拉

大剧院、中华青年会等地的公开演出，用爱国歌曲激起广大侨胞抗日爱国的热情。他先后担任马尼拉市劳联会歌咏会组织部部长、秘书长、党支部书记。

许呈炜报名参加"菲律宾华侨各劳工团体联合会回国慰劳团"

同年 新四军派沈尔七、许振文两位同志回菲律宾宣传抗战，扩大新四军在国外的影响，与石龟村旅菲乡侨许敬诚（许立）组织领导的"菲律宾华侨各劳工团体联合会"酝酿组织第二批人回国参加新四军抗战，对外命名为"菲律宾华侨各劳工团体联合会回国慰劳团"。许呈炜在父亲许立的支持下报名参加，年仅14岁。

侨助石厦村光夏小学建校

同年 石厦村兼合原"四堡"中的厝后份竹山小学，东头份育英小学、东山小学，中份的同和小学，刘厝的鳌山小学，成立光夏小学。光夏小学由旅外侨亲捐资作为办学经费。

1939 年（民国二十八年）

吴起顺任菲律宾华侨善举公所第六十二届董事长

1月15日 古盈村旅菲乡侨吴起顺任菲律宾华侨善举公所第六十二届董事长。

"菲律宾华侨各劳工团体联合会回国慰劳团"回国慰劳皖南新四军

6月 "菲律宾华侨各劳工团体联合会回国慰劳团"带着大批的慰劳品和一支军乐队回国，经湖南、江西去皖南，在途中受到叶挺军长的欢迎，于9月到达新四军军部。慰劳团在完成了慰劳任务后全部加入新四军，其中包括许立的长子许呈炜。

菲律宾宿务市白金行开业

11月18日 南浔村旅菲乡侨施能杞、吴莎治投资3000多比索，在宿务最繁华的哥伦街开设白金行，专营进口高档百货。白金行创立后，引领了宿务高端百货与生活风尚，被名媛绅士所追捧。

吴起顺任石狮《民声报》董事长

是年 旅菲华侨集资建立《民声报》董事会，古盈村乡侨吴起顺任董事长，吴道盛、王苇航、吕尘心、吴慕农任副董事长，在石狮镇创办《民声报》。1940年5月6日出版第一号，初创为周刊，八开四版。1940年改为3日刊，1948年改为日报，1949年9月2日停刊。

1940 年（民国二十九年）

吴起顺家族捐建"吴起顺先生产科纪念楼"

4月3日 古盈村旅菲乡侨吴起顺治丧代表陈书勗、吴达三等，将菲币2万元交予菲律宾华侨善举公所，捐建"吴起顺先生产科纪念楼"。吴起顺于1939年任职公所董事长，不幸于1940年去世，其家属为完成吴君遗志，将亲友所赠奠仪及节省的丧葬费11398元，再补8602元，凑足2万元捐建纪念楼；同时推举史国铨、曾廷泉、孙丕炳、吴金聘、吴达三、吴天德等为代表，协同公所策划建筑事宜。菲律宾华侨善举公所接到此项捐款后，即推举吴宾秋、陈温良、王怡堂、高文彬、欧阳磐石等5人共同组成建筑委员会。经数月筹备、计划后，工程全部完工。

晋江檀林国民风俗改良互助社成立

4月5日（农历二月廿八） 历经四个多月的筹备，晋江檀林国民风俗改良互助社假檀林许氏大宗召开成立大会，并推选第一届职员。檀林村许自卓任理事长，衙口村施天增任副理事长。准予加入互助社的计70余人，涉及70余户，皆为有资产之青年及商人，归侨侨眷为多。

吴起顺家族捐建"吴起顺伤兵医院"

是月 吴起顺在菲律宾去世，其后裔捐出国币10万元，委托国民政府军事委员会创设"吴起顺伤兵医院"，获蒋介石题颁"卜式同风"匾额。

洪源力从菲律宾经越南奔赴延安

是年 抗日战争到了危急关头，杭边村旅菲乡侨洪源力放弃优越生活，隐瞒父兄结伴偷渡回国，经越南的海防、河内，绕道云南昆明，辗转到达革命圣地延安。他在党的关怀和周恩来同志的亲自安排下，到李先念、王震的部队工作，直至抗战胜利。

许立在马尼拉创办《救国导报》
同年　石龟村旅菲乡侨许立在菲律宾马尼拉创办《救国导报》。

吴宾秋连任菲律宾华侨善举公所董事长
1940 年至 1941 年　西吴村旅菲乡侨吴宾秋连任菲律宾华侨善举公所第六十三至第六十四届董事长。

1941 年（民国三十年）

国民政府题颁晋江县施氏宗祠"输财卫国"匾额
4 月 15 日　国民政府发《指令》文，列"渝文字第七七二号"：

令"行政院"

三十年四月三日勇壹字第五一二六号呈一件，为据内政部议复，福建晋江县施氏宗祠献金五千元，拟请题颁匾额一案，抄同原件，呈请鉴核施行由。

呈件均悉。准予题颁"输财卫国"匾额一方。仰即转发具颁。匾额题字随发。附件存。此令。

文末签署人为时任国民政府主席林森、"行政院"院长蒋中正和内政部部长周钟岳。

许立组织中吕宋岛四省农会开展抗日武装斗争
12 月　太平洋战争爆发，许立带领菲律宾华侨各劳工团体联合会干部、群众 300 多人撤出马尼拉，转移到中吕宋岛四省组织农会（当时会员有 8 万多人），开展抗日武装斗争。

施耀任菲律宾华侨抗日反奸大同盟中吕宋地方组织主席
是年　菲律宾沦陷，抗日爱国华侨志士组织"菲律宾华侨抗日反奸大同盟"。石厦村乡侨施耀任菲律宾华侨抗日反奸大同盟中吕宋地方组织主席，动员当地华侨和当地人民并肩战斗，积极开展抗日救亡斗争。

旅菲晋江南庄同乡会成立

同年　旅菲晋江南庄同乡会在马尼拉成立。

1942 年（民国三十一年）

许友超、施教锯、吴宾秋等 42 人被日军拘禁

1 月　日军占领菲律宾，晋江华侨许友超（檀林）、施教锯（石厦）、吴宾秋（西吴）等 42 名侨领在马尼拉被日军拘禁。最初关押于菲律宾大学内，轮番审讯，要挟：侨领通电重庆政府对日媾和，宣布拥护汪伪政府；在 3 个月内筹足 2400 万比索以充日军军费；出面组织伪华侨协会，与日本占领当局合作。日寇严刑折磨，反复审讯，但均未能使侨领改变爱国初衷。其中，28 人被判 20 年监禁，9 人被判死刑，西吴村乡侨吴宾秋病逝于狱中。

许立任"菲律宾华侨抗日反奸大同盟"主席

3 月 12 日　许立与菲律宾抗日团体负责人举行会议，决定发动群众开展抗日民族统一战线工作，开展抗日游击战争。许立任"菲律宾华侨抗日反奸大同盟"主席。

施教锯等"抗日九烈士"在马尼拉华侨义山就义

4 月 15 日　石厦村旅菲乡侨施教锯被日军押赴华侨义山，与于以同、颜文初等 8 人一同殉难。抗战胜利后，奉安华侨烈士纪念堂，年年纪念。1942 年 1 月，施教锯在清查日货时不幸被捕。日寇初以利诱其"归顺"，继之严刑拷打，但他坚贞不屈。当敌人要他写"自白书"时，他拔起钢笔刺向日寇。

许良枫等龙玉村乡侨参加菲律宾华侨抗日游击支队

5 月 19 日　菲律宾华侨各劳工团体联合会（简称"劳联会"）在中吕宋岛创立华侨抗日游击支队（简称"华支"），3 年多时间，转战菲 14 个省市，大小战斗 260 次。龙玉村旅菲乡侨许良枫、许龙运、许泽台、许泽园、许龙权、许会物、许会铨等参加菲律宾华侨抗日游击支队。

施性维参与发起成立"旅菲华侨青年战时特别工作总队"

8月13日 "旅菲华侨青年战时特别工作总队"在马尼拉西北郊滨海的马拉汶（Malabon）社渔村成立，龙园村乡侨施性维参与发起成立总队，成为第一批队员，任军火库机械组组长，负责军械弹药的收购、保管、维护和供应。

许志猛任菲律宾抗日锄奸义勇军总指挥

10月 石龟村旅菲乡侨许志猛担任菲律宾洪门复兴委员会的领导职务，之后又担任菲律宾抗日锄奸义勇军（简称"抗锄"）总指挥。"抗锄"自成立即与菲律宾人民、"华支"以及各抗日团体并肩作战，后来又配合美军作战，直到日本投降。

旅菲英美同乡会成立

是年 旅菲英美（坑尾村）同乡会在马尼拉成立。

1943 年（民国三十二年）

美国医药援华会建立"华人血库"

6月 由秀山村旅美乡侨许肇堆任会长的美国医药援华会在美国纽约建立"华人血库"，采集旅美华侨华人无偿捐献的血液，制成冻干血浆运到中国，专为抗战将士输血。此外，还在中国援建了两个包括装备、人员、技术在内的战时血库，有力支援了中国军民的抗战。

吴修笔在菲律宾抗日活动中殉难

是年 古盈村旅菲乡侨、菲律宾华侨战时血干团特务队成员吴修笔在执行任务时殉难。

1944 年（民国三十三年）

旅菲华侨青年战时特别工作总队成员施性维捐躯

6月10日 "旅菲华侨青年战时特别工作总队"成员施性维与战友丁增辉、林有为为营救战友，在马尼拉西北郊滨海的马拉汶区那模沓斯村被日军围捕，壮烈牺牲。10月13日，总队在仙范社财务组机关举行公祭仪式。

旅菲华侨青年战时特别工作总队在抗日期间，前后牺牲36位同志，其中有龙湖籍衙口村施修钗、施能全，石厦村施教捷等3位；另有直接或间接服务华侨青年战时特别工作总队的侨胞烈士7位，其中有龙湖籍石厦村刘与气、仑上村洪源岁。

菲律宾洪门复兴委员会创办《华商公报》

8月 石龟村乡侨许志猛领导的洪门复兴委员会创办地下油印报《华商公报》，许志猛任社长。

吴起河在菲律宾被日寇围捕杀害

10月 古盈村旅菲乡侨、菲律宾华侨战时血干团成员吴起河在中路区加拉密街其堂兄店中被日寇围捕。他被拘禁于西宪兵部，没有泄露任何机密，终于被杀害于狱中，时年仅25岁。

"华支"队员曾焕骸在蕊省加邦社战役中捐躯

11月17日 由于敌伪军勾结地方恶霸欺压当地村民，菲华抗日游击支队民抗军第48大队领受命令，以民抗军教导团带领"华支"二队（又称"广东大队"）、三队（又称"福建大队"），民抗军第24、22、21队作战连暨民运及侦察组千余人，东征蕊省加邦社巴巴也山区丘陵地带，对当地恶霸予以严惩。在支援友军撤退的战斗中，"华支"牺牲23人，其中含陈店村籍战斗员曾焕骸、衙口村施能茂。龙玉籍乡侨许龙运也参加了本次战役。

施能茂在中吕宋山区战斗中牺牲

同日 菲律宾华侨抗日游击支队第三大队副班长、衙口村旅菲乡侨施能茂在中吕宋山区战斗中牺牲。

吴修拈在菲律宾日寇狱中殉难

11月下旬 古盈村旅菲乡侨、菲律宾华侨战时血干团成员吴修拈在日寇狱中殉难。他受尽严刑拷打，至死不泄露机密，时年30岁。

吴身模在菲律宾抗日活动中殉难

11月26日 古盈村旅菲乡侨、菲律宾华侨战时血干团成员吴身模殉难。

许崇文在菲律宾就义

12月中旬 檀林村旅菲乡侨、菲律宾华侨战时血干团成员许崇文在马尼拉狱中被日寇杀害，时年21岁。

许志猛任菲律宾《侨商公报》社长

1944—1947年 石龟村旅菲乡侨许志猛参与创办《侨商公报》，任社长。

1945年（民国三十四年）

施华山在马尼拉被捕殉难

1月28日 衙口村旅菲乡侨施华山因参加菲律宾抗日组织，被日寇拘捕后殉难。

施连登家属罹难

2月12日 日倭于马尼拉纵火烧杀，衙口村旅菲乡侨施连登夫人李淑卿连同二子六女俱罹难于日寇大火之中，加上腹中胎儿，"九尸十命"。此场烧杀，焚毁了施连登别墅，施连登率长子外逃脱险，其妻、儿女、佣人及西班牙友人共45人罹难于大火之中。

施颖洲任菲律宾《新时代报》主编

是月 马尼拉光复后，为了适应形势的需要，加强与美军及菲律宾朋友沟通信息，反映华侨抗日团体的动态和战斗情况，刊发美军的公告等，菲律宾华侨抗日锄奸迫击团决定出版英文报纸——*MANILA NEW DAY*（《新时代报》）。这是当时菲律宾华侨社会出版的唯一英文报纸，由前港村旅菲乡侨施颖洲任主编。该报为周报，每周均按时分发给前线参加武装斗争的同志及美军战友，直至日本投降后方告停刊。

许志猛率菲律宾"抗锄"开赴南吕宋

3月 由石龟村旅菲乡侨许志猛任总指挥的菲律宾抗日锄奸义勇军开赴南吕宋前线，配合美军第十一空运师肃清残敌。在几个月内，经大小数十次战斗，顺利完成任务。

许志猛任菲律宾洪门致公党主席

5月 菲律宾抗日胜利在望，菲律宾洪门致公党进行改选，石龟村旅菲乡侨许志猛任致公党主席。

吴联发参加盟军吕宋岛北部仙沓斐山贝桑关收复战役

是年 古湖村旅菲乡侨吴联发与菲律宾华侨战时血干团同志一道，参加盟军在吕宋岛北部仙沓斐山贝桑关的对日战役。此役异常惨烈，盟军伤亡近4000人，日军战死逾3000人。

旅菲龙园村乡侨捐建恢斋小学

同年 菲律宾龙源小学校董会董事长施至汪专程回乡，主持办学事宜，决定建设新校舍，更名为"恢斋小学"。建校资金在菲律宾募捐，交由内地施能灯负责筹建。新校舍于1947年动工。

旅菲英仑同乡会成立

同年 旅菲英仑（仑上村）同乡会在马尼拉成立。

1946 年（民国三十五年）

许志北、许志端昆仲汇款救济厦鼓灾民

4月11日 中国洪门联合总会菲律宾分会第一支会、中华进步党理事长许志北致电厦门市市长黄天爵：本日由中兴银行电汇钧府国币400万元，此款系本党党员许志北、许志端昆仲，节省其侄清泉君婚礼靡费，实行节约，救济灾难之款，敢恳钧府接收后，即拨为救济厦鼓灾民之用，并希示复为祷。

"五一"事件

5月1日 在一次筹款斗争中，中共泉州中心县委派出武工队员刘廷都、陈相镖等人在龙湖林蒲内路段一带截取在衙口开设大生信局的施某一笔批银，被警察发现围追堵截，刘廷都、陈相镖、林拱震、陈幼时、刘长来、李秋水等六位同志壮烈牺牲，史称"五一"事件。

旅菲英园同乡会捐建英园小学新校舍

8月13日　由旅菲英园同乡会洪源棋等乡侨捐建的坑边村英园小学"工"字形新校舍奠基。

侨办晋江县私立南侨中学创办

9月1日　侨办晋江县私立南侨中学正式开学，招收初中学生6个班，计318人。时值抗日战争胜利之际，由地方热心教育人士谢英杰、施性利、蔡鼎常、施缉亭、施伯箴、施硕谋、施光荣、洪天送、蔡行吉等发起，谋划兴办一所侨区学校，定校名为"晋江县私立南侨中学"。随后，组成20人的筹备委员会，设立以施缉亭为主任，黄呈标、许经概为副主任的筹备处。此一盛举获得旅菲临濮堂前、后港施性水、施家罗、施维雄与南吴、三乡许、六桂堂等华侨热烈响应，即成立校董筹备会（施性水、施家罗分任正、副主任），联络侨胞捐资襄助实施。林荣受聘为筹备员，专理校董会立案与购置设备。围头华侨吴道盛踊跃捐赠泉围汽车公路股份金额作为办理立案基金。校董会敦聘陈奕尚为首任校长，以衙口定光庵为临时校舍。

许友超为其母建"春晖楼"

是年　檀林村旅菲乡侨许友超为自己留居家乡的寡母施荷朕兴建中西合璧的小洋楼——春晖楼。春晖楼既有闽南民居红砖木牖精雕细镂的传统精髓，又有西洋建筑角楼拱峙、柱台轩敞的流风遗韵。古希腊科林斯式的廊柱、欧洲古堡式的八角房、法式宽敞明亮的阳台、闽南式红砖墙体和红瓦屋顶等，中西合璧，浑然一体。现为"晋江市文物保护单位"。

旅菲晋江檀林同乡会成立

同年　旅菲晋江檀林同乡会成立，公推许经胆为理事长。之前有旅菲檀林学校董事会，负责家乡学校经费，并作为乡侨联络中心。学校经费的主要支持者是当时拥有泉庆烟厂公司的乡侨许志长。在中华人民共和国成立时，旅菲晋江檀林同乡会即在菲律宾升起中华人民共和国国旗，在菲华树立爱国爱乡旗帜。

许肇堆率美国医疗代表团访华

同年　秀山村旅美医学博士许肇堆率美国医疗代表团访华，并获国民政府颁发的胜利勋章。

旅菲锡里公益所成立

同年　旅菲锡里（锡坑村）公益所在马尼拉成立。

旅菲晋江龙玉同乡会成立

同年　旅菲晋江龙玉同乡会在马尼拉成立。

菲律宾钱江联合会捐赠防治鼠疫药品

同年　霞坡乡（现龙湖镇）鼠疫流行，菲律宾钱江联合会和许氏宗亲总会发动乡侨捐赠大批药品，由中吕宋华侨施教促运回家乡分赈。

旅菲华侨资助英溪小学办学经费

同年　洪祖明于溪后村中堡洪氏祠堂倡办英溪小学（侨英小学前身）。办学经费由旅菲华侨资助，学生免费入学。

旅菲乡侨捐建私立育才小学教室

同年　后溪村旅菲乡侨郭华孝、郭国昌发动乡侨捐建后溪村私立育才小学教室，"扩建洋楼，以容学子"。

1947 年（民国三十六年）

许志猛任香港福建新民主主义建设促进会常委兼调研部部长

11 月　许志猛奉命从菲律宾转移到香港参加学习并从事新民主主义革命工作，任香港福建新民主主义建设促进会常委兼调研部部长。

旅菲晋江绍德同乡会成立

12 月 28 日　旅菲晋江绍德同乡会在马尼拉成立。该会乡村组成单位为龙湖镇龙园、陈店、龙埔、枪城等村。

施龙标由印尼东迁新加坡

是年　龙园村乡侨施龙标"适逢印荷之乱，排华之风大炽"，遂东迁新加坡，受聘为"施氏公会"秘书，时年 29 岁。

吴起盾捐汇国币 100 万元赈济闽江水灾

同年 闽江江洪暴涨，泛滥成灾，受灾民众达数万人。古盈村旅菲乡侨吴起盾捐汇国币 100 万元，交由福建省救灾委员会发赈灾民，获该会颁发奖状。

吴起盾添置阳溪小学教具、重建路桥

同年 古盈村旅菲乡侨吴起盾汇款添置阳溪小学教具，重建阳溪小学附近"乐善桥"等三座，以方便儿童就学。

旅菲洪溪同乡会成立

同年 旅菲洪溪同乡会在马尼拉成立。

1948 年（民国三十七年）

南侨中学首届毕业班学生组织赴台湾参观团

7 月 7 日 南侨中学首届毕业班学生组织赴台湾参观团，由该校体育主任王嘉种率领，该团于 7 日搭侨光轮抵厦，9 日搭鹭江轮赴台参观，约有 3 星期之逗留，然后转搭轮返校。

南侨中学经教育部奉准备案

是月 南侨中学经教育部奉准备案。备案信息如下：

立别及校名：福建晋江私立南侨初级中学；创始年月：民国卅五年七月；校董会立案年月：卅五年七月；学校开办年月：卅五年八月；学校立案年月：卅七年四月；董事长姓名：施性利；校址：晋江霞坡镇衔口乡；校舍：自建；教育部奉准备案年月及文号：奉厅露卯元厅教乙48183代电转教部备案。

吴泽探昆仲捐赠菲律宾崇仁医院救护车

8 月 西吴村旅菲乡侨吴泽探昆仲捐赠菲律宾华侨善举公所所属崇仁医院最新式救护车一辆，值菲币 1 万余元。此前，吴泽探、泽弄昆仲已捐赠救护车一辆。

旅菲龙玉乡侨捐建晓新小学

是年　在原有启明、启智小学堂的基础上，旅菲龙玉乡侨合并两所小学堂，捐建晓新小学，成立校董会管理学校事务。学校基础设施建设、办学经费均由旅菲龙玉乡侨捐助。学生为来自龙湖亭、玉斗两个自然村的许氏子弟。12 月 12 日举行校舍落成典礼。

旅菲执中联谊会成立

同年　旅菲执中联谊会在马尼拉成立。

旅菲施源发公司捐建石厦村普济桥

同年　旅菲施源发公司捐建石厦村普济桥。

1949 年

于右任题签《光夏校刊》封面

元旦　侨办光夏小学《光夏校刊》出版。该刊由光夏小学编辑委员会编辑，刘国器发行。于右任为封面题签，李宗仁题词"乐育菁莪"，孙科题词"为国育才"。

吴长炎任闽赣边纵队七团二连连长

4 月　西吴村旅菲乡侨、菲律宾"华支"马尼拉中队原成员、菲律宾华侨抗日锄奸队排长吴长炎经香港回国参加解放战争，任闽赣边纵队七团二连连长。

许敬诚任中央人民政府华侨事务委员会委员

10 月 22 日　中央人民政府华侨事务委员会成立，石龟村菲律宾归侨许敬诚（许立）任委员。

吴泽探昆仲捐赠菲律宾崇仁医院时钟

是年　西吴村旅菲乡侨吴泽探、泽弄昆仲向美国购得一批电时钟，大小共计 30 余座，捐赠菲律宾华侨善举公所所属崇仁医院新院。其母钟特装于医院入门处，其余分装在各医室。这些时钟构造新颖精巧，行走时刻完全一致，且能预储电流，如遇公用电流中断，仍能走动 14 小时，不致停止。所有时钟价值及装置费，需菲币 4000 余元。

侨捐恢斋小学校舍建成启用

同年 由菲律宾龙源小学校董会集资捐建的恢斋小学校舍竣工启用。该项目主楼 4 层，呈"回"字形，面积 800 平方米，设置教室 10 室、宿舍多室，大门门廊顶置"教育厅立案晋江私立恢斋小学"匾额。

旅菲锡坑村乡侨捐建锡里宗祠

同年 由旅菲锡坑村乡侨捐建的锡里宗祠竣工。

1950 年

旅菲南侨中学校友会成立

1 月 旅菲南侨中学校友会在马尼拉成立。

许志猛任福建省华侨事务委员会委员

2 月 许志猛在香港福建新民主主义建设促进会常委兼调研部部长任上，被调回福建，任福建省华侨事务委员会委员，兼任中央难侨处理委员会福州分处处长。

许友超捐建檀林许氏宗祠风水池栏杆

3 月 檀林村旅菲乡侨许友超"遵奉慈命，节省令堂施太夫人八秩悦庆寿费"，捐建檀林许氏宗祠风水池栏杆。

晋江侨汇分局衙口局成立

4 月 16 日 晋江地区成立晋江侨汇分局，属晋江县的有石狮、安海、金井、东石、衙口 5 家。1951 年中央财经委员会决定侨批局划归中国银行领导，部分侨汇派送业务归邮电局办理。1956 年对私改造，侨批局停业。1957 年 7 月 1 日起，原先由侨批局经办的业务归属国家银行办理。

侨胞捐助"私立瑶山初级小学"

是年 经晋江县教育部门批准，原创办于 1946 年的瑶厝村瑶山小学更名为"私立瑶山初级小学"。校址从蔡守宗下书房搬迁至蔡氏家庙,旅外侨胞捐资购置办公设备。

旅菲侨亲捐建埔头村亨文小学

同年 埔头村择址村西筹建新校,由施伯箴向菲律宾乡侨募捐建校经费。工程于1952年竣工,"四维国民学校"更名为"亨文小学"。

1951 年

施颖洲参与组建菲律宾华侨文艺工作者联合会

1月 由前港村乡侨施颖洲及柯叔宝、林忠民倡导的"菲律宾华侨文艺工作者联合会"(简称"文联")宣告成立,以联合华侨文艺同工、发挥集体研究精神、推进华侨文艺运动、谋求同工福利为宗旨。第一届会员近90名。

许立任中共中央对外联络部副部长

是年春 中共中央对外联络部成立,石龟村菲律宾归侨许立(许敬诚)被任命为副部长。

侨胞参与捐建南侨中学教室

12月 南侨中学校董会联络侨胞、衙口工商联施能茂等出资,衙口群众献工献地,于定光庵西侧扩建南侨中学教室6室。1952年元旦举行建校5周年和教室落成庆典。

施祖怀任泉州华侨服务社副经理

是年 衙口村施祖怀任泉州华侨服务社副经理。

1952 年

施至成营建"德成楼"

春 洪溪村旅菲乡侨施至成回乡营建两层红砖古厝"德成楼"。《德成楼楼志》载:"族彦至成宗长自幼随父往菲谋生,几经艰苦奋斗,白手兴家乃至事业有成之商界闻人。虽已侨居菲国,然桑梓之情总难忘怀。为缅怀祖德,乃于 1952 年春于浔溪溪东兴建德成楼……"

许肇堆获全菲医学会奖章

是年 菲律宾国立大学因其校友、秀山村乡侨许肇堆博士在美国学术领域中取得的成就,为他颁发了杰出校友金奖;同年,许肇堆又获得全菲医学会奖章,被当时菲律宾人称为"菲人之光",被华侨华人称为"华人之光"。

菲律宾晋江钞厝同乡会成立

同年 菲律宾晋江钞厝同乡会在马尼拉成立。

1953 年

旅菲晋江石厦同乡会成立

是年 旅菲晋江石厦同乡会成立,施并文任首届理事长,刘贤讲任监事长。该会由旅居菲律宾石厦村的刘厝、东头、中份、厝后四个堡份及杏坑自然村的乡侨组成,除刘厝(包括新刘)为刘姓外,其余均为施姓。同乡会会所坐落于华人区仙沓古律斯基埔霞街 929 号,是一栋拥有四间店面的四层楼房。

旅菲侨亲捐建震瑶小学教室

同年 旅菲石龟村侨亲在石龟村祠堂东侧捐建震瑶小学教室 3 室。

王则咤、戴源杯捐建集青小学校舍

同年 大埔村集青小学因学校生员增多,校舍不足,由旅菲乡侨王则咤、旅印尼乡侨戴源杯捐资兴建校舍 4 室。

1954 年

菲律宾实施"零售商菲化案"

5 月 菲律宾当局实施"零售商菲化案",禁止华侨开设新的零售店,已开的个人经营零售店到其死亡为止;属于合营的,只准继续营业 10 年。此案给大多数龙湖华侨的商业经济带来了严重困难。

许志猛任福州市华侨联合会委员等多项职务

9 月 菲律宾石龟村归侨许志猛任福州市华侨联合会委员、常委，福州市华侨投资委员会委员，福建省华侨投资公司福州市募股委员会副主席等职。

旅菲侨亲倡议重修溪前洪氏宗祠

是年 旅菲侨亲洪源那、洪源雷、洪我嵘、洪我于、洪祖盆、洪祖杉等倡议重修溪前洪氏宗祠。

1955 年

许志猛任福建省政协第一届委员

1 月 石龟村菲律宾归侨许志猛任福建省政协第一届委员。

国务院发布《关于贯彻保护侨汇政策的命令》

3 月 23 日 国务院发布《关于贯彻保护侨汇政策的命令》，晋江县于 6 月召开侨务工作会议，对违反保护侨务政策和侵吞侨汇的事件进行严肃处理。

戴源杯回国投资鞍山钢铁公司等大型企业

是年 大埔村旅居印尼乡侨戴源杯响应中央人民政府的号召，投资鞍山钢铁公司、三明钢铁公司、上海申新纺织公司，共投资人民币 73 万元。

1956 年

许经权于菲律宾马尼拉病逝

9 月 27 日 檀林村旅菲乡侨许经权于菲律宾马尼拉病逝。许经权生于檀林，客居厦门鼓浪屿，曾捐巨资修葺洛阳桥，参股建造溪安公路，热心参与村中的各项建设。曾担任旅菲烈山五姓联宗会、许氏家族会、檀林同乡会等机构要职，担任鼓浪屿救世医院董事、厦门群蕙小学校董等。曾因救济抗日志士，于 1941 年 9 月被日本人拘捕 17 日。他是著名企业家、华侨社会活动家。厦门市首任市长兼思明县县长许友超在纪念许经权的文章中评价："其治事也谨，其约己也严，故人皆敬之。"

戴源杯出席中华全国第一次侨代会

10 月　大埔村旅居印尼乡侨戴源杯出席在北京召开的中华全国归国华侨联合会成立大会。戴源杯作为印尼华侨代表（晋江县三位代表之一）参加，受到毛泽东主席、宋庆龄副主席、朱德委员长、周恩来总理等国家领导人的接见，并与世界各地华侨华人代表合影留念。

宋庆龄、何香凝等为南侨中学建校 10 周年题词

11 月　晋江私立南侨中学建校 10 周年庆典期间，国家副主席宋庆龄颁赠题词："拿顽固的学习精神，向科学文化进军。"全国政协副主席、侨务委员会主任何香凝颁赠题词："团结侨胞办好学校，为培养新生一代而努力——晋江私立南侨中学纪念。"中共中央统战部部长李维汉题词："办好华侨子弟教育，是为祖国社会主义建设服务的重要事情。"民革中央副主席陈绍宽题词："发扬华侨爱国主义的传统精神，举办公益事业，培养新生力量，为社会主义建设服务。"全国侨联副主席高明轩题词："办好学校，团结华侨。"中华全国归国华侨联合会题词："发挥华侨爱国爱乡优良传统，提高侨乡文化教育事业水平。"全国侨联贺电："欣逢贵校 10 周年校庆，谨致衷心祝贺。望为发展侨乡文化教育事业作更进一步的努力。"

龙湖归国华侨联合会成立

是年　龙湖成立归国华侨联合会，选举产生第一届委员会委员，施甘甘任主席，施伯箴、洪源堂、戴丽敏任副主席。

许志猛调任北京全国侨联服务部副部长

同年　石龟村菲律宾归侨许志猛调任北京全国侨联服务部副部长。

晋江县华侨第三中等文化学校创办

同年　晋江县华侨第三中等文化学校（阳溪中学前身）创办，校址设于南浔桥头村。是时，国家侨务部门发动热心家乡教育的社会贤达出钱出力办学，龙湖乡贤积极响应，施伯箴、吴身河、施硕谋、施甘甘、洪源堂、许志雄等组建校董会，创办该校。

旅菲浔江公会成立

同年　旅菲浔江公会在马尼拉成立。

施阁针独资捐建坑尾村英美小学

同年　坑尾村旅菲乡侨施阁针独资捐建坑尾村英美小学。

菲律宾侨英小学建校委员会成立

同年　新溪大队干部与英溪小学（侨英小学前身）诸董事组建英溪小学建校委员会；与此同时，旅菲侨胞洪源谅、洪源钻、洪我顶、洪祖盆等侨亲，倡议在菲成立英溪小学建校委员会，发动乡侨捐资，响应者有 120 余人。

洪淑霞携天竺庵观音往港

同年　南庄洪淑霞携天竺庵观音往港，后转菲律宾建天竺庵。

1957 年

许肇堆向菲律宾总统提交《菲律宾科学的状态》研究报告

4 月　秀山村旅美乡侨、医学博士许肇堆受菲律宾总统委托，经过 3 个月的科学现状调查研究后，向菲总统提交具有里程碑意义的研究报告《菲律宾科学的状态》。该报告揭示了菲律宾科学发展的滞后是影响其经济发展的重要原因，提出了科技立法、建立国家科学管理机构、政府加大对科技发展的支持、建立中小学培养科技创新人才教育体系等 9 项发展科学的建议。这些建议被总统认为是"对菲律宾科技现状的深入观察，观点论断正确"，被菲政府全部采纳。

恢斋小学校董会重组扩充

8 月　国务院发布《华侨捐资兴学办法》12 条，恢斋小学校董会重组并扩充董事，恢复了中断 5 年的工作。随即，乡侨汇来 900 元支持恢斋小学办学。

侨捐侨英小学校舍竣工

是月　由旅外乡亲集资捐建的侨英小学校舍竣工。

戴源杯捐建晋江南侨中等文化学校教室

10月15日 晋江县华侨第三中等文化学校（阳溪中学前身）更名为"晋江南侨中等文化学校"，董事会于洪坑埔动工兴建第一栋校舍5间教室，其中大埔村旅居印尼的乡侨戴源杯独捐人民币3000元。1958年，该校更名为"南侨二中"。

龙园村旅菲侨亲捐资重建侨泉新井

11月 龙园村旅菲侨亲施性答等捐资菲币2525元重建西墓井。重建后的西墓井更名为"侨泉新井"。

旅菲前港乡侨捐建尊道小学教室

是年 在旅菲尊道小学校董施阁塔的倡导下，旅菲前港乡侨捐建尊道小学教室3室。

施修长捐资参建强民小学教室

同年 洪溪村旅菲乡侨施修长捐资参建强民小学坐西向东教室6室。

灵鹫寺住尼瑞妙、心莲赴菲律宾合建灵鹫寺

同年 烧灰村灵鹫寺住尼瑞妙、心莲赴菲律宾筹建灵鹫寺。

1958 年

龙湖归侨、侨眷"赠售"钢铁、黄金等

9月30日 福建省侨委会、省侨联筹委会联合发出通知，要求"大力发动侨眷归侨和全省人民一道，为钢铁生产而战"。龙湖归侨、侨眷"赠售"大批钢铁、黄金、白银、杂银等。

晋江县龙湖华侨戏院竣工

10月 晋江县龙湖华侨戏院竣工，总面积1030平方米，共1064个座位。

旅菲临濮堂举行第四十八届职员就职典礼

10月11日 菲律宾施氏家族自治会在中止数十年活动后，由施性水、

施家罗等共同推动，举行第四十八届职员就职典礼，并更名为"旅菲临濮堂"，施性水任新届理事长。

海外侨亲参与捐建光夏小学校舍

是年 在海外侨亲的大力支持下，石厦村光夏小学在鳌山古地兴建教室5室，修建1000余平方米的运动场；结合文祠使用，将分散于"四堡"的班级集中在一起，初步解决了统一管教的问题。

旅菲英华同乡会成立

同年 菲律宾侨英小学建校委员会重组，成立旅菲英华同乡会。后坑村旅菲乡侨洪源钻任首届理事长。

海内外乡贤集资兴建檀声小学新校舍

同年 檀林村海内外乡贤共同推动，在村北兴建1座有8间教室的新校舍。

戴源杯捐赠化肥支持农业生产

同年 大埔村旅居印尼乡侨戴源杯从国外进口2000多吨日本尿素赠送给龙湖公社，由公社分赠各大队。

施至成在菲律宾马尼拉开设 Shoe Mart

同年 洪溪村旅菲乡侨施至成在菲律宾马尼拉开设一家鞋铺，取名"鞋庄"（Shoe Mart），这也是SM名字的由来。

1959 年

许志猛任全国政协第三届委员

3月 石龟村菲律宾归侨许志猛任全国政协第三届委员。

中侨委、教育部电贺晋江侨办尊道小学50周年校庆

11月21日 尊道小学举行建校50周年庆典，时任中华人民共和国副主席宋庆龄，中华人民共和国华侨事务委员会，教育部，省、地、县侨务、教育等180多个单位和个人题词、致电祝贺。

旅菲临濮堂自置会所

是年　旅菲临濮堂自置会所于马尼拉成立。

南庄村旅菲乡侨为家乡捐献抽水机

同年　南庄村旅菲乡侨施灿表、施子钦、施桓满、施桓滇、施桓顿、施桓西、施仁寿、施钊森、施灿道等为家乡捐献抽水机。

吴莎治获"菲律宾模范母亲奖"

同年　南浔村旅菲乡侨施能杞夫人吴莎治获"菲律宾模范母亲奖",菲律宾总统加西亚为其颁发奖状,并与其全家合影。

1960 年

侨捐天竺庵修缮工程竣工

10 月 5 日　由旅菲董事施培禧与旅港施玉英、施灿表、施子钦、洪淑霞等劝募集资的南庄天竺庵修缮工程竣工。

旅菲晋江南庄同乡会捐建南庄小学新校舍

是年　旅菲南庄同乡会捐建南庄小学新校舍,占地面积 5500 平方米。该校含"出"字形教室及教师宿舍楼、礼堂,附有照明、卫生设施;外建厨房、运动场,绕以围墙。

菲律宾晋江钞厝同乡会捐建芦山小学校舍

同年　菲律宾晋江钞厝同乡会在施教昌、施议耄、施教荣、施学通、施教港、施议对等乡侨倡导下,集资捐建钞厝村芦山小学校舍。

旅菲乡侨捐建英峰小学校舍

同年　由烧灰村旅菲乡侨捐资、村民义务献工的英峰小学建成办学。该校舍为"同"字形,于 1964 年落成启用。

旅菲乡侨捐建英园小学校舍

同年　杭边村旅菲乡侨洪溯彬、洪源棋、洪源坛、洪源捌等捐建"一"字形校舍。

1961 年

许志北病逝于台北

4月3日　被台湾当局以"许志北共产案"的罪名逮捕并押送于台湾火烧岛的梧坑村籍旅菲乡侨、菲律宾洪门进步党"头手的"许志北病逝于台北台安医院。

宋庆龄为南侨二中5周年校庆题词

是年　时任国家副主席宋庆龄为南侨二中（阳溪中学前身）5周年校庆题词："华侨热心桑梓教育。"各级侨务、教育主管部门也发来贺电、贺信，嘉勉侨胞侨眷捐资办学。

1962 年

龙湖侨亲捐建龙湖侨联会所

是年　龙湖第二届侨委会着力发动旅外侨亲捐资兴建3层办公会所1座，位于中山街南枫林路段。

侨办南侨二中兴建第二栋教室6室

同年　侨办南侨二中（阳溪中学前身）兴建第二栋教室6室。1959年始，学校规模发展至10个教学班，在校生600余名，教职工30多位，原来的教室已容纳不了。学校即采取应急措施：一方面借用了古盈民房作教室、宿舍；另一方面积极筹资扩建校舍，又发动师生献工献料，缓解了校舍紧张状况。

许肇堆博士被称为"菲律宾科学之父"

同年　菲律宾主管科技和外交的副总统白拉易示在一年一度的"科学工艺周"集会时，盛赞时任菲律宾科学发展署顾问的许肇堆博士（秀山村）编制菲律宾科学发展规划的突出贡献，称许肇堆博士为"菲律宾科学之父"。

旅菲乡侨重建秀山小学

同年　秀山村旅菲乡侨许经茂、许孝宋、许书石等捐花生油2000公斤，销售所得资金用来重建秀山小学教室。

1963 年

施钊福捐建石厦村中份益众池

3 月　石厦村旅菲乡侨施钊福捐建石厦村中份益众池。该项目集蓄水、养殖、灌溉等功能为一体。

许友超在美国去世

11 月 1 日　檀林村旅菲乡侨许友超在美国去世，享年 63 岁。许友超于光绪二十六年（1900）11 月 14 日出生于檀林村。曾任菲律宾华侨木商会会长、东方共济俱乐部经理、中华青年会董事、马尼拉中华商会会长、"厦门特别市"首任市长等职务，是著名企业家和菲华社会活动家。他曾与堂兄许金科合著《华西会话》，稍后又和乡侨许松泽合编《英华菲西会话》。

旅菲阳溪校董会接办阳溪中学

是年　旅菲阳溪校董会接办"南侨二中"，改校名为"阳溪中学"。董事长吴修罗率内外董事，鼎力扩展校园，征用土地 15 亩，营建第三座教室（其中吴厝村旅菲乡侨吴天德捐资 5000 元独建一室），筑建围墙，并配备发电设备，提供 1964 至 1966 年教学经费及教职工薪金。

1964 年

宋庆龄为晋江私立阳溪小学建校 30 周年题词

4 月 2 日　时任中华人民共和国副主席宋庆龄题贺晋江私立阳溪小学建校 30 周年："欣逢你校建校 30 周年，特向你们致以热烈的祝贺。愿你们继续发扬海外侨胞关心祖国教育事业的精神，在党和毛主席的领导下，在今后的工作中取得更大的成绩。"

教育部为晋江私立阳溪小学建校 30 周年题词

4 月 30 日　中华人民共和国教育部为晋江私立阳溪小学题词："继续发扬爱国侨胞和社员群众积极办学的优良传统，为伟大祖国社会主义革命和社会主义建设事业培养有社会主义觉悟有文化的劳动者。"

旅菲秀山同乡会成立

是年 旅菲秀山同乡会成立。该会由旅菲龙湖镇秀山 5 个村（即秀茂、山头、山脚、历山、祖秀茂）的乡侨组成，是为加强旅菲秀山乡侨之联系，敦睦乡谊，发展团结互助精神而组织的非营利社团。许自城任首届理事长。

侨捐侨英小学校舍下落及教师宿舍楼竣工

同年 由旅外乡亲洪溯岭、洪我顶、洪祖盆、洪祖杉、洪万雷、洪源那、洪肇从、洪我钻、洪源琼，芦墘溪洪祖洞先生、山边洪源景捐建的侨英小学校舍下落及教师宿舍楼竣工。

1965 年

侨捐石厦村中份"利群桥"竣工

1 月 由石厦村旅菲施钊福、施涌谈、施钊案等 10 余位乡侨捐建的石厦村中份"利群桥"竣工。该项目含购置动力设备、清理旱厕、修整道路等。

旅外乡亲捐建英仑小学

5 月 15 日 由旅菲英仑同乡会和仑上村旅港乡贤捐建的英仑小学正式开办。

吴玉树捐资兴建菲律宾让德吴氏宗亲总会宿务分会会所

是年 锡坑村旅菲乡侨吴玉树首献巨资，族中人效步捐输，合力兴建菲律宾让德吴氏宗亲总会宿务分会会所。3 月 18 日，会所奠基仪式在市中心马嘉连礼示大街举行。

施连生任新加坡乞罗卜区公民咨询委员会副主席

同年 新加坡独立，埔头村旅新乡侨施连生"众所拥戴"，任乞罗卜区公民咨询委员会副主席，蝉联四届。后小坡四选区合并为甘榜格南区，施连生任该区公民咨询委员会委员及哥罗福联络所管理委员会主席，连任八届。

旅菲石龟许厝同乡会成立

同年 旅菲石龟许厝同乡会在马尼拉成立。

旅菲侨亲扩建晓新小学

同年　龙玉村旅菲侨亲捐资扩建晓新小学校舍。

1966 年

旅菲石厦同乡会捐建光夏小学玄武山新校舍

7 月　光夏小学玄武山新校舍动工兴建。旅菲石厦同乡会在理事长刘贤潜、财政主任施钊福的鼎力推动下，募捐人民币 10 万元，认捐人数达 127 人，村民半酬献工。新校舍墙面大多以 6 寸 ×8 寸条石砌体。至 1969 年年底，建成教室 18 室，大小礼堂、办公室各 1 座，1970 年 2 月启用。

"十六条" 通过

8 月　中共八届十一中全会通过《关于无产阶级文化大革命的决定》（简称 "十六条"），此后，侨务日常工作难以开展，并逐步陷入瘫痪。

吴玉树倡办宿务市护士学校、兴建崇华医院

是年　锡坑村旅菲乡侨吴玉树获选菲律宾宿务市华侨善举公所第五十二届董事长，随即创办护士学校，兴建崇华医院。兴建的崇华医院为钢筋混凝土结构，设计病房 200 间，预算建筑费用菲币百万元，规模在南岛首屈一指。

旅菲晋江火辉埔同乡会成立

同年　旅菲晋江火辉埔同乡会在马尼拉成立。

1967 年

施桓顿、施灿悦捐建培正小学校舍

是年　南庄村旅菲乡侨施桓顿、施灿悦捐建培正小学（南庄小学前身）校舍。

1968 年

吴玉树主持菲律宾让德吴氏宗亲总会宿务分会新会所落成典礼

4 月 7 日　菲律宾让德吴氏宗亲总会宿务分会新会所落成典礼举行，锡坑村乡侨吴玉树时任理事长，主持典礼并即席致辞。

旅菲晋江埭头同乡会成立

11 月 17 日　旅菲晋江埭头同乡会假座马尼拉让德吴氏宗亲总会大礼堂举行成立大会。吴修向任首届理事长，吴修林任常务顾问，吴修琴任创会名誉理事长。

菲律宾晋江衙口同乡会成立

是年　菲律宾晋江衙口同乡会在马尼拉成立。

吴起盾捐建古盈村南埭桥

同年　古盈村旅菲乡侨吴起盾捐建古盈村南埭桥。

施教敏投资后宅第一砖瓦厂

同年　后宅村旅菲乡侨施教敏投资人民币 5000 元，创办后宅第一砖瓦厂。

1969 年

洪祖杉营建"围墙花向房"

是年　溪前村旅菲乡侨洪祖杉回乡营建"围墙花向房"。该房占地 5000 多平方米，主材使用加工过的石料，5 座双层楼房呈 U 形排布，大门相向而开；4 米多高的石头围墙，将花向房圈成了一个方形，被誉为"石头城堡"。营建历时 10 年，耗资 70 万元，于 1979 年竣工，现列溪前村西区 1 号。

施连生获新加坡"公共服务星章"

同年　埔头村旅新乡侨施连生因长期服务公共事务，获新加坡元首颁发的"公共服务星章"（BBM）。

菲华晋江埔头同乡会成立

同年　菲华晋江埔头同乡会在马尼拉成立。

旅菲乡侨捐建辉山小学校舍

同年　由埔锦村旅菲许逊戡、王尔厚等 18 位乡侨捐建的埔锦村辉山小学校舍竣工。该项目共募捐善款 17 条，合菲币 62300 元。

1970 年

侨捐建安小学校舍竣工
3 月　由旅外乡亲集资捐建的新烧灰村建安小学校舍竣工。

菲律宾天竺庵兴建落成
是年　南庄天竺庵观音由香港转渡菲律宾后，由旅菲晋江南庄同乡会施灿悦、施灿朗、施钊森、施议兵、施天仁等发动筹建天竺庵，推选吴金缄任董事长，在王彬区构那拉街信愿寺斜面兴建仿古二层庙宇供奉观世音菩萨。

旅菲晋江观嶼同乡会成立
同年　旅菲晋江观嶼同乡会在马尼拉成立。

吴谨朗捐建枫林村水井
同年　枫林村旅菲乡侨吴谨朗捐建枫林村饮用水井 3 口。

旅菲英仑同乡会捐建仑上村火力发电厂
同年　旅菲英仑同乡会第六届理监事会发动旅菲洪我文等 9 位乡侨捐建仑上村火力发电厂。

旅菲乡侨捐建梧坑小学校舍
同年　梧坑村旅菲乡侨在许书愿、许志品的倡导下，集资兴建梧坑小学校舍。

郭清江独资捐建龙湖（南侨）中学后溪点教室
同年　后溪村旅菲乡侨郭清江独资捐建龙湖（南侨）中学后溪点教室 1 幢 5 室。

1971 年

旅菲英仑同乡会响应清明节扫墓革新运动
4 月 4 日　旅菲英仑同乡会为响应善举公所倡导的华侨义山扫墓革新运

动（一年一度的清明节扫墓），由理事长洪我文率领理监事数十人赴华侨义山，向该会先人坟墓献纸致敬。在此之前，菲华皆循亡人节、万圣节扫墓习俗。

国务院发出《关于华侨工作的若干意见》

6月18日 国务院发出《关于华侨工作的若干意见》，要求各地落实侨务政策。

旅菲晋江大埔同乡会成立

7月27日 旅菲大埔村乡侨施能岩、王千水多方联络旅居菲律宾的大埔村乡侨，成立旅菲晋江大埔同乡会，施能坤任首届理事长。大埔村有施、王、何、戴4个姓氏，因历史原因，4个姓氏在海外联系甚少，同乡会成立之后，进一步凝聚了大埔村旅菲乡侨守望相助、回馈家乡的力量。

菲律宾归侨许立在河南周口去世

8月20日 菲律宾归侨许立在河南周口去世。许立（1905—1971），晋江县龙湖镇石龟村人，1925年移居菲律宾。新中国成立后，历任全国华侨事务委员会委员、中共中央对外联络部副部长、第四届全国政协委员等职。

施猛猛三建惠济桥

12月 石厦村旅菲乡侨施猛猛第三次重建惠济桥。

姚乌劝捐建东吴小学教学楼

是年 吴厝村旅菲乡侨姚乌劝捐建东吴小学教学楼。

旅菲石龟许厝同乡会捐建震瑶小学新校舍

同年 旅菲石龟许厝同乡会发动许志笙、许清洗等11位乡侨捐建震瑶小学新校舍。该项目由村民献工献地建成，石结构2层，16间教室兼有大礼堂。

1972 年

《施能杞先生家书》影印本刊行

是年 南浔村旅菲乡侨施维雄把其父施能杞仅留的4件寄给国内家属的信札连同一些名人题词，托人编成《施能杞先生家书》影印行世。这批家书体现了其在菲创业之艰难，尽管如此仍关心时局，以实际行动戒酒断烟，支援祖国抗战。

旅菲乡侨捐建苏坑小学

同年 在旅菲施学狮、施学源等乡侨的倡导发动下，募集苏坑小学建校资金，村民踊跃献工，使该校于 1976 年竣工办学。

菲华英山同乡会成立

同年 菲华英山同乡会在马尼拉成立。

旅菲晋江埭头同乡会捐建阳溪流域埭头水闸

同年 旅菲晋江埭头同乡会捐建阳溪流域埭头段水闸。该项目为挡潮排洪电动启闭水闸，可供农业灌溉。

施教敏独资捐建厚泽小学

同年 后宅村旅菲乡侨施教敏独资捐建厚泽小学，厚泽小学正式开办。

洪源暖、洪源对捐建曾厝小学礼堂

同年 曾厝村旅菲乡侨洪源暖、洪源对捐建曾厝小学礼堂。

侨捐瑶山小学新校舍落成

同年 侨捐瑶山小学新校舍落成。该项目含礼堂 1 座，教学楼 1 幢 10 室；其中礼堂由旅菲乡侨蔡联煌独资捐建，教学楼由旅菲瑶里校董会蔡庆旺、蔡笃赈、蔡笃泉、蔡锡宣、蔡锡田、蔡锡鑪、蔡天乙等乡侨捐建，村民义务献工。

1973 年

菲律宾钱江联合会创办族侨义诊室

10 月 7 日 菲律宾钱江联合会在会所三楼创办族侨义诊室。该室敦请医学博士施文旭、施贵阳两位为常驻医师，每周一至周六接诊，接受清寒族亲暨联乡会员前来就诊。诊病不分贫富，赠药仅限清贫家庭。

旅菲晋江古盈同济社成立

是年 旅菲晋江古盈同济社在马尼拉成立。

姚乌劝捐建东吴小学礼堂

同年 吴厝村旅菲乡侨姚乌劝捐建东吴小学礼堂。

侨捐梧坑小学校舍落成启用

同年 侨捐梧坑小学（启文小学前身）校舍落成启用。梧坑村旅菲乡侨许志品独资捐建礼堂"品雪纪念堂"一室，许书愿捐建教室一室，许志品、叶雪治伉俪捐建教室一室，许鸿滨、许志习、许维新、许志荐捐建教室一室，许松柏、许志端、许经希捐建教室一室。

1974 年

旅菲乡侨捐资重建秀山学校

是年 秀山村旅菲乡侨在许孝宗的倡导下，捐资重建秀山学校新校舍 12 室、礼堂 1 座。

旅菲乡侨捐建英峰小学校舍

同年 烧灰村旅菲许志拱伉俪等 49 位乡侨集资菲币 21.005 万元捐建英峰小学校舍。

1975 年

施灿悦应邀赴北京参加国庆观礼

10 月 南庄村旅菲乡侨施灿悦应国务院邀请，赴北京参加国庆观礼系列活动。

旅菲乡侨捐赠洪溪、古盈、曾厝火力发电设备

是年 洪溪村旅菲乡侨施至成独资捐赠洪溪村火力发电设备，古盈村旅菲乡侨吴起盾捐赠古盈村火力发电设备，曾厝村旅菲乡侨洪源高捐赠曾厝村火力发电设备。

1976 年

菲律宾晋江钞厝同乡会发动乡侨捐赠火力发电设备

是年 菲律宾晋江钞厝同乡会理事长施议钧倡导乡侨捐赠钞厝村火力发电设备。

1977 年

菲华晋江前港同乡会成立

6 月 12 日 菲华晋江前港同乡会成立（第一届就职）典礼在马尼拉翠华厅酒家举行，施家约任第一届理事长，施松江任监事长。同日，在加洛干黎刹延长街为新会所举行奠基仪式。菲华晋江前港同乡会由前港、后宅、新乡3 个自然村旅菲乡侨联合组织成立。同年，尊道小学校董会恢复运作。

旅菲侨胞集资兴建檀声小学新校舍

10 月 1 日 由旅菲侨胞集资兴建的檀声小学新校舍举行奠基仪式。该工程共募资 76 条，合菲币 134.17 万元，于 1980 年 3 月竣工。

施能宗任马来西亚雪兰莪晋江会馆第五届教育组委员

是年 英厝村旅马乡侨施能宗任马来西亚雪兰莪晋江会馆第五届（1977—1978 年）教育组委员。

1978 年

施维鹏偕夫人礼访许志猛

3 月 南浔村旅菲乡侨施维鹏偕夫人回祖国观光，礼访龙湖籍归侨、致公党中央联络部部长许志猛。

菲华晋江前港同乡会新会所大厦举行落成典礼

6 月 12 日 菲华晋江前港同乡会举办庆祝其成立 1 周年活动，同时为新会所大厦举行落成典礼。

旅菲晋江石厦同乡会组团回国观光

10月 以施钊福为团长，施钊炮、刘与转为副团长的旅菲晋江石厦同乡会一行21人回国赴北京观光，并回乡与石厦村乡亲及光夏学校师生恳谈。

龙湖恢复华侨物资供应

是年 全省开始恢复华侨物资供应，龙湖侨汇物资供应商店开业。

吴泽担、施仁寿分别捐建西吴村、石厦村杏坑供电照明工程

同年 西吴村旅菲乡侨吴泽担独资捐建西吴村供电照明工程，石厦村旅菲乡侨施仁寿捐建石厦村杏坑供电照明工程。

菲律宾晋江西浔联乡会捐建浔联小学校舍

同年 菲律宾晋江西浔联乡会施性榜、施性瑶、施性琴、施性文、施长发等120余位乡侨与旅港乡贤捐资兴建浔联小学大礼堂1座及教室10室。该项目于1980年竣工，"湖北小学"更名为"浔联小学"。

侨捐光夏小学附属中学校舍、石厦村供电照明工程竣工

同年 由旅菲晋江石厦同乡会发动施议程、施建德、施教南、施钊炮等乡侨捐建的光夏小学附属中学校舍、石厦村供电照明工程竣工。

施桓顿捐修培正小学校舍

同年 南庄村旅菲乡侨施桓顿捐资修建培正小学（南庄小学前身）校舍。

旅外乡亲集资捐建英园小学校舍

同年 杭边村旅菲、旅港乡亲捐建英园小学校舍。该项目包括礼堂、教室及生活区配套建筑。

南庄村旅菲乡侨捐赠火力发电设备

同年 南庄村旅菲乡侨施灿悦、施钊森等捐赠南庄村火力发电设备。

施学概引进日本蜂鸣片生产技术到晋江

同年 前港村旅港乡贤施学概把日本的蜂鸣片生产技术引进晋江粉末冶金厂，并提供原材料和资金。此项技术填补了内地电子产品蜂鸣片的空白。

1979 年

施性山捐建强民小学"性山教学楼"

1月　洪溪村旅菲乡侨施修长、施性山捐建强民小学两层"性山教学楼"。

洪我照、洪我转捐赠英仑小学教育经费

6月1日　仓上村旅港乡贤洪我照、洪我转捐赠英仑小学教育经费。

旅菲乡侨捐建后溪村南溪发电站

9月　后溪村旅菲乡侨郭木坤、郭万雷、郭国钯带动海内外乡贤捐建后溪村南溪发电站。

许龙宣应邀赴北京参加国庆观礼

10月　龙玉村旅菲乡侨许龙宣应国务院邀请，赴北京参加国庆观礼系列活动。

旅菲观嶂同乡会捐建绳正小学新校舍

10月　由旅菲观嶂同乡会第九、十届理监事会施性祥、施能灶、施至向等30位乡侨捐资54000元建造的绳正小学新校舍落成。

施光浮独资捐建衙口中心小学"光浮楼"

11月20日　衙口村旅菲乡侨施光浮独资捐建衙口中心小学办公楼"光浮楼"。

菲律宾钱江联合会组建青年民乐团

是年　菲律宾钱江联合会组建青年民乐团。民乐团为传承、传播中华文化而组建，系业余音乐团体，成员来自族中青年及在学学生。

吴文远捐建枫林村供电照明工程、村委会会所及戏台

同年　由枫林村旅菲乡侨吴文远捐建的供电照明工程、村委会会所及戏台相继竣工。

旅菲乡侨捐建梧坑村供电照明工程

同年 旅菲晋江梧坑同乡会许志品等乡侨捐资 3.3 万元，建设梧坑村供电照明工程。

旅港晋江龙湖内坑同乡会成立

同年 旅港晋江龙湖内坑同乡会成立，吴天培任首届会长。

1980 年

锡坑村旅菲乡侨捐资重建锡里小学

4 月 20 日 锡坑村旅菲吴修波、吴玉树家族、吴修山家族、吴连杉、吴起铺等乡侨捐资重建锡里小学。该项目含大礼堂、教学楼、宿舍楼、运动场及围墙等。

侨捐晋江地区农业机械化学校获批兴建

7 月 30 日 福建省人民政府以"闽政〔1980〕综 943 号"批复，同意兴办晋江地区农业机械化学校，文件规定"学校基建由旅菲华侨许龙宣先生等捐献解决"，"每年经费由农机事业费中统筹解决"，行政上归晋江行政公署和省农机局双重领导，以晋江行署领导为主（主管部门地区农机局）。

学校经过选址筹备，校址确定在晋江县龙湖乡龙湖南畔（龙玉村），同年开始建设。

旅菲衙口同乡会兴建衙口中心小学新校舍

是年 旅菲衙口同乡会兴建衙口中心小学新校舍，计有双层主楼——光浮楼 1 幢，双层教学楼 2 幢，教室 20 室，建筑总面积 1756 平方米，由旅菲衙口乡侨集资 15 万元捐建。东侧教师宿舍 9 间，面积 208 平方米，造价 7000 元，系先由教育局拨建，后由华侨认捐。学校大门由旅港校友施绿漪独捐 7000 元所建。

旅菲英园同乡会成立

同年 旅菲英园同乡会在马尼拉成立。

旅菲乡侨捐建南浔村、衙口村、桥头村、前港村供电照明工程

同年 南浔村旅菲施维雄家族捐建南浔村、衙口村供电照明工程，南浔桥头村旅菲乡侨施其仁捐建桥头自然村供电照明工程，前港村旅菲乡侨施学竖发动菲华晋江前港同乡会诸乡侨捐建前港村供电照明工程。

旅菲乡侨捐建育才小学礼堂、教室

同年 后溪村旅菲乡侨郭木坤在马尼拉奔走募捐，旅菲乡侨郭国钯等慷慨捐资，兴建育才小学礼堂1幢、教室5室。

1981 年

旅菲乡侨捐建大坡学校

1月 旅菲乡侨施能岩联络乡侨王则咤、施能坤、施能杉、施纯赞等捐资，在大埔村下池顶兴建校舍1幢，集青小学易名为"大坡学校"。

旅外乡亲捐建大埔、后溪、石龟、陈店村供电照明工程

4月 大埔村旅菲王则咤、施能坤、施瑞生等48位乡侨捐建大埔村供电照明工程。5月，后溪村旅菲郭国钯、郭万雷、郭木坤等乡侨捐建后溪村供电照明工程。7月，旅菲石龟同乡会第十五至第十六届理事长许经概发动旅菲乡侨捐建石龟村供电照明工程。8月，陈店村旅菲、旅港乡亲捐建陈店村供电照明工程。

旅菲钱江联合会出席"五一"观礼活动

5月1日 旅菲钱江联合会应邀出席在北京举办的"五一"观礼活动，石厦村旅菲乡侨施钊福、施钊炮、施议程、施教南应邀参加。活动期间，受到国务院副总理谷牧接见。

旅菲阳溪校董会恢复运作

8月 旅菲阳溪校董会重新选举，吴修波当选第三十六连三十七届董事长，吴起盾、吴身谋当选副董事长，吴存诗当选为驻乡干事部干事长。至此，中断十余年的校董会恢复运作。

旅菲南侨中学校友会恢复运作并更名

11月 旅菲南侨中学校友会恢复运作,更名为"晋江南侨中学菲律宾校友会"。

施连登捐建南侨中学大门"连登门"

12月 时值南侨中学建校35周年庆典,由衙口村旅菲乡侨施连登捐建的"连登门"竣工。

吴长榆捐赠泉州五中教学设备

是年 西吴村旅菲乡侨吴长榆向泉州五中捐献一批先进教学设备,含录像机、电脑等。

旅外乡侨捐建衙口中心幼儿园

同年 衙口村、南浔村旅菲侨亲施连登、施修国,旅港乡贤施祥鹏等捐建衙口中心幼儿园。该项目共募捐善款17条(17个单位、个人捐款)。

施议钧捐建钞厝村荣乡桥

同年 钞厝村旅菲乡侨施议钧捐建荣乡桥。

侨捐尊道小学新校园奠基

同年 侨捐尊道小学新校园举行奠基仪式,菲华晋江前港同乡会理事长施学立专程回乡参加。该项目由旅菲前港村施阁塔、施家罗等72位乡侨捐资兴建。

海内外乡亲集资扩建烧灰村英峰小学教室

同年 烧灰村海内外乡亲集资扩建英峰小学后排教室7室。

1982 年

旅菲乡侨捐建新峰、杆柄、龙玉村供电照明工程

3月 新峰村(新丰村)旅菲张国川、张茂南、施养抱,旅港施纯吉、郭乌水等乡亲捐建新峰村供电照明工程。4月,旅菲晋江观嶼同乡会第十一至第十二届理事会发动施至向等乡侨捐建杆柄村供电照明工程;该项目共募

捐善款 35 条，合 6.05 万元。11 月 6 日，由旅菲龙玉同乡会捐建的龙玉村供电照明工程竣工送电；设备包括变压器一台。入户线路及电表，工程耗资人民币 9 万元。

旅港晋江檀林同乡会成立

4 月 26 日　在许清池、书煜、文镇、清河、建设（书梯）、维雄、桂林、成沛等檀林村旅港乡贤的倡导和组织下，登记注册旅港晋江檀林同乡会。

《晋江县光夏学校新校舍落成典礼》纪念刊出版

是月　《晋江县光夏学校新校舍落成典礼》纪念刊出版。该刊为 16 开印刷，51 码，刊载旅菲晋江石厦同乡会第二十五、二十六届理事会捐建的光夏学校第三期（含中学部、石厦村电力照明工程）、第四期工程建设情况。

旅外乡亲参加震瑶小学建校 65 周年庆典

5 月　旅菲石龟许厝同乡会组团回乡参加震瑶小学建校 65 周年庆典。庆典期间，旅菲石龟许厝同乡会筹集资金为学校筑围墙、建校门、铺石路、建花圃，为幼儿园提供教学设备费，设立奖学金。

侨资福建玛莉塑胶装饰有限公司落户龙湖

是年　福建玛莉塑胶装饰有限公司、龙华面包（食品）厂等一批三资企业落户龙湖。至 1992 年 8 月，龙湖镇计有"三资"企业 53 家，年总产值 6000 万元，创汇 4000 万元。

旅菲阳溪校董会获省政府颁发捐资办学金质奖章

同年　旅菲阳溪校董会获省政府颁发捐资办学金质奖章。

吴振益独资捐建锡里幼儿园

同年　锡坑村旅菲乡侨吴振益独资捐建锡里幼儿园。

郭国钯捐修后溪村"国钯路"

同年　后溪村旅菲乡侨郭国钯在由郭秋栽捐修的土坯路的基础上，捐资铺设水泥路。该路从村中大道通至新坡村水泥路；1991 年，郭国钯再次在国钯路口捐建隘门 1 座。

旅菲乡侨扩建秀山小学教室

同年 由秀山村旅菲乡侨许书肴、许志祝、许自远、许国华、朱其卅、朱其歪等捐资扩建秀山小学教学楼4室。

1983 年

姚乌劝捐建东吴幼儿园

6 月 25 日 由吴厝村旅菲乡侨姚乌劝捐建的东吴幼儿园竣工。东吴幼儿园正式办学。

南侨中学香港校友会成立

11 月 23 日 在施良侨、洪我照、施主恩等旅港校友推动下，南侨中学香港校友会在香港成立。

许肇堆去世

11 月 24 日，祖籍晋江市龙湖镇秀山村的美籍医学博士许肇堆在菲律宾首都马尼拉去世，享年 86 岁。

施至成创建 SM 大商场

是年 洪溪村旅菲乡侨施至成投资 1 亿美元，在大马尼拉区奎松市兴建一座总面积为 14 万平方米的大商场。该商场内设上百家各具特色的商店、百货店、电影院、咖啡厅、快餐厅、饭店酒楼及儿童游乐场、停车场等，集购物、吃、喝、玩、乐于一处。

《福建省晋江南侨中学特刊》出版

同年 由南侨中学、南侨中学菲律宾校友会、南侨中学香港校友会联合编写的《福建省晋江南侨中学特刊》出版。该书大 16 开彩印，168 码，重点刊发南侨中学 35 周年校庆相关信息及报刊的报道，辑录南侨中学校友总会、南侨中学菲律宾校友会、南侨中学香港校友会活动简况及组织机构。该书还刊载国家领导人宋庆龄、何香凝为南侨中学建校 10 周年庆典颁赠的题词。

施教姜捐建厚泽小学围墙

同年 后宅村旅菲乡侨施教姜捐建厚泽小学围墙。

洪祖盆、洪我英捐资参建侨英小学校舍

同年 溪前村旅菲乡侨洪祖盆、洪我英捐资参建侨英小学校舍。

蔡锡宣、蔡连造捐建瑶厝村供电照明工程

同年 瑶厝村旅菲乡侨蔡锡宣、蔡连造捐建瑶厝村供电照明工程。

许谋清独建梧坑村备用电工程

同年 梧坑村旅菲乡侨许谋清独资捐建梧坑村备用电工程。

旅港晋江龙玉同乡会成立

同年 旅港晋江龙玉同乡会成立，许泽琛当选首届会长。

洪文概独资捐建溪后村备用电工程

同年 溪后村旅港乡贤洪文概独资捐建溪后村备用电工程。

1984 年

菲华晋江前港同乡会组团回乡参加尊道小学新校园落成庆典

4月5日 菲华晋江前港同乡会以施教本为团长、施家约为名誉团长，旅港乡亲以施教焕为团长，组成百人庆贺团，回乡参加尊道小学新校园落成庆典。旅港校董施学朴募集港币60900元添置教学设施，献礼新校园落成。

钱江青年篮球队中国访问团回国访问、比赛

是月 菲律宾钱江联合会组织钱江青年组篮球队中国访问团回国访问、比赛。该团在团长施玉麟的带领下，先后到达厦门及晋江进行多场比赛，参加石厦村光夏学校大厦落成典礼。

郭国壁捐修后溪村"西郊大道"

5月 后溪村旅菲乡侨郭国壁捐资修筑"西郊大道"土路。该路从华树桥通至西郊。

《福建省关于奖励华侨捐资办学实施办法》施行

8月3日 福建省教育厅、福建省人民政府侨务办公室联合发布《福建省关于奖励华侨捐资办学实施办法》。

侨捐东吴小学校舍竣工

8月10日 由旅菲东吴同乡会暨吴厝村旅菲乡侨捐建的东吴小学校舍竣工。

省教育厅办公室为阳溪小学建校50周年题词

8月24日 福建省教育厅办公室为阳溪小学建校50周年题词："在你校创办50周年校庆暨教学大楼落成典礼举行之际，我们谨向你们表示热烈的祝贺，并通过你们向创办你校和帮助你校发展的旅菲华侨表示感谢！"

中国侨联副主席庄明理为阳溪小学建校50周年题词

是月 时值阳溪小学建校50周年庆典，中国侨联副主席庄明理为阳溪小学建校50周年题词："培育英才，建设祖国。"

侨捐火辉埔、倒石埔供电照明工程竣工

同月 由埔锦村旅菲许逊黪、许志杰等26位乡侨捐资菲币27.8万元建设的火辉埔、倒石埔供电照明工程竣工。

晋江贯彻《华侨捐资办学奖励的实施办法》

同月 晋江全县贯彻《华侨捐资办学奖励的实施办法》。

侨捐阳溪中心小学校舍二期工程竣工

9月22日 由旅菲阳溪校董会发动旅菲南吴吴修波、吴玉树家族等乡侨集资捐建的阳溪中心小学校舍二期工程竣工，该项目共筹资62条，合菲币91.6万元。

侨建晋江地区农业机械化学校举行落成暨开学典礼

10月8日 侨建晋江地区农机化学校举行落成暨开学典礼。该校在旅菲龙江玉斗同乡会理事长许龙宣和继任的许泽台、许维新理事长努力集资下竣工。交付使用的有教学楼1幢2260平方米，会堂兼食堂1470平方米，办

公楼 654 平方米，教工宿舍 720 平方米，学生宿舍 3 座 1004 平方米，共计 6108 平方米。经省政府批准招生，学生 6 个班 242 人，教职员工 58 人，其中专任教师 30 人（青年教师占 80%）。

吴起顺家族献赠中山街顺记楼、菜市场等产业

10 月 22 日　古盈村旅菲乡侨吴起顺夫人洪秀琴签署《献赠书》，将"顺记楼"1 座，"第一号店"1 间及"菜市"整座（包括三面附属小店 18 间），捐赠给旅菲阳溪校董会驻乡干事部。10 月 26 日，《献赠书》经中国驻菲律宾大使馆领事部公证人签盖后，交由旅菲阳溪校董会驻乡干事部保存。

旅菲让德堂回国观光团回乡访问

11 月 21 日　旅菲让德堂回国观光团一行 60 多人回乡访问。

施维鹏获省政府"乐育英才"荣誉奖牌

12 月　福建省人民政府为南浔村旅菲乡侨施维鹏颁发"乐育英才"荣誉奖牌，表彰其捐资教育的义举。

姚乌劝获晋江地区行政公署颁赠"乐育英才"奖牌

是月　吴厝村旅菲乡侨姚乌劝获晋江地区行政公署颁赠"乐育英才"奖牌。

许书投获颁"乐育英才"奖牌

同月　檀林村旅菲乡侨许书投获晋江县人民政府颁发"乐育英才"奖牌。

旅菲大埔同乡会获颁"乐育英才"奖牌

同月　旅菲大埔同乡会获晋江县人民政府颁发"乐育英才"奖牌。

施教敏获颁"乐育英才"奖牌

同月　后宅村旅菲乡侨施教敏获晋江县人民政府颁发"乐育英才"奖牌。

吴莎治获菲律宾全国媒体俱乐部颁发的"年度杰出祖母"称号

是年　南浔村旅菲乡侨、宿务施氏艾山诺家族企业奠基人吴莎治获菲律

宾全国媒体俱乐部颁发的"年度杰出祖母"称号。

旅菲晋江东吴同乡会成立

同年 旅菲晋江东吴（吴厝村）同乡会在马尼拉成立。

洪杏林捐建英仑旧学校南石砖路

同年 仑上村旅菲乡侨洪杏林捐建英仑旧学校南石砖路。

旅菲乡侨捐建埔头、瑶林、林埔内三个自然村供电照明工程

同年 旅菲乡侨捐资8万元，建设埔头、瑶林、林埔内三个自然村的供电照明工程。

国壁、国练、国熊昆仲捐建后溪村"华树桥""华树亭"

同年 后溪村旅菲乡侨郭国壁、郭国练、郭国熊三昆仲捐建"华树桥""华树亭"。该项目以国壁、国练、国熊三昆仲先父的名字命名，"华树桥"方便村中通向西郊，免于涉水过溪；"华树亭"供村民乘凉休息。

旅菲阳溪校董会捐建阳溪中学教学楼

同年 由旅菲阳溪校董会捐建的阳溪中学教学楼2幢16室竣工。越明年，再次由旅菲阳溪校董会捐建学生宿舍楼1幢12室。

1985 年

《粘氏源流渡台开基族谱》编纂出版

2月23日 旅台浔江粘厝宗亲编纂出版《粘氏源流渡台开基族谱》。

许家修、许自钦重修檀林孝端桥

2月 由福林村旅菲乡侨许家修、许自钦父子捐资的孝端桥重修工程竣工。

晋江龙湖玛莉塑料装饰有限公司注册成立

3月 晋江县第一家台资企业——晋江龙湖玛莉塑料装饰有限公司在龙湖注册成立。

旅菲、旅港乡亲为前港新乡尊道分校新校舍奠基

4月5日 恰逢尊道小学新校园落成1周年，菲华晋江前港同乡会施教抱、旅港乡亲施教焕专程回乡志贺，并为前港新乡尊道分校新校舍奠基。

钱江工商考察团、钱江青年民乐舞蹈团回国访问

4月下旬至5月初 菲律宾钱江联合会组织钱江工商考察团、钱江青年民乐舞蹈团回国访问。此次活动先后到达北京、上海、苏州、南京、杭州、福州、泉州、厦门及晋江龙湖，开展寻根、考察、演出活动。5月1日，中侨办副主任莫燕忠在北京接见考察团一行。在京期间，还与东方歌舞团、北京儿童合唱团联欢并相互交流。

施教焕、施子清任香港晋江同乡会副会长

是年夏 香港晋江同乡会成立，前港村乡贤施教焕、南庄村乡贤施子清任第一届董事会副会长。

旅菲浔江公会捐资修葺施琅将军纪念馆

6月4日 旅菲浔江公会集资10万元，作为修葺施琅将军纪念馆之用。

福建晋江临濮堂侨乡开发协会成立

9月30日 福建晋江临濮堂侨乡开发协会成立。

菲律宾"让德堂"到访龙湖镇

11月28日 菲律宾"让德堂"回乡观光访问代表团一行60多人到龙湖访问谒祖。

施连登捐建家乡公益事业

是年 衙口村旅菲乡侨施连登两度返回故乡，几次慷慨捐资，在衙口村铺筑了水泥公路，兴建了3条石砖街道、路亭、公厕、南侨中学的石砖大道、发电机房，还捐助建造南侨中学大礼堂、教学楼、衙口小学大礼堂、衙口幼儿园、龙湖侨联大厦等，并设立馆内份福利基金会。

施教宗捐建苏坑幼儿园

同年 苏坑村旅菲乡侨施教宗捐建苏坑小学教室，用于创办苏坑幼儿园。

施氏艾山诺家族企业奠基人吴莎治去世

同年　宿务施氏艾山诺家族企业奠基人吴莎治（南浔村）因病去世，享年 101 岁。菲律宾政府荣赐她国葬般礼遇，出殡时灵柩上覆盖菲律宾国旗，还专门指派卫兵 24 小时护卫灵柩，宿务市政府以她的名字命名了街道。

菲律宾艾山诺基金会成立

同年　宿务施氏艾山诺家族企业奠基人吴莎治的儿子们为纪念母亲，以其名字成立了艾山诺基金会，捐资助学，为贫困的菲律宾学生提供奖学金。

施维雄兄弟家族捐建家乡公益事业

同年　南浔村旅菲施维雄兄弟家族数次慷慨捐资，捐建南侨中学、衙口中心小学、衙口中心幼儿园等工程及奖教奖学金，支持衙口中心幼儿园日常办学经费至现在。

吴长榆捐建西吴村"合秀路"

同年　西吴村旅菲乡侨吴长榆捐建西吴村"合秀路"。

旅菲乡侨捐资重修西吴小学校舍

同年　西吴村旅菲乡侨捐资 50 万元重修西吴小学校舍。其中，旅菲吴长溪家族捐建"泽卿纪念楼"，作为西吴小学教师宿舍楼。

旅菲石龟许厝同乡会获晋江地区人民政府颁授铜质奖章

同年　晋江地区民人民政府为表彰华侨捐资办学，颁授给旅菲石龟许厝同乡会铜质奖章。

旅外乡亲捐建埔头小学校舍

同年　埔头村旅菲乡侨施棋楠、施文康、施议钩、施议井、施学踏、施并聘、施国蜨、肖光略，旅台乡贤施西田、施振钦，旅港乡贤施教坤等集资 35 万元，捐建埔头小学校舍 1 座。

旅菲乡侨捐建埔头村"思源大道"（通海路）土坯路

同年　埔头村旅菲乡侨捐建埔头村"思源大道"（通海路）土坯路。

施至成在菲律宾马卡迪设立菲律宾第一家大百货公司

同年 洪溪村旅菲乡侨施至成在菲律宾金融中心马卡迪设立菲律宾第一家大百货公司。

施文博、许连捷创办恒安实业有限公司

同年 石厦村旅港乡贤施文博联合安海镇许连捷等，集资136万元人民币，在安海镇成立恒安实业有限公司，开始卫生巾生产。

1986 年

许龙宣编著的《分类注释闽南谚语选》出版

1月 龙玉村旅菲乡侨许龙宣编著的《分类注释闽南谚语选》由泉州市文管会出版。全书分自然、人伦、哲理等类别，辑录菲华歇后语、菲岛侨胞流行的谚语、闽南谚语故事等十余万字。菲律宾的黄楷楠、许冬桥为之作序。

菲华晋江前港同乡会组团回乡参加尊道小学庆典

4月5日 尊道小学新校园落成2周年，菲华晋江前港同乡会施家约、施天恩率团回乡参加庆典活动。

施雨霜捐建南侨中学"修国门"

是月 衙口村旅菲乡侨、校友施雨霜独资捐建南侨中学"修国门"。

许经源、许启明捐建石龟村"仁和路""金山路"

6月 由石龟村旅菲乡侨许经源捐建的石龟村石砖"仁和路"，旅菲乡侨许启明捐建的石龟村石砖"金山路"相继竣工。

郭秀恋、郭秀霞、郭秀云等合资捐建育才小学围墙

8月 后溪村旅菲乡侨郭秀恋、郭秀霞、郭秀云等合资捐建育才小学围墙"忆严墙"。

旅菲省晋中（泉州五中）校友会校友吴长榆奖学基金会成立

9月17日下午 "旅菲省晋中（泉州五中）校友会校友吴长榆奖学基金

会成立暨首次奖学金颁奖大会"在泉州五中召开，吴长榆偕夫人丁玉琼女士出席大会。时任泉州市委常委、宣传部部长庄晏成，泉州市副市长薛祖亮等领导也出席了大会。

侨建晋江地区农业机械化学校更名

是月 侨建公办的晋江地区农业机械化学校更名为"泉州市农业工程学校"。

南侨中学建校 40 周年庆祝大会召开

10 月 15 日 南侨中学建校 40 周年庆祝大会召开，南侨中学旅菲校友会致敬团一行 40 多人、旅港校友会一行 30 多人回乡出席会议。庆祝大会结束后，分别举行旅菲校友施雨霜捐建的"修国门"落成典礼、旅菲校友会捐建的教师宿舍楼落成典礼、香港校友会捐建的教师宿舍楼落成典礼、旅菲校友会集资捐建的多功能大礼堂奠基典礼。

施纯蚶率晋江临濮堂恳亲团赴菲律宾访问

11 月 施纯蚶率晋江临濮堂恳亲团一行 30 余人赴菲律宾访问，在菲募捐人民币 524 万元用于家乡交通、教育设施建设。

多位领导题贺南侨中学建校 40 周年

是月 晋江县南侨中学建校 40 周年庆典期间，全国政协副主席杨成武颁赠题词："尊师重教，育人兴邦。"全国侨联主席张国基题词："团结侨胞，办好学校；应用科技，振兴中华。"全国侨联副主席庄明理题词："教育是一个民族最根本的事业。四化建设的实现要靠知识、靠人才。政策上的失误容易纠正过来，而知识不是立即就能得到的，人才也不是一天两天就能培养出来的，这就要抓教育，要从娃娃抓起。"中国致公党副主席许志猛题词："热心办学人才辈出，献身四化振兴中华。"

旅菲浔江公会组团回乡参加施氏大宗维修落成典礼

同月 旅菲浔江公会理事长施振源率代表团一行 63 人回乡参加在衙口村举行的庆祝施琅将军历史纪念馆泊施氏大宗维修落成典礼。

许志赐昆仲等乡侨捐资修建辉山小学

同月 在埔锦村许志推等乡贤的倡导下，埔锦村旅菲许志赐昆仲等 24 位乡侨捐资修建辉山小学。该项目累计捐款 23 条，合菲币 7.45 万元。

许金铰独资捐建烧灰村西尾便民小路

同月 由烧灰村旅港乡贤许金铰独资捐建的烧灰村西尾便民小路竣工。

施纯蚶率团礼访菲律宾施氏宗亲

同月 龙园村乡贤施纯蚶率晋江临濮堂开发协会访菲，在菲发动华侨捐资人民币 524 万元，用于家乡铺路、建学校、建老人会所等公共设施。

吴长榆捐建泉州五中"晋中教育福利楼"

是年 继旅菲省晋中（泉州五中）校友会校友吴长榆奖学基金会成立之后，西吴村旅菲乡侨吴长榆向其母校泉州五中捐建"晋中教育福利楼"。该楼大部分空间出租，租金 65% 作为教师福利，17.5% 作为学生奖励金，7.5% 作为泉州五中校友总会经费，10% 作为大楼维修费。此举开创了以大楼收益兴教助学的先例，所得经济收益为母校提供了 600 多万元的奖教、奖学金。

旅外乡亲捐建陈店小学教室

同年 陈店村旅外乡亲施子渊、施德铭、施性坊、施天赐、施上鹏、施纯芳等捐建陈店小学教室各 1 室。

蔡天乙捐建瑶厝村委会办公楼

同年 瑶厝村旅菲乡侨蔡天乙捐建瑶厝村委会办公楼。该项目为二层石结构楼房。

施纯昌、吴金盾伉俪捐建龙埔村供电照明工程

同年 龙埔村旅菲乡侨施纯昌、吴金盾伉俪捐建龙埔村供电照明工程。

施学坎捐建苏坑小学校围

同年 苏坑村旅菲乡侨施学坎捐建苏坑小学校围。

施振钦捐建埔头村剧台

同年 埔头村旅菲乡亲施振钦捐建埔头村剧台。

施性榜独资创办乌苧幼儿园（浔联幼儿园）

同年 湖北村旅菲乡侨施性榜独资创办乌苧幼儿园（浔联幼儿园）。1986 至 1996 年，施性榜还持续捐赠幼儿园办学经费达 10 年。

侨捐恢斋小学新校区落成

同年 恢斋小学新校区落成启用。该项目由旅菲昭德同乡会发动龙园村旅菲施性答、施能忠等乡侨捐建，占地 16 亩，建成总面积 4177 平方米，含教学楼、礼堂及"至糠楼"等三幢主楼及附属设施。

1987 年

许龙宣等受聘为《晋江市志》"三胞"顾问

1 月 3 日 晋江县地方志编纂委员会成立，旅菲许龙宣（龙玉）、许维新（梧坑）、吴身谋（锡坑）、施灿悦（南庄），旅港施子清（南庄）等龙湖籍乡贤受聘为《晋江县志》"三胞"顾问。因晋江撤县设市，该书于 1994 年 3 月出版时易名为《晋江市志》。

施维雄家族赴京访问

4 月 南浔村旅菲乡侨施维雄家族赴北京访问，全国人大常委会副委员长廖承志、彭冲，全国政协常委兼华侨委员会副主席许志猛先后在人民大会堂接见施氏家族访问团。

施能枢、施能杞家族回乡考察

4 月 10 日 南浔村旅菲施能枢、施能杞家族回乡考察团一行（4 代）58人，到故乡南浔村谒祖。

许志垓、许秉钧家族捐建震瑶小学"秉正灯光球场"

是月 由石龟村旅菲乡侨许志垓、许秉钧家族捐建的震瑶小学"秉正灯光球场"竣工，并举行龙湖乡基层单位篮球邀请赛。

龙湖侨联大厦奠基

5 月 龙湖侨联大厦择址省道 308 线古盈村路段，在邻近镇政府与阳溪中学的地段奠基。

许志端等捐建梧坑村老人会会所

7 月 16 日　在梧坑村旅菲乡侨许经汪的牵头组织下，许志端等乡侨捐资参建梧坑村老人会会所。

秀茂村中路"安顺桥"落成

8 月　由秀山村旅港乡贤许有瓶、施梅兰伉俪捐资修建的秀茂村中路"安顺桥"落成通车。

吴文远捐建枫林村"文远路"

9 月　枫林村旅菲乡侨吴文远捐建枫林村石砖"文远路"。

侨捐石龟村"自业路""山海路"相继竣工

5 至 11 月　由石龟村旅菲乡侨许有启、许有利、许有土、许有林、许有彬、许有权、许有墙、许淑卿昆玉捐建的石砖"自业路"，由石龟村旅菲乡侨许经格捐建的石龟村石砖"山海路"相继竣工。

施纯蚶率晋江临濮堂恳亲团赴菲律宾访问

10 月　施纯蚶率晋江临濮堂恳亲团一行赴菲律宾访问，引导华侨回乡投资。

龙湖施氏宗亲参加菲律宾钱江联合会成立 56 周年庆典

11 月　龙湖施氏宗亲应邀组团赴菲参加菲律宾钱江联合会成立 56 周年庆典活动。

戴亚狮捐资设立大坡小学"戴源杯教育基金"

是月　新丰村旅港乡贤戴亚狮等捐资设立大坡小学"戴源杯教育基金"，该项目共筹集善款 11.8 万元。

许自钦于厦门设立基金会

是年　檀林村旅菲乡侨许自钦向厦门医学院附属第二医院捐赠人工洗肾机及其他设备，设立基金会，资助有困难的洗肾患者。他还于 1988 年设立

"自钦教育奖励金"，奖励为中华文化做出贡献的教育工作者。在厦门大学设立"自钦奖学金"。1994年在厦门大学设立"自钦医疗基金"。

姚乌劝捐建吴厝村洋埔塘水利工程
同年　吴厝村旅菲乡侨姚乌劝捐建洋埔塘水利工程。

侨捐檀林村"慈恩堂""弘一亭"竣工
同年　由檀林村旅菲乡侨许自顿、许文坛分别捐建的老人会会所"慈恩堂"、福林寺"弘一亭"竣工。

许经清、许经钞捐资设立秀山小学奖教奖学基金
同年　旅菲乡侨许经清、许经钞捐资设立秀山小学奖教奖学基金。

旅菲侨胞捐建建安小学教室
同年　新烧灰村旅菲乡侨洪良鹏、洪我床、洪秀纺、洪文虎捐建新烧灰村建安小学教室各一室。

施子清捐资设立"施子清教育基金会"
同年　南庄村旅港乡贤施子清在晋江捐资283万港元设立"施子清教育基金会"，奖励清贫教师、优秀学生和出国深造人员。

施学概投资罗源华夏兰草工业有限公司
同年　前港村旅港乡贤施学概与福建华兴投资有限公司在福州市罗源县合资组建农工贸三结合的华夏兰草工业有限公司。其社会效益显著，系全国三大扶贫先进单位之一。

施议锚捐建后宅村老人会所
同年　后宅村乡贤、香港晋江厚泽乡亲会理事长施议锚捐建后宅村老人会所，并铺设门口水泥活动场地。

吴明月、吴维新捐建阳溪中学大门
同年　洋垵村旅港乡贤吴明月、吴维新捐建阳溪中学大门。

1988 年

侨捐石龟村"书錶路""志锥路"相继竣工

1 月 由石龟村旅菲乡侨许自钦捐建的石龟村石砖"书錶路"，旅菲乡侨许龙潭、许龙默昆仲捐建的石砖"志锥路"相继竣工。

旅菲前港乡侨组团回乡参加尊道分校校舍落成庆典

4 月 5 日 由旅港施教永独捐礼堂部分，诸多侨胞捐建的新乡尊道分校新校舍竣工，菲华晋江前港同乡会施家约、施教项率团回乡举行分校校舍落成剪彩庆典。旅港施教焕捐资 1 万元添置教学设备。

侨捐古盈村"贻谋路""同济路""嘉参路""起迎路"相继竣工

5 至 10 月 由古盈村旅菲乡侨吴贻谋捐建的古盈西南路"贻谋路"，旅菲吴贻谋、吴身樵、吴良元、吴永周、吴起午、吴起仁、吴起印、吴金钟、吴幸福等 10 位乡侨捐建的古盈自然村"同济路"，旅菲乡侨吴嘉参捐建的古盈西路"嘉参路"，旅菲乡侨吴良元捐建的古盈西路"起迎路"相继竣工。

许施淑镇捐建石龟村"利民路"

6 月 由石龟村旅港乡贤许施淑镇捐建的石龟村石砖"利民路"竣工。

施议对捐建钞厝村过沟石路

8 月 钞厝村旅菲乡侨施议对捐建钞厝村过沟石路。

侨捐南侨中学大礼堂竣工

是月 由旅菲华侨许维新倡议，旅菲校友施雨霜、陈祖昌、施连登、施维鹏等菲律宾南侨中学校友会成员、旅菲侨胞捐建的南侨中学大礼堂（现体育馆）竣工。

施子清当选晋江县侨联第七届委员会副主席

12 月 18 日 晋江县第七次归侨侨眷代表大会在侨联大厦召开，选举新一届领导机构成员，南庄村旅港乡贤施子清当选副主席。

施文种捐建华侨大学建筑系馆"教锯纪念楼"

12 月 23 日 石厦村旅菲乡侨施文种捐建华侨大学建筑系馆"教锯纪

念楼"，该馆是为纪念其先父——旅菲抗日烈士施教锯而得名，并立铜像铭志烈士的英雄事迹。该馆包括 20 世纪 50 年代建造的石构老楼，总面积近3000 平方米，内含设计室、报告厅、实验室、资料室、微机室、办公室和中庭等主要空间。

菲律宾南侨中学教育基金会创立

是年 由旅菲校友许维新、陈祖昌、施雨霜等倡导，菲律宾校友、香港校友及名誉董事长施连登、施维鹏大力支持，兴建南侨中学东西座教学大楼（东座施修国家族捐建，西座一、二层施能杞、施能枢家族捐建）、办公楼、实验楼、食堂、校园大道和发电厂等建筑设施相继竣工，并创立菲律宾南侨中学教育基金会，定期奖教奖学。

吴玉树捐建阳溪中学大礼堂

同年 锡坑村旅菲乡侨吴玉树捐赠人民币 67 万元兴建阳溪中学大礼堂"玉树堂"。

檀林村"慈恩楼"竣工

同年 檀林村旅菲乡侨许自顿独资捐建的"慈恩楼"竣工。此楼现为檀林老人会会所。

吴振成独资捐建锡坑村"文滔路"

同年 锡坑村旅菲乡侨吴振成独资捐建锡坑村"文滔路"。该项目长1700 米，为石砖路。

施性照捐建龙园村二房至洋楼口石砖路

同年 龙园村旅菲乡侨施性照捐建龙园村二房至洋楼口石砖路。

侨捐龙埔村青峰小学校舍竣工

同年 由龙埔村旅菲施纯昌、吴金盾伉俪偕同施成家乡侨捐建的青峰小学校舍竣工。

施秀川捐建埔头村中西路

同年 埔头村旅菲乡侨施秀川捐建埔头村中西路。

旅外乡亲捐资扩建南庄小学校舍

同年 南庄村旅菲乡侨施吟梅、施灿悦、施桓训，旅港乡贤施子清、施展望等捐资扩建南庄小学校舍。

旅外乡亲集资捐建英园小学礼堂

同年 杭边村旅菲、旅港乡亲捐建英园小学礼堂。

施连登独资捐建南侨中学"连登大路"

同年 衙口村旅菲乡侨施连登独资捐建南侨中学校园石砖路"连登大路"。

1989 年

吴永周、吴身樵捐建古盈村"起盾路""身樵路"

5 月 由古盈村旅菲乡侨吴永周捐建的古盈南路"起盾路"，由吴身樵捐建的古盈村"身樵路"及五斗潭大井栏杆工程相继竣工。

菲律宾钱江联合会等组团回乡参加典公陵园重建落成庆典

6 月 3 日 菲律宾临濮总堂、钱江联合会、浔江公会、前港同乡会、石厦同乡会，新加坡南洋施氏公会、香港施氏宗亲会等社团回乡参加典公陵园重建落成庆典。

旅菲晋江石厦同乡会组团回乡参加光夏小学建校 50 周年庆典

6 月 5 日 旅菲晋江石厦同乡会组团回乡参加光夏小学建校 50 周年庆典。庆典活动同时成立光夏小学教育基金会，旅菲晋江石厦同乡会施教灿、施议程、施教南、施建德、施钊炮、施文焕、施金树等乡侨，旅港施玉衡、施清远、施志远、施涌铭、施长顺等乡亲踊跃捐资，共募捐人民币 100 余万元。

旅菲乡侨捐建石厦村东头大路

是月 石厦村旅菲乡侨施并深、施建德、施并对等捐建石厦村东头大路。

许维新率旅菲华侨回国访问团访问北京

7月 梧坑村旅菲乡侨、菲律宾洪门进步党理事长许维新率旅菲华侨回国访问团访问北京。

侨捐埔头学校竣工

是月 由埔头村旅居菲律宾和中国台湾乡亲捐建的埔头小学新校舍竣工。"亨文小学"更名为"埔头学校"。另有14位旅菲台乡亲各捐菲币1万元作为其他项目基建资金。

"施子清教育基金会"举行首届颁奖大会

8月2日 "施子清教育基金会"在晋江青阳举行首届颁奖大会。

旅菲乡侨捐资设立尊道小学教育基金

10月12日 尊道小学举行建校80周年庆典。菲华晋江前港同乡会施家约等52位乡侨捐资设立尊道小学永久性教育基金。

许维新率菲华各界观礼团赴京参加中华人民共和国成立40周年国庆观礼

是月 梧坑村旅菲乡侨、菲律宾洪门进步党理事长许维新为团长的菲华各界观礼团赴京参加中华人民共和国成立40周年国庆观礼。

施连登独资捐建"施连登大道"

是年 衙口村旅菲乡侨施连登独资捐建南侨中学至小埭沟全长2.5公里、宽10米的"施连登大道"。

施文种捐建华侨大学建筑系"文种楼"

同年 华侨大学为适应海内外社会的需要,在石厦村旅菲乡侨施文种的资助下决定再次扩建建筑系馆。为褒彰施文种爱国爱乡、发展建筑教育的崇高精神和品德,扩建部分定名为"文种楼"。该楼面积千余平方米,主要为教室及部分交通辅助空间。

旅外乡亲捐建龙玉村电力照明工程

同年 旅外乡亲捐建龙玉村电力照明工程。该项目含电力线路及增容等。

施纯昌吴金盾伉俪、刘与限捐赠青峰小学办学经费

同年 龙埔村旅菲乡侨施纯昌、吴金盾伉俪，旅港乡贤刘与限联袂捐赠青峰小学办学经费。至 2007 年 19 年间，共捐赠 48 万元。

旅菲乡侨捐建火辉埔老人会会所及戏台

同年 埔锦村旅菲许书咤、许书苗等 20 位乡侨捐资菲币 17.9 万元，修建火辉埔老人会会所及戏台。

侨捐龙玉村晓新小学新校舍竣工

同年 由旅菲龙玉村乡侨许泽台、蔡秀美伉俪捐建的晓新小学办公楼，许泽天、蔡秀美伉俪捐建的综合楼，旅菲龙玉村乡侨合资捐建的大礼堂、教学楼相继竣工。

洪祖杉捐资参建侨英小学校舍

同年 溪前村旅菲乡侨洪祖杉捐资参建侨英小学校舍。

施能佳捐建陈店村菜市场

同年 陈店村旅港乡贤施能佳捐建陈店村菜市场。

施贻珊捐资设立陈店小学教育基金

同年 旅港乡贤施贻珊捐资设立陈店小学教育基金。

施子清任香港晋江同乡会第三届会长

同年 香港晋江同乡会第三届董事会就职，南庄村乡贤施子清任新届会长。

1990 年

"晋南（英厝头）工业企业开发区回乡考察团"回乡考察

1 月 12 日 菲律宾华侨"晋南（英厝头）工业企业开发区回乡考察团"一行 11 人到晋江进行经济考察。

许志猛在北京去世

5月9日 石龟村菲律宾归侨、政协第七届全国委员会常务委员、中国致公党中央名誉副主席、中国共产党优秀党员许志猛在北京去世，享年81岁。许志猛遗体告别仪式于6月1日在八宝山革命公墓礼堂举行，李先念、邓颖超、王震等领导送了花圈。

龙湖镇侨联成立35周年暨大厦落成剪彩仪式举行

5月 龙湖镇侨联大厦竣工，并隆重举行龙湖镇侨联成立35周年暨大厦落成剪彩仪式。海外侨亲、相关部门领导和龙湖镇各界代表出席本次活动。庆祝大会在阳溪中学"玉树堂"召开。

龙湖镇侨联大厦占地面积7200平方米，建筑面积达2907平方米，环境幽静，绿树成荫，布局合理，景观优美。主楼五楼创设"龙湖侨乡陈列馆"。

龙湖侨乡陈列馆开馆

是日 龙湖侨乡陈列馆于侨联大厦落成之日揭幕。该馆以图文形式展出，环馆四周为侨乡概况；馆内列展橱47座，展出42个行政村、2所中学、1所中专学校的侨情、侨捐、侨史概况。"斯举旨在颂扬侨乡之爱心，借之互为激励，亦使沾益者知其所来，来处不易。"

旅菲乡侨捐建石厦村"石厦大道""刘厝水泥路"

8月 石厦村旅菲施议程、施教灿、施教南等乡侨捐建"石厦大道"，旅菲刘与论、刘扶西、李秀珍、刘贤石等乡侨捐建"刘厝水泥路"。"石厦大道"由中国能源部闽江工程局二处承建。

钱江民乐团举办"情深谊长"音乐晚会

11月3日 时逢菲律宾钱江联合会成立63周年，钱江民乐团在菲律宾文化中心大剧场举办"情深谊长"音乐晚会。晚会由钱江民乐团主任施瑞雄任总策划，厦门市歌舞团团长吴宏才教授指挥，演出节目包括民族器乐合奏"闹元宵""彩云追月"及民歌演唱等。中国驻菲大使王英凡题赠贺词，福建省省长王兆国题赠"钱江民乐情意深，中菲人民友谊长"。

吴文品导演《螳螂世家》，献演华侨大学 30 周年校庆

是月 由古盈村旅菲乡侨、菲律宾华人戏剧表演艺术家吴文品改编、执导，华侨大学艺术团和侨生、港澳学生演艺社排练，香港剧作家阿莹创作的大型话剧《螳螂世家》，献演华侨大学 30 周年校庆。在校庆献演期间，吴文品还受邀于 11 月间前往省会福州市几所高校公演，进行校园戏剧文化交流。

施世筑在华侨大学捐赠设立"施世筑港台图书阅览室"

同月 坑尾村旅港乡贤施世筑在华侨大学捐赠设立"施世筑港台图书阅览室"，藏书 6000 多种、8000 多册。

旅菲龙玉同乡会获省政府颁授"乐育英才"奖牌

12 月 旅菲龙玉同乡会获福建省人民政府颁授"乐育英才"奖牌。

许自钦捐建厦门大学"自钦楼"

是年 檀林村旅菲乡侨许自钦捐建厦门大学"学生活动游乐中心"，命名为"自钦楼"。该楼于 1992 年落成，建筑面积 2260 平方米。

侨捐英园小学教学楼、宿舍楼及幼儿园竣工

同年 由杭边村旅菲、旅港乡亲捐建的英园小学教学楼、宿舍楼及幼儿园相继竣工。

施议钩、施其南昆仲捐建埔头村后角石砖路

同年 埔头村旅菲乡侨施议钩、施其南昆仲捐建埔头村后角石砖路。

龙湖镇侨联获"福建省侨联工作先进单位"表彰

同年 在福建省侨联成立 30 周年纪念大会上，龙湖镇侨联获"福建省侨联工作先进单位"表彰，施教葛获"福建省侨联工作积极分子"称号。

旅外乡亲捐建埭头村公益事业工程相继竣工

20 世纪 80 年代 埭头村旅菲乡侨吴修流捐建溪中桥、中池岸，旅菲乡侨吴身杉捐建下埔池，旅菲乡侨吴成就捐建镜山宫埕，旅菲乡侨吴成就捐建老人会灯光球场，旅澳乡贤吴维欣捐建后村埕，旅菲乡侨吴身钿捐建新村球场等工程相继竣工。

1991 年

施纯蚶获全国侨联颁赠的荣誉证书

1 月 10 日　施纯蚶获中华全国归国华侨联合会颁赠的荣誉证书：

三十年来，您不辞劳苦，热心为归侨侨眷和海外侨胞服务。为表彰您这种崇高的奉献精神，特发此证。

洪祖粒、留金川、洪良帛捐赠英仑小学教育基金

2 月 8 日　仑上村旅菲洪祖粒、洪良帛，旅台留金川等乡亲捐资设立英仑小学教育基金。

中国驻菲大使馆领事林国章偕夫人走访施维鹏

2 月 16 日　中国驻菲律宾大使馆领事林国章偕夫人，在宿务菲华联谊会吴声敬、吴清流、吴华取等陪同下赴宿务施府走访南浔村乡侨施维鹏。

旅菲晋江火辉埔同乡会发起集资兴建火辉埔大道

春　在埔锦村许志推等乡贤的倡导下，旅菲晋江火辉埔同乡会发动乡侨许书咜、许万里父子等 26 位乡侨集资菲币 197.2 万元，修建火辉埔大道。该项目长 1 公里，宽 4.5 米，由省道 308 线入口至火辉埔下坑塘。

施文种重建惠济桥

8 月　石厦村旅菲乡侨施文种重建钢筋混凝土结构惠济桥。该桥横跨阳溪，长（含引桥）50 米，桥面宽 6 米，耗资 40 多万元。

该桥始建于 1925 年，由施文种的祖父施学齿独资捐建。

施至成、陈祖昌投资建设福埔综合开发区

9 月　旅菲晋江侨领施至成、陈祖昌投资建设福埔综合开发区并举行奠基典礼。

旅菲、旅港乡亲捐建侨英小学综合大楼

12 月　旅菲乡侨洪祖杉、洪良鹏、洪祖谦、洪祖嚎、洪安泰、洪源愉等

偕同旅菲英华同乡会理监事及诸乡侨踊跃捐资，兴建2层12室教学楼；其中，中堡村旅港乡贤洪天锡、施金语伉俪捐资10万元独建4室。溪前村旅港乡贤洪祖杭独资捐建3层6室礼堂综合楼，造价64万元。

施至成独资捐建洪溪村"洪溪大道"

是年 洪溪村旅菲乡侨施至成独资捐建洪溪村"洪溪大道"。

旅外乡亲捐赠埭头村备用电设备

同年 旅菲晋江埭头同乡会偕同旅港乡贤捐赠埭头村备用电设备。

吴桂荣捐建古盈村"起铨路"

同年 古盈村旅菲乡侨吴桂荣独资捐建古盈村"起铨路"。

施灿钦捐建石厦村中份路

同年 石厦村旅菲乡侨施灿钦捐建石厦村中份路。

郭国练、郭国熊昆仲捐建后溪村"华树路"

同年 后溪村旅菲乡侨郭国练、郭国熊昆仲捐资修建从华树桥通至内井仔的"华树路"。

施德铭捐建陈店村"至增路"

同年 陈店村旅菲乡侨施德铭捐建陈店村"至增路"。

施雨霜受聘为南侨中学名誉校长

同年 衙口村旅菲乡侨施雨霜被晋江市政府聘为南侨中学名誉校长。

施学概捐资设立福建省作协"施学概诗歌奖"

同年 前港村旅港乡贤施学概从"施学概基金会"拨款，与福建省作家协会联办一年一届的"施学概诗歌奖"，得到冰心、艾青、臧克家等文化名家的赞赏，并题词鼓励。

许有瓶、施梅兰伉俪捐建秀茂村中路

同年 秀山村旅港乡贤许有瓶、施梅兰伉俪捐建秀茂村中路。

施子清连任香港晋江同乡会第四届会长

同年　香港晋江同乡会第四届董事会就职，南庄村乡贤施子清连任第四届会长。

1992 年

许志杰、刘淑贤伉俪捐建埔锦村"志杰大道"及下坑塘东西堤岸

2 月　埔锦村旅菲乡侨许志杰、刘淑贤伉俪捐资菲币 230 万元，修建"志杰大道"，修筑下坑塘东西堤岸。"志杰大道"自辉龙桥至南美宫，长720 米，宽 4.5 米。

旅港晋江龙玉同乡会成立

3 月　旅港晋江龙玉同乡会成立。

许书咤、许万里父子捐建辉山幼儿园

是年春　埔锦村旅菲乡侨许书咤、许万里父子捐建二层石结构辉山幼儿园。一层为辉山幼儿园教室，开设 1 个教学班；二层为村委会办公场所。该园每年平均投入侨资 5000 元，于 2012 年停办。

陈永栽题词纪念施教锯烈士殉难 50 周年

4 月 12 日　旅菲陈永栽题词"表率群伦，昌扬文教"，以此纪念旅菲施教锯烈士殉难 50 周年。

旅菲乡侨捐建钞厝村学校路

4 月　钞厝村旅菲乡侨施教棻、施教炒、施教亚、施教柱、施金榜、施教和、施教楚、施克簪、施建顺、施贤权、施议成、施议强、施议钿、施议德等捐建学校路。

施教富独资捐建石厦村东山大道宫口路段

是月　由石厦村旅菲乡侨施教富独资捐建的石厦村东山大道宫口路段水泥路竣工。

旅外乡亲捐建埭头村公益事业

同年 5月，埭头村旅菲乡侨吴修城捐建下埕剧台埕；6月，旅菲乡侨许金珠、吴建兴伉俪捐建埭头村兴珠亭；12月，旅港乡贤吴维新捐建后村尾环村大道；旅菲乡侨吴身伟、吴成就等6位乡亲捐建海水路沟水泥路；旅港乡贤吴身智捐建老人会水泥埕。

龙湖镇侨联编印《龙湖侨乡综合报道专辑》（征求意见稿）

8月31日 龙湖镇侨联编印《龙湖侨乡综合报道专辑》（征求意见稿），大16开，179码，油印线装。全书分8篇，第一篇序言，第二篇龙湖侨史简介，第三篇侨务工作成果，第四篇龙湖侨联历届委员会成员，第五篇乡侨对家乡的贡献，第六篇缅怀乡侨爱国先贤，第七篇乡侨捐资卅万以上事略，第八篇结束语。该书较为完整地梳理、保存了龙湖镇的侨史资料。

该书特邀施教灿、施仲篯、周焕然、陈英友、李国忠为编委。

许自钦、林丽明伉俪捐建厦门中山医院"敬贤苑"

10月 檀林村旅菲乡侨许自钦、林丽明伉俪捐建厦门中山医院门诊部"敬贤苑"及其他设备，并受聘为厦门中山医院基金会名誉理事长。

施钏福家族捐修石厦村中份益众池

是月 石厦村旅菲乡侨施钏福家族捐资修建石厦村中份益众池。

SM国际广场暨晋江东宁花园奠基

11月27日 福埔开发区进入实施阶段，该区首期两大开发项目——SM国际广场暨晋江东宁花园举行奠基仪式。省人大常委会副主任张明俊、副省长施性谋，泉州市领导陈营官、林大穆、高厚生，晋江市领导，香港东宁开发有限公司董事长施至成、副董事长陈祖昌等分别为两个项目培土奠基。

许秋水、许清白昆仲捐建檀声小学教师楼及教室

12月 由檀林村旅菲乡侨许秋水、许清白昆仲捐建的檀声小学教师楼及教室竣工。

衙口中心幼儿园创设施连登抗日时期旅菲家属殉难纪念室

是年　衙口中心幼儿园于一楼创设施连登抗日时期旅菲家属殉难纪念室。纪念室以图文、诗词碑刻等形式，揭露1945年施连登家属罹难于日寇烧杀"九尸十命"的暴行。

华侨大学举行施教锯烈士殉难 50 周年纪念活动

同年　华侨大学举行施教锯烈士殉难 50 周年纪念活动。

旅外乡亲捐资重建锡里吴氏宗祠

同年　锡里吴氏宗祠由旅菲锡里公益所偕同港、澳、台侨胞集资重建。

侨捐仑上村"英仑大道"竣工

同年　由仑上村旅菲留金川、洪祖粒等乡侨捐建的"英仑大道"竣工。

侨捐钞厝村"鸭池路""北中路""钞厝大道"竣工

同年　由钞厝村旅菲乡侨施学扯捐建的"鸭池路"，施议安、施议题、施议德、施议琪捐建的"北中路"，施教柱、蔡秀娟伉俪捐建的"钞厝大道"相继竣工。

施至成独资捐建洪溪村"洪溪大道"

同年　洪溪村旅菲乡侨施至成独资捐建洪溪村"洪溪大道"。

郭国熊捐建后溪村"国熊路"

同年　后溪村旅菲乡侨郭国熊捐建"国熊路"。该路从下井仔通至许天生厝门口。

侨捐阳溪小学新教学楼、礼堂动工兴建

同年　旅菲阳溪校董会吴修流等乡侨捐资兴建新教学楼 1 幢、礼堂 1 座。

旅菲乡侨捐建南庄小学水泥埕

同年　由南庄村旅菲施吟梅、施灿悦、施荣宗、施良吟等 10 位乡侨捐建的南庄小学水泥埕竣工。

洪文彬、洪溯勇家族捐建建安小学教室

同年　新烧灰村旅菲乡侨洪文彬、洪溯勇家族捐建新烧灰村建安小学教室各一室。

施天转捐建苏坑村备用电工程、村水泥路

同年　苏坑村旅菲乡侨施天转捐建备用电工程及水泥路。

吴身树独资捐建埭头村老人活动中心

同年　旅港乡亲吴身树独资捐建埭头村老人活动中心。

许经国捐建震瑶小学"爱国教学楼"

同年　石龟村旅港乡贤许经国独资捐建震瑶小学"爱国教学楼"。

施贻珊捐建陈店村委会办公楼

同年　陈店村旅港乡贤施贻珊捐建陈店村委会办公楼。

1993 年

施维鹏等捐建衙口中心幼儿园新园舍

3 月 28 日　南浔、衙口村旅菲、马乡侨及中国港澳台地区乡亲捐建衙口中心幼儿园新园舍。该项目共筹资 44 条，合 156.75 万元，其中南浔村旅菲乡侨施维鹏捐资 25 万元。

施子清、施祥鹏当选全国政协委员

是月　南庄村旅港乡贤、香港晋江同乡会会长施子清，衙口村旅港乡贤、香港恒兴基立有限公司董事会主席施祥鹏当选为全国政协委员。

许秋水独资捐建石光中学图书楼

同月　檀林村旅菲乡侨许秋水向其母校石光中学独资捐建的图书楼竣工，总面积 1018 平方米。

旅菲乡侨捐赠衙口中心幼儿园办学经费

同月　旅菲乡侨施能智、施金满、施能标、施能水、施能铭、施性生等

捐赠衙口中心幼儿园办学经费 10.5 万元。

南侨中学"施家罗施性水纪念馆"落成

是年春 由菲律宾南侨中学教育基金会名誉董事长施家约倡导，菲律宾临濮堂施性答创会会长、施能忠理事长等大力支持的"施家罗施性水纪念馆"落成，并捐赠教学基金、电脑室和语音实验室经费。

施清汉捐建尊道小学"汉燕楼"

4 月 前港村旅菲乡侨施清汉捐建尊道小学教师宿舍楼"汉燕楼"。

龙侨中学建校资金向乡贤募捐

4 月、6 月 晋江市、龙湖镇、石厦村三级有关领导两度前往菲律宾、中国香港与龙湖镇乡亲座谈，发动捐建龙侨中学，得到了施议程、许秋水等广大菲律宾华侨、香港同胞热烈响应，慷慨解囊，先后认捐 1200 多万元人民币。年初，晋江市、龙湖镇人民政府根据国家全面实施九年义务教育的要求和龙湖镇当时中学的布局情况，经多方研究，决定在石厦村地界筹建一所中学，以适应发展需要，校名定为"龙侨中学"。

（粘厝）台湾粘氏宗亲会到祖地共商修祠事宜

8 月 （粘厝）台湾粘氏宗亲会会长粘火营偕理事长粘合兴等 6 人到祖地共商修祠事宜，在闽台粘氏族亲的共同倡导下，闽台粘氏宗祠重修工程兴工。

施祥鹏率港澳台国庆观礼代表赴京观礼

10 月 1 日 衙口村旅港乡贤施祥鹏任港、澳、台国庆观礼代表团团长，率队赴京观礼。

刘志仁、刘与科捐建石厦村"新刘路"

11 月 17 日 由石厦村旅加乡侨刘志仁、旅港乡贤刘与科捐建的石厦村"新刘路"竣工。

施志远独资捐建石厦村老人会会所

12 月 12 日 由石厦村旅港乡贤施志远独资捐建的石厦村老人会会所竣工。

许秋水、许清白捐建"檀林念慈诊所"

同年 檀林村旅菲乡侨许秋水、许清白昆仲捐建"檀林念慈诊所",并捐赠全部医疗器械及设备。

菲律宾晨光公司（上好佳）在上海创办上海晨光食品有限公司

同年 前港村旅菲乡侨施恭旗所在的家族企业——晨光食品公司进军中国市场,在上海创设了上海晨光食品有限公司和上海晨光虾片食品有限公司。

旅外乡亲捐建埔头村"思源大道"（通海路）水泥路

同年 埔头村旅台施振钦、施西田等14位乡贤捐建埔头村"思源大道"云峰中学至埔头村路段,旅菲施议钩独资捐建埔头小学至龙永路段。

南侨中学水泥球场、灯光球场相继竣工

同年 由南浔村旅菲乡侨、南侨中学菲律宾董事会董事长施维鹏捐建的第一水泥球场（现篮球场）,由旅星校董施至祖先生捐建的第二水泥球场（现篮球场）,由旅港校董施能狮捐建的灯光球场（现篮球场）相继竣工。

旅菲晋江大埔同乡会捐建大坡小学礼堂、教学楼

同年 旅菲晋江大埔同乡会捐建大坡小学礼堂、教学楼。

施骅聪捐建浔联小学图书楼

同年 湖北村旅菲乡侨施骅聪捐建浔联小学图书楼。

恒安集团成立

同年 石厦村旅港乡贤施文博所在的恒安公司实施集团化改革,正式成立恒安集团,并将业务方向从卫生巾类扩大到个人卫生用品领域,进一步深化多元化布局。

台湾粘氏乡亲捐修衙口粘氏宗祠

同年 衙口粘厝村旅居台湾的粘氏乡亲粘铭等捐资参与衙口粘氏宗祠、粘氏宗亲纪念馆修建工程。

施学概设立"施学概诗歌创作奖"

同年 前港村旅港乡贤施学概向福建文学基金会捐款 300 万元，设立 "施学概诗歌创作奖"。

施子清捐建华侨大学敬萱楼

同年 南庄村旅港乡贤施子清捐建华侨大学敬萱楼。

许秋水匿名向菲律宾华文教育中心捐款

同年 檀林村旅菲乡侨许秋水匿名向菲律宾华文教育中心捐款 100 万元。

1994 年

许自钦捐建檀林村"家修大道"

1月 由檀林村旅菲乡侨许自钦捐建的"家修大道"竣工。全路段由"通安桥"至洪溪拐弯处，长 1500 米左右，宽 6 米，以其父许家修之名命名。

吴文拱率香港闽籍青年企业家访问团访问北京、福建

是月 锡坑村旅港乡贤、集友银行常务董事兼总经理吴文拱率香港闽籍青年企业家访问团访问北京、福建。

侨捐临濮湖滨大厦奠基

3月 由晋江地区临濮堂理事会发动海内外施氏宗亲捐建的临濮湖滨大厦奠基。

中国侨联副主席庄炎林为阳溪小学建校 60 周年题词

4月16日 时值阳溪小学建校 60 周年庆典，中国侨联副主席庄炎林为阳溪小学建校 60 周年题词："源远流长，桃李芬芳。"

吴春芳捐资设立古湖小学教育基金

是月 古湖村旅港乡贤吴春芳捐资 14 万元设立古湖小学教育基金。

施子清受聘为香港事务顾问

是月 南庄村旅港乡贤施子清受国务院港澳事务办公室和新华社福建分社之聘，成为第三批香港事务顾问之一。

旅外乡亲捐建大坡小学校舍

是年春 新丰村旅菲乡侨施能坤、施能岩，旅港乡贤戴亚狮，旅澳乡贤何永富等捐建大坡小学校舍。该项目共筹集善款33笔。

旅菲晋江埭头同乡会组团回乡参加大宗祠落成庆典

5月10—15日 旅菲晋江埭头同乡会组成以吴文质为团长的庆贺团回乡参加埭头村岱阳大宗祠落成庆典。

洪祖杭、施至成、施子清捐赠泉州晋江机场建设

是月 洪溪村旅菲乡侨施至成捐赠200万元人民币，支持泉州晋江机场建设。溪前村旅港乡贤洪祖杭捐赠泉州晋江机场500万元人民币，并借款3000万港元作为泉州晋江机场建设资金。南庄村旅港乡贤施子清捐赠50万元。

旅菲、旅港乡亲捐建古湖小学新校舍

同月 古湖村旅菲吴联发、吴健南家族，旅港吴春芳等乡贤捐资参建古湖小学新校舍。

龙侨中学开工奠基仪式举行

8月2日 龙侨中学开工奠基仪式举行。菲律宾龙侨中学筹委会组成以施议程、许秋水为正、副团长的奠基庆典团参加了庆典，泉州市委常委、晋江市委书记施永康参加仪式并题写奠基石。

许良枫在榕去世

8月25日 数百名海内外各界人士在福州沉痛告别知名侨务活动家许良枫。许良枫是福建省晋江市龙湖镇龙玉村人，早年旅居菲律宾，原任福建省政府侨务办公室主任、省侨联副主席，8月18日晚因心脏病突发在福州去世，享年73岁。

恒安集团入选中国明星企业

是月 旅港乡贤施文博所在的企业晋江市恒安集团入选中国明星企业。

施教项昆仲独资捐建后宅村"学朴大道"

同月 由旅菲乡侨施教项昆仲独资捐建的后宅村"学朴大道"竣工。该项目由前港村尊道小学门口经后宅村通往泉围公路，耗资 20 万元。

吴健南捐建柔潮庵圆通殿

同月 古盈村旅港乡贤吴健南捐建柔潮庵圆通殿。

施金郊、曾雪晴伉俪捐建钞厝村芦山小学操场中路、操场水泥埕

10 月 由菲律宾晋江钞厝同乡会理事长施金郊偕同夫人曾雪晴捐建的芦山小学操场中路、操场水泥埕相继竣工。

旅菲、旅港乡亲捐建侨英小学教师宿舍楼

12 月 旅菲英华同乡会、旅港洪祖杭乡贤联袂捐建侨英小学教师宿舍楼 1 幢。该项目合计筹资 28.5 万元。

施至成等率菲华商联总会访问中国

是年 由旅菲侨领董尚真、陈永栽、姚荣辉、黄呈辉、施至成等率领的菲华商联总会访问团访问中国，在北京受到江泽民、李瑞环等党和国家领导人的亲切接见。回国期间，访问团到晋江参观访问，并与晋江各界举行座谈会。

施文焕昆仲捐建光夏小学教师宿舍楼

同年 石厦村旅菲乡侨施文焕昆仲捐资人民币 40 余万元，建设光夏小学教师宿舍楼 1 幢。

旅菲秀山同乡会更名为"旅菲秀山五乡联合会"

同年 旅菲秀山同乡会更名为"旅菲秀山五乡联合会"。许瑞德乡侨任复会后首任理事长。

施能达捐资重建龙园村宫口窟

同年　龙园村旅居新加坡乡侨施能达捐资重建龙园村宫口窟。

旅外乡亲捐资重建曾厝小学校舍

同年　曾厝村旅菲洪源基、旅港洪重庆等乡亲集资重建曾厝小学校舍。

旅菲绍德同乡会捐建龙园天桥

同年　旅菲绍德同乡会捐建龙园天桥。龙园天桥连接恢斋中心小学新旧校区，避免学生上下学横穿公路发生危险。

旅菲乡侨捐建（赠）埔锦村公益事业

同年　埔锦村旅菲许书咤、许万里父子等21位乡侨捐建火辉埔村水泥路；该项目共募捐善款18条，合菲币109.7万元。埔锦村旅菲乡侨许书咤、许万里父子，联合许经为等14位乡侨捐资火辉埔村环卫公益事业，用于整治火辉埔村内公共环境卫生。埔锦村旅菲乡侨许志杰、刘淑贤伉俪捐资30万元，设立辉山小学志杰渊贤教育基金会，支持学校基础建设、资助学生。

施子清捐建长汀一中科学楼

同年　南庄村旅港乡贤施子清捐建长汀一中科学楼，并成立"施子清教育基金会"。

1995 年

龙湖镇商会暨龙湖镇外商投资企业协会成立

1月19日　龙湖镇商会暨龙湖镇外商投资企业协会成立大会召开，吴远康当选龙湖镇商会会长，施纯锡当选龙湖镇外商投资企业协会会长。

吴春芳捐建古湖"春芳路"

1月　由古湖村旅港乡贤吴春芳独资捐建的"春芳路"竣工。

闽台满族粘氏大宗祠落成

3月9日　闽台满族粘氏大宗祠在龙湖衙口村举行落成典礼，台湾粘氏宗亲会组织 135 人参加。该宗祠由台湾粘氏宗亲会捐资 230 万元新台币重建。

旅菲龙玉同乡会获省政府颁授"乐育英才"奖牌

是月 旅菲龙玉同乡会获福建省人民政府颁授"乐育英才"奖牌。

旅菲衙口村乡侨捐建衙口中心小学新校舍

4 月 旅菲乡侨施连登、施维鹏、施能池合资捐建衙口中心小学大礼堂 1 幢；礼堂两侧建"旅菲教学楼""旅港教学楼"各 1 幢，计 24 室，分别由菲华及我国香港地区的校友认捐；另有三层综合大楼及尊师楼各 1 幢，总建筑面积 6066 平方米，共投资 360 万元。新校舍于 1997 年 4 月落成。

旅菲乡侨捐建石厦村中份聚源池

5 月 由石厦村旅菲乡侨施涌谈、施钊炮、施钊案、施涌云、施钊哼等捐建的石厦村中份聚源池竣工。

旅外乡亲回乡参加侨英小学、建安小学新校舍落成典礼

是月 旅菲英华同乡会偕同后坑村、溪前村、溪后村、烧灰村旅港乡亲组团回乡参加侨英小学、建安小学新校舍落成典礼。

旅外施氏宗亲回乡参加施琅将军陵园修复工程竣工剪彩暨庆典大会

7 月 23 日 省重点文物保护单位——施琅将军陵园修复工程举行竣工剪彩暨庆典大会，省、市有关领导和各地的施氏宗亲和社会各界知名人士 700 余人参加庆典活动。

《许志猛纪念文集》出版

是月 中国致公党中央委员会宣传部、华人风采丛书编辑委员会编辑部编辑的《许志猛纪念文集》由北京燕山出版社出版。全国人大常委会副主任卢嘉锡，全国政协副主席、中国致公党中央主席董寅初等为该书题词。

菲律宾许氏宗亲总会出版《许立同志追思纪念刊》

8 月 菲律宾许氏宗亲总会出版《许立同志追思纪念刊》。该书由菲律宾归侨刘浩然主编，泉州市委宣传部副部长许在全作序，菲律宾洪门进步党理

事长许维新撰刊前语，收录纪念文章 30 篇及其他史料。旅菲许泽正、许维新、许天津、许志苗、许书业、许自灿、许瑞溪赞助出版。

侨捐龙侨中学一期工程竣工

是月　龙侨中学一期工程相继竣工，并举行落成庆典。一期工程包括旅菲施教南、施荣辉、施教树、施议布、施教拔、许金镏、施并树、施建德、许自灿、洪我景、施玉麟、施并票、洪祖粒、许益安、施议榜、施教钩、施鸿雄、蔡天乙、蔡文彬、施慰庭、刘扶西、施金銮、施清波、蔡锡宣、施教快、施清海等 26 位乡侨捐建的教学大楼，旅菲许秋水、许清白昆仲独资捐建的教师宿舍楼（尊师二楼），旅菲施并深乡侨独资捐建的男生宿舍楼，旅菲施议程乡侨独资捐建的女生宿舍楼，旅菲蔡锡鑪、洪良鹏乡侨捐建的食堂。

施维雄捐建龙园村"纯转路"

10 月　龙园村旅港乡贤施维雄捐建龙园村"纯转路"。

施维鹏昆仲接待国务院港澳办主任廖晖

11 月 12 日　南浔村旅居菲律宾宿务乡侨施维鹏昆仲在宿务寓所接待到访的国务院港澳办主任廖晖、菲律宾驻加拿大大使周清琦、中国驻菲大使关登明。

侨捐晋南医院奠基

11 月 28 日　由旅港乡贤施子清、洪祖杭捐建的晋江医院奠基。该医院占地总面积 30 亩，首期工程包括门诊楼和病房楼，建筑面积 5419.74 平方米，总造价 300 万元。

洪祖杭、施子清出席晋江建市 3 周年庆典大会

11 月 28 日　晋江市在新落成的体育场举行建市 3 周年庆典大会，旅港乡贤洪祖杭（溪前村）、施子清（南庄村）应邀出席本次大会。

菲执中联谊会重修施执中暨孺人高氏合葬墓列晋江市文保单位

是月　石厦村旅菲执中联谊会主持重修的施执中暨孺人高氏合葬墓由晋

江市文管会树立保护标志。执中派下名士贤达众多，如施子清、施文诞、施清流、施荣怀、施展望、施远迎、施龙辉等。

许瑞德捐建秀山村"经秦大道"

12月16日 秀山村旅菲乡侨许瑞德捐资80多万元修建秀茂村通往石狮市南环路的"经秦大道"。

许秋水捐建石光中学"秋水楼"（艺术楼）

是月 由檀林村旅菲乡侨许秋水独资捐建的石狮市石光中学"秋水楼"（艺术楼）竣工，总面积1413平方米，耗资100万元。

吴似锦等旅外乡亲捐建吴厝村老人活动中心

是年 由吴厝村旅菲吴似锦等旅外乡亲捐建的吴厝村老人活动中心竣工。该项目共募集善款20条。

旅外乡亲捐建溪前村环村路

同年 溪前村旅新乡侨洪我晗、洪我荣，旅港乡贤洪祖杭、洪肇程、洪我标等捐建溪前村环村路。

洪祖嚎、洪祖升等捐资参建溪后村中堡"骆驼路"路基

同年 溪后村旅菲乡侨洪祖嚎、洪祖升等捐资参建溪后村中堡"骆驼路"路基。

旅菲乡侨翻建钞厝村芦山小学新校舍

同年 钞厝村旅菲乡侨施教桼、施教胆、施教稍、施教柱和蔡秀娟伉俪等捐资翻建芦山小学新校舍。

施天转捐建苏坑小学礼堂

同年 苏坑村旅菲乡侨施天转捐建苏坑小学礼堂。

侨捐南侨中学旅菲校友楼A/B座竣工

同年 由南侨中学菲律宾校友会组织校友捐建的旅菲校友楼A/B座竣工。

许经典家族捐建震瑶小学"经典楼"

同年　石龟村旅菲许经典家族捐建震瑶小学"经典楼"（教师宿舍楼）。

旅外乡亲捐资续建启文小学校舍

同年　梧坑村旅菲、旅港乡亲捐资续建启文小学校舍。

洪良鹏、洪文彬、洪尚川捐资重建建安小学校舍

同年　新烧灰村旅菲乡侨洪良鹏、洪文彬、洪尚川等捐资重建新烧灰村建安小学校舍。

许志沾家族捐赠"志沾图书馆"设备及图书

同年　石龟村旅港许志沾家族捐赠"志沾图书馆"设备及图书。

《晋江年鉴》（1996卷）辑录龙湖镇热心家乡公益事业社团和单位及个人名录

同年　《晋江年鉴》（1996卷）辑录《光荣榜·热心家乡公益事业社团和单位名录》中，旅菲南侨中学校友会、旅菲港龙湖浔联同乡会、龙湖古湖旅菲港校董会、龙湖洪溪旅菲同乡会、旅菲龙湖曾厝同乡会等5个社团上榜；《热心家乡公益事业人士名录》中，许文顶（龙玉）、许龙宣（龙玉）、许有土（龙玉）、许文顿（福林）、许志杰（埔锦）、许志品（梧坑）、许妮琪（女，福林）、许经国（石龟）、许秋水（福林）、许清白（福林）、许瑞德（秀山）、吴远康（西梧）、吴连登（古盈）、吴春风（古湖）、吴贻阔（西梧）、吴修流（埭头）、洪良鹏（新烧灰）、洪我景（杭边）、洪祖杭（溪前）、洪溯天（杭边）、施子清（南庄）、施文焕（石厦）、施文博（杏坑）、施议程（石厦）、施至向（杆柄）、施至成（洪溪）、施良瑞（前港）、施寿生（南庄）、施连登（衙口）、施纯昌（龙坡）、施并深（石厦）、施雨霜（衙口）、施能池（衙口）、施教灿（石厦）、施教南（石厦）、施教柱（钞厝）、施维琛（衙口）、施维鹏（衙口）、施瑞铭（洪溪）、蔡连煌（瑶厝）、蔡锡田（瑶厝）、蔡锡鑨（瑶厝）等42位名人上榜。

1996 年

旅菲、旅港乡亲捐建后溪村电力变压器

春 后溪村旅菲、旅港乡亲捐建后溪村变压器。该变压器安装后，后溪村改由龙湖供电所供电。

许友超、许立、许志猛入录《泉州华侨志·人物传》

2 月 《泉州华侨志》出版，龙湖籍许友超、许立、许志猛入录该书《人物传》。另有吴克诚、吴起顺、施教锯、吴宾秋、许文锦、施耀入录《人物表》。

施议顺独资捐建石厦"三房大道"

4 月 由石厦村旅港乡贤施议顺独资捐建的"三房大道"竣工。

吴新钿任菲律宾华文作家协会第一届会长

5 月 3 日 菲律宾华文作家协会成立，埭头村乡侨吴新钿任首届会长。该协会为菲律宾全国性的菲华华文文学团体。

施展望捐建福建中医院海外学生公寓楼

是月 南庄村旅港乡贤施展望捐建福建中医院海外学生公寓楼。

许书狮、施碧珍贤伉俪基金会获颁"作育英才"奖牌

同月 梧坑村旅菲许书狮、施碧珍贤伉俪基金会获晋江市人民政府颁发"作育英才"奖牌。"珍璧基金会"由乡贤许明芳、许书林管理，基金存入信用社生息，每年所得息金用以奖励梧坑小学优秀师生。

旅菲乡侨捐建龙园村综合大楼

同月 龙园村旅菲乡侨施能忠发起集资，施至艾、施纯昌、施培贤等 52 位乡侨捐资兴建龙园村综合大楼。该项目共二层，第一层为菜市场，第二层为村委会、老协会会所。

震瑶小学新教学楼暨"许经典卢淑柿纪念堂"落成庆典举行

同月 由石龟村旅外乡贤许其昌、许自旋、许清本等捐建的震瑶小学新教学楼暨"许经典卢淑柿纪念堂"落成庆典举行。其中，"许经典卢淑柿纪念堂"由许书业、许书勇、许书敏昆玉捐建。

侨捐晋江市云峰中学校舍动工建设

6月　侨捐晋江市云峰中学校舍动工建设。

施学概出版《回归诗词百首》

是月　前港村旅港乡贤施学概在香港倡办"诗词创作回归"大赛，并将大赛获奖作品整理出版《回归诗词百首》1997册，于香港回归后在香港中国银行大厦举办首发式，以此表达他对香港回归的喜悦与祝福。

旅菲瑶里校董会组团回乡参加瑶山小学新校舍奠基仪式

7月　旅菲瑶里校董会董事长蔡锡鑪率团回乡参加瑶山小学新校舍奠基仪式。新校舍由旅菲瑶里校董会捐建，占地22亩，计有礼堂1座，教学楼两座三层共24室，教师宿舍楼1座，幼儿园1座。新校舍于1998年10月竣工。

旅菲乡侨捐资设立檀声小学教育奖助永久基金

8月9日　旅菲乡侨许自顿倡设檀声小学教育奖助永久基金，许自顿、许文坛、许有可、许秋水、许清白等20位乡侨踊跃捐资。

同日　檀声村旅港许王淑气等40位乡贤捐建檀林变压输电设备。

吴长榆任菲律宾延陵吴氏宗亲总会首届理事长

8月20日　菲律宾延陵吴氏宗亲总会庆祝成立暨首届职员就职典礼泊会员联欢大会在马尼拉世纪海鲜酒家举行，西吴村乡侨吴长榆任首届理事长。中国驻菲律宾大使馆参赞邓锡军出席仪式并任主讲人。

洪祖杭出席泉州晋江机场竣工暨首航北京仪式

9月10日　泉州晋江机场举行竣工暨首航北京仪式，溪前村旅港乡贤洪祖杭作为旅外乡贤代表参加为泉州晋江机场竣工首航剪彩。

侨捐晋江市云峰中学正式开学

是月　建设中的云峰中学借用南侨中学部分校舍，招生193人正式开学。次年 3 月 22 日，全体师生搬回本校。

施性墩捐建衙口南浔老年协会会所大礼堂

同月 南浔村旅港乡贤施性墩捐建衙口南浔老年协会会所大礼堂。

海外校友组团参加南侨中学建校 50 周年庆典

10 月 15 日 南侨中学举行建校 50 周年庆典，南侨中学菲律宾校友会第十五、十六届理事长施钊杰率庆贺团到校祝贺，泉州市领导到会指导。活动同时举行旅菲校友楼 A/B 座剪彩、施修国纪念楼剪彩、施修国教学楼扩建奠基、菲律宾南侨中学教育基金会揭彩仪式。是夜，龙湖镇政府在镇侨联餐厅召开座谈会，与旅菲、旅港庆贺团成员共进晚餐。

阳溪中学旅港校友会成立

10 月 21 日 阳溪中学旅港校友会在香港北角敦煌 2 楼举行成立典礼，吴春芳任首届会长，许天富任首届理事长。

六位旅港龙湖乡贤任香港特区政府推选委员会委员

11 月 15 日 由 400 名委员组成的香港特别行政区第一届政府推选委员会正式宣告成立，旅港龙湖籍乡贤吴文拱、吴连烽、施子清、施祥鹏、施学概、洪祖杭任委员。

施家求捐建坑尾村英美小学"家求楼"

是年 坑尾村旅菲乡侨施家求捐建坑尾村英美小学"家求楼"。该楼现为坑尾村青年中心。

旅外乡亲捐赠杭边村公益基金

同年 杭边村旅菲乡侨洪我景、洪溯天、洪我于，旅澳乡贤洪清维等捐赠杭边村公益基金。该基金用于该村基础设施建设，项目含村委会大楼等。

施纯昌、吴金盾伉俪捐建龙埔村"龙埔大道"

同年 龙埔村旅菲乡侨施纯昌、吴金盾伉俪捐建"龙埔大道"。

侨捐历山村"经锁大道""志兑路""孝宋路""经聪球场"相继竣工

同年 历山村旅菲乡侨许书益、汪益聪伉俪捐建的历山村"经锁大道"、秀茂村旅菲华侨许经旋昆仲捐建的"志兑路"、旅菲乡侨许马力、许书北昆仲捐建的"孝宋路",祖秀茂村旅菲乡侨许书恭捐建的"经聪球场"等工程相继竣工。

郭国利、郭荣锴捐建后溪村"国利路""荣锴路"

同年 后溪村旅菲乡侨郭国利捐建后溪村"国利路";该路从许天生厝后通至村中大道。旅菲乡侨郭荣锴捐建后溪村"荣锴路";该路从大宅埕通至旧育才小学门口。

侨捐阳溪中学科学楼竣工

同年 由旅菲阳溪校董会捐建的阳溪中学科学楼竣工。

施纯锡、施其仁、施鸿宜捐建桥头自然村水泥道路

同年 南浔村旅外乡贤施纯锡、施其仁、施鸿宜捐建桥头自然村水泥道路。

洪游奕捐赠英峰小学教育基金

同年 烧灰村旅港乡贤洪游奕捐赠烧灰村英峰小学教育基金 32 万元。

施贻珊、施麒麟捐资扩建陈店村供电照明工程

同年 陈店村旅港乡贤施贻珊、施麒麟捐资扩建陈店村供电照明工程。

施能佳捐建陈店村老人活动中心

同年 陈店村旅港乡贤施能佳捐建陈店村老人活动中心。

旅港乡贤捐建龙埔村中路水泥路

同年 由龙埔村旅港刘与枫、刘与深、施纯午、刘与限、刘德树、刘与洋等乡贤捐建的龙埔村中路水泥路竣工。

施展望选为香港第二十四届"十大杰出青年"

同年 南庄村旅港乡贤施展望选为香港第二十四届"十大杰出青年"。

《晋江年鉴》（1997卷）辑录龙湖镇热心家乡公益事业社团与个人名录

同年　《晋江年鉴》（1997卷）辑录《光荣榜·热心家乡公益事业的社团与个人》中，旅菲南侨中学校友会、旅港南侨中学校友会、菲律宾南侨中学基金会、旅港阳溪中学校友会、龙侨中学旅菲筹建组、旅菲龙湖衙口教育慈善会、旅菲龙湖衙口同乡会、旅港龙湖衙口同乡会、旅菲龙湖阳溪校董会、旅菲龙湖英山同乡会、旅菲龙湖锡里公益所、旅菲龙湖苏坑同乡会、菲港澳龙湖龙园同乡会、旅菲龙湖湖北同乡会、旅菲龙湖新街同乡会、旅菲龙湖石厦同乡会、旅菲龙湖吴厝同乡会、旅菲龙湖杆柄同乡会、旅菲龙湖梧坑同乡会、梧坑香港同乡会、旅菲龙湖前港同乡会、旅菲龙湖后溪同乡会、龙湖新丰菲港同乡会、旅菲龙湖杭边同乡会、菲港澳龙湖杭边同乡会、菲港澳龙湖枫林同乡会、旅菲龙湖洪溪同乡会、旅菲龙湖钞厝同乡会、旅菲龙湖福林同乡会、旅菲龙湖龙玉同乡会等30个社团及刘扶西（石厦）、许秋水（福林）、吴春芳（古湖）、许书咤（埔锦）、吴似锦（吴厝）、吴绵趁（吴厝）、许泽玉（龙玉）、许书业（石龟）、吴身谋（锡坑）、许泽湿（龙玉）、许龙炼（龙玉）、吴谋册（西梧）、吴贻阔（西梧）、许泽台（龙玉）、吴联发（古盈）、许文顶（龙玉）、许谋池（梧坑）、吴健南（古盈）、许书勇（石龟）、吴良元（古盈）、吴修流（埭头）、许泽天（龙玉）、吴远北（西梧）、洪安泰（后坑）、洪祖民（后坑）、洪祖杭（溪前）、洪游奕（烧灰）、施文坛（陈店）、施天转（苏坑）、施议钩（钞厝）、施议程（石厦）、施议榜（石厦）、施玉麒（南庄）、施并票（石厦）、施至成（洪溪）、施良瑞（前港）、施寿生（南庄）、施连登（衙口）、施华民（英厝）、施纯昌（龙坡）、施学坛（陈店）、施学顺（前港）、施学概（前港）、施性山（陈店）、施性鹏（陈店）、施其仁（衙口）、施雨霜（衙口）、施家求（坑尾）、施荣辉（南庄）、施金交（钞厝）、施振邦（衙口）、施振钦（埔头）、施能池（衙口）、施能狮（衙口）、施清水（石厦）、施清坡（石厦）、施教快（石厦）、施教灿（石厦）、施教柱（钞厝）、施教南（石厦）、施维山（陈店）、施维雄（龙园）、施维鹏（衙口）、施慰庭（石厦）、郭木根（后溪）、蔡文彬（瑶厝）、蔡天乙（瑶厝）、蔡连座（瑶厝）、蔡锡宣（瑶厝）、蔡锡鑪（瑶厝）、蔡庆良（瑶厝）、蔡燕玉（女，瑶厝）等72位个人上榜。

施纯衷捐赠鲁东村公益事业建设

1993 年至 1996 年　鲁东村旅菲乡侨施纯衷捐赠鲁东小学教育经费、捐建鲁东村老人会会所两笔合 15 万元。

1997 年

侨捐云峰中学一期工程竣工

是年初　云峰中学一期工程教学楼、食堂、围墙、传达室等相继竣工。其中教学楼由旅菲侨胞郭木坤、许维新、许钟鑫、许福典、许经标、许经庭、许经克、许文惠、许清泉、许文忠、许自泰、许自锁、陈秀敏、施能岩、施能坤及旅菲梧坑同乡会等个人及侨社捐建。

旅港晋江新美同乡会成立

3 月　旅港晋江新美同乡会成立。

吴烟墩捐建埭头村街路沟道

4 月　由埭头村旅菲乡侨吴烟墩捐建的埭头村街路沟道竣工。

许有可、施秀銮伉俪捐建福林村"诚德楼"

5 月 18 日　由檀林村旅菲乡侨许有可、施秀銮伉俪率子捐建的"诚德楼"奠基。诚德楼竣工于 1998 年 5 月 9 日，现为福林村委会会所。

施维鹏塑像在衙口中心幼儿园揭幕

8 月　由龙湖镇教委、南侨中学、南侨中学校董会、南侨中学老教师协会、晋江市衙口中心小学、衙口中心小学校董会、衙口中心幼儿园、衙口中心幼儿园家长会、衙口村委员会、南浔村委员会、衙口教育基金会、施琅纪念馆董事会、衙口敬老协会、定光庵董事会等 14 个单位联合举办的施维鹏塑像揭幕仪式在衙口中心幼儿园举行。

许自业哲裔捐建石龟村"许自业大道"

是月　由石龟村旅菲乡侨许有启、许有利、许有土、许有林、许有彬、许有权、许有墙、许淑卿昆玉捐建的水泥路"许自业大道"竣工。

施性墩捐建南浔长房理事会会所大楼

同月 南浔村旅港乡贤施性墩捐建南浔长房理事会会所大楼。

蔡锡鑢出席晋江市政府接待宴

9月10日晚 晋江市政府在亿盛大酒家设宴款待前来参加厦门"1997中国投资贸易洽谈会"和泉州"第二届泉州商品交易会"的晋江籍海外、港澳乡亲。瑶厝村旅菲乡侨蔡锡鑢，旅港锡坑村吴文拱、古盈村吴天赐乡贤应邀出席本次活动。

香港浔联公会成立

10月2日 香港浔联公会成立泊第一届理监事就职典礼举行，湖北村旅港乡贤施性远任首届会长，施华民乡贤任常务副会长，施清廉乡贤任理事长。该团体由旅港西浔、十三施、枪城乡亲组成，2007年更名为"香港浔联同乡联谊会"。

吴天赐任香港晋江同乡会第七届会长

是月 香港晋江同乡会第七届董事会就职，古盈村旅港乡贤吴天赐任香港晋江同乡会会长。

侨捐龙侨中学二期工程竣工

12月 龙侨中学二期工程相继竣工。本期工程包括由旅菲乡侨施教灿独资捐建的科学楼，旅菲许秋水、许清白昆仲独资捐建的大礼堂，旅港洪祖杭乡贤独资捐建的体育广场，旅菲施寿生乡侨独资捐建的办公楼，旅菲施教柱、施家万、施学坛、施纯昌、施仁寿、施清谋、施良吟、许金镇、施灿悦等9位乡侨捐建的教师宿舍楼（尊师一楼），旅菲施连登、施连杰、施丽青乡侨捐建的图书馆。

海内外衙口、南浔村乡贤捐资衙口中心小学基建

是年 在旅菲衙口同乡会、菲律宾衙口中心小学董事会、香港衙口同乡会的组织倡导下，集资人民币500多万元建设衙口中心小学大礼堂、教学楼、综合楼。

旅外侨亲捐建衙口敬老协会会所

同年　旅菲乡侨施连登、旅菲衙口同乡会偕同旅港乡贤施能狮、施至谦、香港衙口同乡会捐建衙口敬老协会会所大楼。

施教柱、施议钧捐资参建钞厝村钞溪桥

同年　钞厝村旅菲乡侨施教柱、施议钧捐资参建钞溪桥。

侨捐祖秀茂"经聪路""山头村北路""秀茂村后角水泥路"相继竣工

同年　由石厦旅菲乡侨施议程、许碧珠伉俪捐建的秀山村"经聪路"，山头村旅港乡贤许鸿仪、许惠玲伉俪捐建的"山头村北路"，秀茂村旅港乡贤许振义、许文鹤昆仲，旅港乡贤许经民暨长子许书汉捐建的"秀茂村后角水泥路"等工程相继竣工。

郭木坤捐建后溪村"国昌路"

同年　后溪村旅菲乡侨郭木坤为纪念父亲郭国昌，捐修后溪村"国昌路"。该路从华树桥通至祖秀茂水泥大道，附建"国昌路临门"1座。

旅菲晋江大埔同乡会捐建大埔村水泥大道

同年　旅菲晋江大埔同乡会捐建大埔村水泥大道。

侨捐南侨中学"施修国纪念楼""颜乌金纪念楼"相继竣工

同年　由衙口村旅菲乡侨施修国家族捐建的南侨中学"施修国纪念楼"（现第一食堂）、衙口村旅菲乡侨施雨霜捐建的"颜乌金纪念楼"（现第二食堂）分别于1996年和1997年竣工。

郭国钯家族捐建育才小学"国钯教学楼"

同年　后溪村旅菲乡侨郭国钯家族捐建育才小学"国钯教学楼"。该项目2层，设置教室10室。

香港衙口同乡会成立

同年　香港衙口同乡会成立。

旅港校友捐建阳溪中学教师宿舍楼

同年　阳溪中学旅港校友会会长吴春芳、庄清美伉俪，内地校友，旅港校友捐建教师套房芳美楼、铭恩楼、尊师楼三幢 48 单元。

施子清捐资设立"厦门大学青年教师教育基金会"

同年　南庄村旅港乡贤施子清捐资设立"厦门大学青年教师教育基金会"。

《晋江年鉴》（1998 卷）辑录龙湖镇热心家乡公益事业社团与个人名录

同年　《晋江年鉴》（1998 卷）辑录《光荣榜·热心家乡公益事业的社团与个人》中，龙湖香港浔联公会、旅菲龙湖阳溪校董会、旅菲龙湖同乡会、南侨中学香港校友会、龙湖湖北菲港乡会、旅菲龙湖后宅同乡会、旅菲龙湖前港同乡会、龙湖育才小学旅菲教育基金会、旅菲龙湖石龟同乡会、旅菲龙湖梧坑同乡会、旅菲龙湖埔头同乡会、旅菲龙湖杆柄同乡会、旅菲龙湖洪溪同乡会、旅菲龙湖檀林同乡会、龙湖钞厝旅港乡会、龙湖西梧菲港乡会、旅菲龙湖衙口同乡会、旅菲龙湖锡里公益所、龙湖锡鑪侨胞、龙湖瑶厝菲港侨胞、旅菲龙湖龙玉同乡会、龙湖仑上菲港乡会、龙湖陈店菲乡会、龙湖陈店澳乡会、龙湖溪前菲港乡会、龙湖后坑菲乡会、旅菲龙湖石厦同乡会等 27 个社团，以及刘志仁（石厦）、刘志勇（石厦）、许文杰（秀山）、许有可（檀林）、许自灿（檀林）、许华侨（檀林）、许金枪（檀林）、许经清（檀林）、许秋水（檀林）、许益安（檀林）、许荻萱（檀林）、许鸿仪（秀山）、许景泰（新街）、吴天赐（古盈）、吴似锦（吴厝）、吴身谋（锡坑）、吴泽油（吴厝）、吴春芳（古湖）、吴绵平（吴厝）、吴绵票（吴厝）、吴绵趁（吴厝）、吴超群（吴厝）、洪祖杭（溪前）、洪清凉（杭边）、施文康（埔头）、施文锦（衙口）、施文博（石厦）、施天转（苏坑）、施天赐（坑尾）、施长青（衙口）、施月嫦（女，吴厝）、施永周（衙口）、施议程（石厦）、施至祖（衙口）、施至谦（衙口）、施连登（衙口）、施秀銮（女，檀林）、施纯沛（衙口）、施学顺（前港）、施性文（湖北）、施隆墩（衙口）、施明权（衙口）、施质彬（湖北）、施养迁（龙园）、施养民（新峰）、施恩典（衙口）、施能池（衙口）、施能杉（新峰）、施能坤（新峰）、施能岩（新峰）、施能厨（新峰）、施教永（前港）、施教灿（石厦）、施教明（前港）、施教焕（前港）、施振清（埔头）、施清池（湖北）、施维鹏（衙口）、施新民（坑尾）、翁清宜（湖北）、颜缺滔（衙口）、颜维棍（衙口）等 62 位个人上榜。

1998 年

旅菲、旅港后溪村乡亲捐资设立"育才小学教育基金"

1 月 后溪村旅菲、旅港乡亲捐资设立"育才小学教育基金"，捐款合计人民币 34 万元、港币 3.7 万元。

施子清、洪祖杭当选为全国政协第九届委员会委员

3 月 3 日至 14 日 中国人民政治协商会议第九届全国委员会第一次会议在北京召开，南庄村旅港乡贤施子清、溪前村旅港乡贤洪祖杭当选为全国政协第九届委员会委员并出席会议。

吴长榆捐建泉州师范学校艺术楼——"嘉意楼"奠基

是月 由西吴村旅菲乡侨吴长榆捐资助建的泉州师范学校艺术楼——"嘉意楼"奠基。嘉意楼建筑面积 3800 平方米，为纪念吴长榆先父因而以其父之名命名，大楼门厅设置吴长榆父母半身塑像。乡贤吴长榆、泉州市委副书记薛祖亮、市人大常委会副主任吴同等共同为大楼基石培土。

旅菲乡侨捐建龙园村长房份路埕、戏台

是年春 龙园村旅菲施能蓼昆仲、施能拔、施能煅、施能福、施纯灿等乡侨捐建龙园村长房份路埕、戏台。该项目共筹资 16 笔。

旅港乡贤捐建后宅村电力设备

5 月 旅港乡贤施议锚、施金印等捐建后宅村电力设备。该项目共筹集善款 30 条。

施养迁捐资重建恢斋小学围墙

是月 龙园村旅菲乡侨施养迁捐资重建恢斋小学围墙。

旅菲后溪同乡会获泉州市人民政府颁授证书、奖牌

6 月 9 日 旅菲后溪同乡会获泉州市人民政府颁授"热心公益事业"证

书："热心公益事业，慷慨捐资，造福桑梓，特颁此证，以资鼓励。"证书编号 981543 号。旅菲后溪同乡会同时获泉州市人民政府颁授"造福桑梓"奖牌。

旅菲晋江大埔同乡会覆新之际集资购置会所

7 月 28 日　旅菲晋江大埔同乡会第二十八届理监事就职之际，新届理事长王仁杰在二十七届理事长施养民积极运作的基础上，广泛发动乡侨，共集资菲币 271 万元，购置范伦那街 569 号二楼 201 室为该会会所。

旅港校友捐建南侨中学尊师楼、尊师园竣工

8 月　由南侨中学香港校友会捐建的南侨中学教师公寓、旅港校友施能狮捐建的尊师园相继竣工。尊师楼在南侨中学香港校友会第七、第八届理监事会会长施世筑、理事长施议锚的带领下，共捐资 112 万兴建。

施培贤、庄玉恭伉俪率子施荣贵捐建恢斋幼儿园

9 月 15 日　由龙园村旅菲乡侨施培贤、庄玉恭伉俪率子施荣贵捐建的恢斋幼儿园竣工。

侨捐瑶山小学新校舍落成

10 月　瑶山小学新校舍落成。新校舍建筑群包括由瑶厝村旅菲乡侨锡鑪、秀绢捐建的大礼堂，由伟廉、伟衡、金镖昆仲捐建的锡田碧霞教育纪念大楼，由庆旺、文彬等乡侨捐建的旅菲瑶里侨胞教育纪念大楼，由庆隆、丽英伉俪捐建的笃泉尊师大楼，由天乙、碧玉伉俪捐建的乌对幼儿园大楼。

维鹏教育基金会创设 18 周年暨其塑像揭彩大会举行

11 月 6 日　衙口中心幼儿园维鹏教育基金会创设 18 周年暨其塑像揭彩大会在衙口中心幼儿园举行。施维鹏率家族成员回乡参加了本次活动。"老先生精诚爱国，真挚怀乡。气度恢宏，深明教育兴邦、尊师重教之大义，倾注毕生心血。"

杆柄村旅港乡亲施性国等捐资重建电力变压

是月　杆柄村旅港乡亲施性国等 36 人捐资重建杆柄村电力变压。

旅外乡亲捐建龙玉村玉斗老友会会所

同年 龙玉村玉斗旅菲许永山、许泽周，旅港许泽界昆仲捐建龙玉村玉斗老友会会所。

许中荣独资捐建龙玉村"龙永路"

同年 龙玉村旅菲乡侨许中荣独资捐建龙玉村"龙永路"。

蔡联煌捐建瑶厝中路

同年 由瑶厝村旅菲乡侨蔡联煌捐建的瑶厝中路竣工。

旅菲苏厝崎同乡会捐建苏厝自然村西山公路

同年 旅菲苏厝崎同乡会第十二届理监事在旅菲宗亲中筹募资金，并获旅港乡贤苏宗文、施雪芬捐助，铺设苏厝自然村西山公路。

许书咤、王尔川捐赠埔锦村老人协会活动经费

同年 在埔锦村许志推等乡贤的倡导下，埔锦村旅菲乡侨许书咤、王尔川捐赠埔锦村老人协会活动经费各10万元。

郭华福捐建后溪村"华福路"

同年 后溪村旅菲乡侨郭华福捐建后溪村"华福路"。该路从华树桥通至五斗池。

许瑞德等乡侨捐建秀山小学教学楼

同年 旅菲秀山五乡联合会理监事许瑞德、许自友、许经源、许自月、许自糁、许清当等6位乡侨捐资翻建秀山小学教学楼1座8室。

旅外乡亲捐资扩建南庄小学新校舍

同年 南庄村旅菲乡侨施吟梅、施良吟、施钊镖，旅港乡贤施展望、施子清等捐资扩建南庄小学新校舍。

旅菲乡侨捐赠瑶山小学教育经费

同年 旅菲瑶里同乡会、瑶厝村旅菲蔡锡鑪、蔡天乙、蔡庆隆、蔡文彬、蔡伟廉、蔡天乙、蔡蝴蝶等乡侨捐赠瑶山小学教育经费95万元。

施文锦捐建衙口门球场

同年 衙口村旅港乡贤施文锦捐建衙口门球场。

许文杰捐建秀茂村"白云路"

同年 由秀山村旅港乡贤许文杰捐建的秀茂村"白云路"竣工。

施志伴、施拱南捐建埔头戏剧台铁盖、水泥埕

同年 埔头村旅澳乡贤施志伴、施拱南捐建埔头戏剧台铁盖、水泥埕。

《晋江年鉴》(1999卷)辑录龙湖镇热心家乡公益事业社团与个人名录

同年 《晋江年鉴》(1999卷)辑录《光荣榜·热心家乡公益事业的社团与个人》中,旅港龙湖石厦同乡会、旅菲龙湖石厦同乡会、旅菲龙湖吴厝同乡会、旅港龙湖杆柄同乡会等4个社团,以及庄玉恭(龙园)、许自炉(新街)、许良汉(石龟)、许志宰(石龟)、许经塔(石龟)、吴似锦(吴厝)、吴健南(古湖)、吴春芳(古湖)、吴联发(古湖)、洪我景(杭边)、洪祖杭(溪前)、洪溯天(杭边)、施子清(南庄)、施至成(洪溪)、施灿悦(南庄)、施养迁(龙园)、施展望(南庄)、施培贤(龙园)、施维鹏(南浔)、郭木坤(后溪)、蔡天乙(瑶厝)、蔡锡宣(瑶厝)、蔡锡鑐(瑶厝)等23位个人上榜。

1999 年

吴长榆伉俪获省政府颁发捐赠公益事业突出贡献奖牌匾

1月 全国侨联副主席、省侨联主席李欲晞,泉州市人大常委会主任涂瑞南,省侨办副主任吴若三向吴长榆伉俪颁发福建省人民政府捐赠公益事业突出贡献奖牌匾,表彰吴长榆伉俪捐巨资助建泉州师范学校音乐大楼。

洪祖杭获省政府立碑表彰

是月 溪前村旅港乡贤洪祖杭热心家乡公益事业,获省政府立碑表彰。

侨捐云峰中学二期工程竣工

年初 云峰中学二期工程相继竣工。二期工程包括旅菲侨胞许书业、许书

勇昆仲捐建的许经典、许卢淑柿纪念楼（学生宿舍楼），旅港乡贤许周美凤捐建的许志笙图书馆，旅菲侨胞郭清潭、郭戴淑瑛伉俪捐建的郭国钯大礼堂。

施子清获香港特区政府委任太平绅士

7月1日 香港特区政府公布授勋及嘉奖名单，南庄村旅港乡贤施子清被委任为太平绅士。

自香港特别行政区成立以来，香港特区政府每年于7月1日公布授勋及嘉奖名单。香港授勋及嘉奖制度的目的是嘉许社会各界人士，以表扬他们为香港做出的贡献，表扬他们出类拔萃的成就。

施世筑任香港晋江同乡会第八届会长

8月10日 香港晋江同乡会庆祝成立14周年暨第八届董事就职典礼在香港北角敦煌酒楼隆重举行。新任会长施世筑主持庆典。新华社香港分社副社长邹哲开，华闽集团副总经理杨东成，世界晋江同乡会会长黄呈辉，晋江市市长等近500名嘉宾出席。

施恭旗捐建前港村上新厝文化活动中心

是月 前港村旅菲乡侨施恭旗捐建前港村上新厝文化活动中心。

旅外乡亲参加尊道小学建校90周年庆典

9月19日 尊道小学举行建校90周年庆典，菲华晋江前港同乡会与中国香港、澳门等地的乡亲组团回乡参加庆典。旅外施教明、施学顺、施家约、施家宗、施教焕、施教永、施清莘、施振南、施恭旗等乡亲捐款捐物，充实了90周年庆典系列活动。

晋南医院竣工

是月 由龙湖镇旅港乡贤施子清、洪祖杭捐资380万元兴建的晋南医院竣工。该项目占地20100平方米，门诊大楼、入院部总建筑面积5420平方米，围墙周长600余米。

旅港英山同乡会成立

10月24日 由旅港庄厝、翁厝乡亲组织的旅港英山同乡会成立，庄铭转任首届理事长。

施学顺捐建前港村"学顺大道"

是月　前港村旅港乡贤施学顺捐建前港村"学顺大道"。该路自晋南医院至前港新乡。

施教明、陈美丽伉俪捐建前港新乡"恩德大道"

同月　前港村旅港乡贤施教明、陈美丽伉俪捐建前港村新乡"恩德大道"。该路自前港至新村。

施能坤、能岩昆仲捐建大埔老年人协会新会所

同月　旅菲乡侨施能坤、能岩昆仲捐建大埔老年人协会新会所。

吴新钿当选菲律宾华文专栏作家协会首届会长

11月　菲律宾华文专栏作家协会成立，埭头村乡侨吴新钿当选首届会长。

旅菲乡侨捐建强民幼儿园尊师楼、活动中心

12月1日　洪溪村旅菲乡侨施至成、陈湘霞伉俪捐建尊师楼，施性华、蔡秀敏伉俪率子女施石仁、施绵绵、施松龙、施柏昌捐建强民幼儿园活动中心。

施良颜捐建前港村"维钦大道"

是年　前港村旅菲乡侨施良颜捐建前港村"维钦大道"。该路自北示头至首峰村，全长 2000 米。

施新民、施天赐昆仲捐建坑尾村"阁针大道""天赐路""雪梨路""阴治路"

同年　坑尾村旅菲乡侨施新民、施天赐昆仲独资捐建坑尾村"阁针大道""天赐路""雪梨路""阴治路"。

施志谋、施文恒、施良义捐建坑尾村"家箐路"

同年　坑尾村旅菲乡侨施志谋、施文恒、施良义捐建坑尾村"家箐路"。

侨捐吴厝村环村水泥路竣工

同年 由吴厝村旅菲吴似锦、吴绵趁、吴泽镖、吴泽葛、吴泽油、吴超群、吴乌琼等 15 位乡侨捐建的环村水泥路相继竣工。

郭清潭、郭清波昆仲捐建后溪村"国钯路"

同年 后溪村旅菲乡侨郭清潭、郭清波昆仲捐建"国钯路"。该路以郭清潭、郭清波昆仲先父的名字命名,从下井仔通至阴公桥,中路旁附建凉亭 1 座,内镌捐资芳名及碑志。

郭建业等乡侨捐建后溪村委会"章炎楼"

同年 后溪村旅菲郭建业、郭建南、郭嫦娥、郭建国、郭建辉、郭建民、郭建伟等乡侨捐建后溪村委会"章炎楼"。

施维雄捐建南侨中学"纯转楼"

同年 龙园村旅港乡贤施维雄独资捐建南侨中学教师公寓"纯转楼"。

洪祖良、洪祖杭等捐建溪前村老人活动中心

同年 溪前村菲律宾归侨洪祖良,旅港洪祖杭等 6 位乡贤捐建溪前村老人活动中心。

施子清捐资设立"北京大学教育基金会"

同年 南庄村旅港乡贤施子清捐资设立"北京大学教育基金会",捐资香港保护儿童会并于将军澳兴建施吴淑敏幼儿园,捐资东华三院兴办黄大仙健康中心。

许秋水捐建上海市嘉定区希望中学

同年 檀林村旅菲乡侨许秋水捐资 200 万元建上海市嘉定区希望中学一所。

《晋江年鉴》(2000 卷)辑录龙湖镇热心家乡公益事业社团与个人名录

同年 《晋江年鉴》(2000 卷)辑录《光荣榜·热心家乡公益事业的社团与个人》中,旅港龙湖内坑同乡会、旅菲龙湖衙口同乡会、旅港龙湖衙口同乡会、旅菲龙湖阳溪校董会、旅菲龙湖龙玉同乡会、旅菲龙湖石厦同乡

会、旅菲龙湖南庄同乡会、龙湖香港浔联公会、旅菲龙湖后溪同乡会、旅菲龙湖石龟许厝同乡会、龙湖秀山旅菲五乡联合会、郭国钯家族、旅菲龙湖福林同乡会、龙湖旅港侨胞等 15 家单位（家族、个人）上榜，占全榜 36 位中的 41.6%；许文曲（秀山）、许友瓶（秀山）、许书业（石龟）、许书勇（石龟）、许永山（龙玉）、许自友（秀山）、许泽恭（龙玉）、许学禹（烧灰）、许经源（秀山）、许秋水（福林）、许清白（福林）、许瑞德（秀山）、吴天赐（古盈）、周美凤（石龟）、洪良鹏（新烧灰）、洪祖杭（溪前）、施子清（南庄）、施文华（钞厝）、施议程（石厦）、施永远（洪溪）、施并深（石厦）、施良颜（前港）、施灿悦（南庄）、施寿生（南庄）、施连登（衙口）、施秀恋（女，洪溪）、施纯昌（龙坡）、施学坛（陈店）、施性犇（洪溪）、施荣桂（龙园）、施养迁（龙园）、施能坤（新丰）、施展望（南庄）、施清科（前港）、施教永（前港）、施教灿（石厦）、施教明（前港）、施教柱（钞厝）、施维雄（龙园）、施维鹏（衙口）、郭木坤（后溪）、郭清潭（后溪）、蔡庆巧（瑶厝）、蔡庆册（瑶厝）、蔡庆港（瑶厝）、蔡培根（瑶厝）等 46 位个人上榜，占全榜 153 位的 30%。

2000 年

旅菲乡侨捐赠强民小学教育基金

1月1日　洪溪村旅菲乡侨施至成、施修饬陈荷舍家族、施至瓶家族、施乃康捐赠强民小学教育基金。

施振源、施龚丽珍伉俪捐建龙园新村大道

3月　龙园村旅菲乡侨施振源、施龚丽珍伉俪捐建龙园新村大道水泥路。该项目由恢斋中心小学路口至土地公宫。

香港晋江石厦同乡会成立

是月　香港晋江石厦同乡会成立。

吴少白独资捐建内坑村"吴东纪大道"

5月　内坑村旅港乡贤吴少白独资捐建内坑村"吴东纪大道"。

许经国捐建云峰中学"爱国科学楼"

6月 旅港许经国乡贤捐建云峰中学"爱国科学楼"1座。该项目于2003年竣工启用。

施展望获香港特区政府委任太平绅士

7月1日 香港特区政府公布授勋及嘉奖名单，南庄村旅港乡贤施展望获委任为太平绅士。

香港晋江前港同乡会成立

9月20日 香港晋江前港同乡会正式成立，推举施学顺乡贤为创会会长、第一届理事长。10月15日，假北角敦煌酒楼举行第一届理监事就职典礼。

许清河捐建辉山小学教室、捐修礼堂

是月 埔锦村旅港乡贤许清河捐资新建辉山小学教室2室，修建礼堂钢筋混凝土屋盖，铺设石材地面。

施教永捐建前港村"教永大道"

10月 前港村旅港乡贤施教永捐建前港村"教永大道"。该路自前港村至闽南水产公司，全长1800米。

吴修流、吴荣达、吴金鍼捐修埭头村后村尾水沟

是月 埭头村旅菲乡侨吴修流、吴荣达、吴金鍼捐修埭头村后村尾水沟。

旅外乡亲捐建侨英幼儿园

同月 侨英小学第五届董事会就职，随即联络旅外乡亲踊跃捐输兴建幼儿园综合楼。该工程造价128万元，其中旅菲英华同乡会捐资31万元，旅港乡贤洪仲育捐资30万元，旅港乡贤洪健雄捐资30万元。

郭木坤获福建省人民政府颁赠金质奖章、奖牌、荣誉证书

12月15日 后溪村旅菲乡侨郭木坤获福建省人民政府颁赠金质奖章、奖牌、荣誉证书。证书载："热心家乡公益事业，捐资110万元。特颁给金质奖章、奖匾、荣誉证书，以资鼓励。"编号A523号。

旅菲后溪同乡会获福建省人民政府颁授银质奖章、奖牌、荣誉证书

是日 旅菲后溪同乡会获福建省人民政府颁授银质奖章、奖牌、荣誉证书。证书载："热心家乡公益事业，捐资 40 万元。特颁给银质奖章、奖匾、荣誉证书，以资鼓励。"编号 B327 号。

施学概获维也纳斯基勋章

是月 前港村旅港乡贤施学概在结束对大陆 147 个农林园圃的考察后，选定南京浦口区永宁镇荒废的万亩"老沤地"，投资"天圣森林资源开发有限公司"，通过育苗造林，将这里变成最美丽的生态基地，联合国秘书长任命其为联合国国际生态安全合作组织副主席，并获得维也纳斯基勋章，以表彰他对生态安全的贡献。

吴春芳捐建古湖村菜市场

同月 由古湖村旅港吴春芳乡贤独资捐建的古湖村菜市场竣工。

施清溪、施清辇昆仲捐建前港村委会会所

是年 前港村旅菲乡侨施清溪、旅港乡贤施清辇昆仲捐建前港村委会会所。

施朝福、施朝坤昆仲捐建后宅村正浪灯光球场

同年 后宅村旅菲乡侨施朝福、施朝坤昆仲捐建后宅村正浪灯光球场。

许经源捐建秀山村"志祝楼"

同年 秀茂村旅菲乡侨许经源捐建秀山村委会办公楼"志祝楼"。

侨捐南侨中学"雨水纪念门"、排球场竣工

同年 由衙口村旅菲施修国家族施王秀秀率子女捐建的"雨水纪念门"（现南侨中学校门）、旅港校友施能狮先生捐建的排球场相继竣工。

施文华、姚云英伉俪捐建钞厝村老人活动中心

同年 钞厝村旅港乡贤施文华、姚云英伉俪捐资人民币 35 万兴建钞厝村老人活动中心，晋江市副市长王远东、龙湖镇镇长丁尚光主持奠基。该工程于 2001 年竣工。

吴春芳获省政府颁"乐育英才"匾额

同年 古湖村旅港乡贤吴春芳获福建省人民政府颁"乐育英才"匾额。

香港古盈同乡会成立

同年 香港古盈同乡会成立。

施纯锡、施其仁、施鸿谊捐建桥头自然村自来水工程

同年 南浔村旅外乡亲施纯锡、施其仁、施鸿谊捐建桥头自然村自来水工程。

港澳乡贤捐资参建内坑村基础设施

同年 内坑村旅港乡贤吴少白、吴当典等捐资参建内坑村吴氏村路、埕，该项目由内地乡亲无偿献地。旅澳乡贤李元业，旅港乡贤李天泉、李无立、李天望、李其仁等捐资参建内坑村路、埕。

秀山村旅居港、澳乡亲捐建秀山小学电教楼

同年 秀山村旅港乡贤许友瓶、施梅兰伉俪，许鸿仪、许友超乡贤，许文杰、许振义昆仲，旅澳许文曲乡贤等共同捐资翻建电教楼1座6室。

前港、后宅村旅港乡贤捐赠尊道小学教育基金

同年 前港、后宅村旅港乡贤施学顺、施清辇、施教明、施教永、施洪美景、施议锚等捐赠尊道小学教育基金。

施子清捐资设立"南京大学教育基金会"

同年 南庄村旅港乡贤施子清捐资设立"南京大学教育基金会"。

吴天赐捐建"天台路"

同年 古盈村旅港乡贤吴天赐捐建阳溪中心小学至古盈村的"天台路"。

《晋江年鉴》（2001卷）辑录龙湖镇热心家乡公益事业的社团与个人名录

同年 《晋江年鉴》（2001卷）辑录《光荣榜·热心家乡公益事业的社团与个人》中，香港浔联公会、龙湖衙口中心小学旅菲校董会、龙湖衙口中

心小学旅港校董会、旅菲龙湖英仑同乡会、旅菲龙湖昭德同乡会、旅菲龙湖檀林同乡会、旅菲龙湖石厦同乡会、旅菲龙湖阳溪校董会、旅菲龙湖埭头同乡会、旅港龙湖埭头同乡会等10家社团，以及许泽荣（龙玉）、许经国（石龟）、许经源（秀山）、许谋池（吾坑）、许谋清（吾坑）、许清河（埔锦）、张上顶（新峰）、张铁岩（新峰）、洪我荣（溪前）、洪祖杭（溪前）、施文博（石厦）、施学顺（前港）、施良瑞（前港）、施秀銮（女，洪溪）、施并票（石厦）、施雨水（衙口）、施性辇（洪溪）、施金衔（洪溪）、施荣华（洪溪）、施养迁（龙园）、施教永（前港）、施教明（前港）、施振源（龙园）、施能枚（龙园）、施能忠（龙园）、施能狮（衙口）、施维鹏（南浔）、施清体（洪溪）、施清辇（前港）、施清溪（前港）、蔡锡镳（瑶厝）等31位个人上榜。

2001 年

施子清获授"北京大学顾问教授"

3月9日　北京大学在临湖轩举行了隆重仪式，授予南庄村旅港乡贤，香港著名实业家、书法家、诗人和散文家施子清"北京大学顾问教授"。校党委副书记赵存生、副校长何芳川出席了受聘仪式。北京大学书法协会特地为施先生举行了笔会。施子清时任全国政协委员、特区推委、香港人大选举会议成员、香港"一国两制"经济研究中心理事，并任厦门大学兼职教授、福建中医学院客座教授、华侨大学董事兼客座教授、香港福建书画研究会会长以及香港各界社团会长、永远名誉会长等职务。

施子清向北大教育基金会捐款人民币100万元，支持《北京大学学报》（社科版）的发展。

多位龙湖籍乡贤任职于晋江市海外联谊会首届理事会

4月18日　晋江市海外联谊会成立，龙湖籍乡侨及港澳同胞施至成、施子清、洪祖杭任荣誉会长，施振源、吴天赐、吴文拱、施世筑、施学顺、施学概、施展望、施振衔、施教明、施教焕、何富强任名誉会长，施振源、吴玲玲、吴健南、施议锚、施华民、施教明、施维雄、施清水、施利亚、施能祥任常务理事，施万轸、施永昌、施伟廉、施振忠、施教港、洪我景、施教永、施能狮、洪建设、施清岛任理事。

晋江市龙湖镇第六次归侨侨眷代表大会召开

4月20日 晋江市龙湖镇第六次归侨侨眷代表大会召开，选举产生龙湖镇归国华侨联合会第六届委员会，洪源腾任主席。

南侨中学与菲律宾侨中学院签署友好交流协议书

是日 南侨中学校长刘清裕与菲律宾侨中学院校长颜长城签署《中国福建省晋江市南侨中学与菲律宾侨中学院进行教学友好交流协议书》。协议包括：一、菲律宾侨中学院选派优秀英文教师2名，于2001年4月1日起在南侨中学进行为期6星期的讲学，并在今后继续选派优秀教师，定期到南侨中学访问讲学。二、南侨中学在侨中学院提出邀请时，也将选派优秀中文教师，前往访问讲学。三、为对方教师学习语言、业务培训提供必要的帮助。四、为对方优秀学生举行夏令营或其他交流学习提供必要的帮助。五、为对方提供教学咨询、教育教学改革信息，双方相互交流教学经验与教学成果，定期邀请对方各部门负责人访问考察。

许自旋捐建石龟村文体活动中心

是月 石龟村旅菲乡侨许自旋捐建石龟村文体活动中心。该项目含"思远灯光球场"。

侨捐石厦村中份大道竣工

9月 旅菲石厦村钊銮基金会，旅港乡贤施天仁、施培河等乡亲捐建石厦村中份大道竣工。

施振源参加菲华商联总会考察团回乡考察

10月13日 以菲华商联总会理事长蔡清洁为团长、副理事长施振源（龙园村）为副团长的菲华商联总会考察团一行到晋江参观考察。

香港晋江石厦同乡会召开首次筹备会

11月11日 香港晋江石厦同乡会召开首次筹备会议，在施文博、施天仁、施文诞等乡贤的倡导下，旅港石厦村乡亲在较短的时间内筹集了会务基金300余万元，购置北角五洲大厦的永久会址，面积约1600平方英尺（合148.64平方米）。

旅外石厦侨亲捐建光夏小学综合楼

是年 旅菲石厦同乡会施议程、施清胆、施并票、施金锌等乡侨，旅港施文博、施文诞、施良友、刘与科、施天仁等乡贤，旅居加拿大刘志仁乡侨，联合内地石厦乡亲捐资人民币 260 余万元，将光夏小学原大礼堂改建为三层综合楼，建筑面积 2426 平方米，同时增建厕所 2 座、市场两层店面 10 间，添置电脑设备及图书，改建围墙，建成 125 米的环形人造草跑道。

石龟村、福林村侨联小组获评晋江市侨联系统先进单位

同年 龙湖镇石龟村侨联小组、福林村侨联小组获评晋江市侨联系统先进单位，吴长利、施教评获评晋江市侨联系统先进工作者。

旅外乡亲捐建衙口二房灯光球场

同年 衙口村旅菲乡侨施文宣，旅港乡贤施能狮等捐资参建衙口二房灯光球场。

侨捐曾厝村环村路"源沛秀敏大道"竣工

同年 由旅港施清莘、洪金镖伉俪，洪我泽、洪重庆昆仲捐建的曾厝村环村路"源沛秀敏大道"竣工。

洪游奕捐赠英峰小学教育基金

同年 烧灰村旅港乡贤洪游奕捐赠烧灰村英峰小学教育基金 30 万元。

《晋江年鉴》（2002 卷）辑录龙湖镇热心家乡公益事业的社团与个人名录

同年 《晋江年鉴》（2002 卷）辑录《光荣榜·热心家乡公益事业的社团与个人》中，旅菲龙湖内坑同乡会、旅菲龙湖阳溪校董会、旅菲龙湖龙玉同乡会、旅菲龙湖石厦同乡会、旅港龙湖石厦同乡会、旅菲龙湖洪溪同乡会、旅菲龙湖昭德同乡会、龙湖南侨中学旅港校董会、龙湖南侨中学旅菲校董会等 9 家社团，以及王尔川（埔锦）、刘志科（石厦）、刘志仁（石厦）、许文曲（秀山）、许书业（石龟）、许书煜（福林）、许自旋（石龟）、许学禹（烧灰）、许松柏（福林）、许经国（石龟）、许经裁（烧灰）、许荣体（福林）、许树桐（福林）、许贻明（吾坑）、许健民（吾坑）、许清源（烧灰）、

许新民（福林）、吴天赐（古盈）、吴天德（埭头）、吴玉玲（女，埭头）、吴成就（埭头）、吴身树（埭头）、吴金焕（埭头）、吴春芳（古湖）、吴修流（埭头）、吴谨慎（埭头）、陈祖昌（金井）、林素姜（女，福林）、洪云华（女，石厦）、洪云霞（女，石厦）、洪其民（仓上）、洪祖杭（溪前）、洪祖粒（仓上）、洪显祖（仓上）、洪重庆（仓上）、洪游奕（烧灰）、洪乾坤（仓上）、洪肇响（仓上）、施文旦（石厦）、施文华（钞厝）、施文博（石厦）、施天仁（石厦）、施至成（洪溪）、施学顺（前港）、施良瑞（前港）、施秀碧（女，福林）、施性祥（杆柄）、施其仁（衙口）、施雨霜（衙口）、施养迁（龙园）、施教永（前港）、施能灶（杆柄）、施能狮（衙口）、施清科（前港）、施清莘（前港）、施维鹏（南浔）、施嘉杯（杆柄）、留榜怀（仓上）、蔡锡鑞（瑶厝）等 59 位个人上榜。

2002 年

旅港晋江檀林同乡会购置会所

1 月 6 日 旅港晋江檀林同乡会签署购楼协议，购置位于香港北角英皇道新都城大厦的会所。2006 年 7 月 14 日，又购置了相邻的单位，扩大了会所。

海内外乡亲集资重建烧灰村英峰小学校舍

3 月 由烧灰村旅菲许学禹、施幼治伉俪，旅港洪游奕、许维蓄等海内外乡亲集资捐建的英峰小学校舍 5 幢建筑竣工。

侨捐临濮湖滨大厦竣工

5 月 由晋江地区临濮堂理事会发动海内外施氏宗亲捐建的临濮湖滨大厦竣工。该项目地处龙湖北滨，由旅菲临濮总堂，旅居菲律宾、新加坡，及中国港澳台、内地施氏宗亲捐建。

旅菲乡侨捐建英仑小学新校舍

6 月 17 日 仓上村旅菲洪肇等、留榜杯家族、洪我谤家族、洪我秦家族、洪显祖、洪祖江等乡侨捐建英仑小学新校舍。

施至成荣获菲律宾"扶西·黎刹博士杰出华裔菲人奖"终身成就奖

是月　菲律宾"扶西·黎刹博士杰出华裔菲人奖"在马尼拉市罗哈斯大道举行颁奖典礼，洪溪村旅菲乡侨施至成荣获终身成就奖，菲律宾总统阿罗约亲临颁奖。荣获终身成就奖的还有陈永栽、吴奕辉、郑少坚、鲍事天、杨应琳、龚诗贮等。

洪祖良回忆录《世路三程》出版

同月　溪前村菲律宾归侨洪祖良的回忆录《世路三程》由中国文联出版社出版。该书以第一人称叙述了作为归侨一生坎坷的经历：第一程，从农村到军营（童年到青年）；第二程，十年番客梦（1947—1956年）；第三程，失落与追寻（1956—1990年），最后的补偿（1990—2000年）。

吴长榆捐建泉州五中"吴长榆大楼"

10月　适逢泉州五中百年校庆，由西吴村旅菲乡侨吴长榆捐资200万元助建的泉州五中"吴长榆大楼"（教学楼）竣工。福建省人大常委会副主任张明俊等省市领导为大楼落成剪彩。

侨捐阳溪中心小学教学楼动工兴建

11月　由西吴村旅港乡贤吴远北等海内外南吴乡亲捐建的阳溪中心小学教学楼动工兴建。

旅菲乡侨捐建石厦村委会办公楼

是月　由石厦村旅菲施金梓、施仁寿等17位乡侨捐建的石厦村委会办公楼竣工。

洪祖杭捐建华侨大学洪祖杭大楼

是年　溪前村旅港乡贤洪祖杭捐建华侨大学洪祖杭大楼。该楼是华侨大学综合教学大楼及法学院办公大楼，楼高八层，建筑面积18738平方米，设有150个、200个、300个座位的梯形教室14间，普通教室17间，可容纳3900位学生同时上课。

许清辉、许陈丽容伉俪捐建"檀林文化活动中心"

同年　檀林村旅菲乡侨许清辉、许陈丽容伉俪捐建"檀林文化活动中心"，作为村民的文化活动场所。该中心于 2003 年春季竣工。

阳溪中学菲律宾校友会成立

同年　阳溪中学菲律宾校友会成立，龙园村乡侨施金城任首届理事长。

海内外乡亲捐建龙园村龙西水泥路

同年　由海内外乡亲捐建的龙园村龙西水泥路竣工。

侨捐南侨中学科学楼竣工

同年　由南侨中学菲律宾校友会、南侨中学香港校友会组织校友捐建的南侨中学科学楼竣工。

施维鹏率子捐资设立衙口中心幼儿园基金

同年　南浔村旅菲乡侨施维鹏率子嘉骑、嘉骏捐资设立衙口中心幼儿园基金。至 2020 年，施维鹏家族已向该基金捐资 587 万元。

施展望任香港福建同乡会第十七届理事长

同年　香港福建同乡会成立 63 周年暨第十七届理监事就职典礼举行，南庄村旅港乡贤施展望任第十七届理事长。

香港阳溪中学校友捐资参建阳溪中学教学楼

同年　香港阳溪中学校友捐资港币 160 万元，参建阳溪中学 5 层 30 室教学楼 1 幢。

《晋江年鉴》（2003 卷）辑录龙湖镇热心家乡公益事业的社团与个人名录

同年　《晋江年鉴》（2003 卷）辑录《光荣榜·热心家乡公益事业的社团与个人》中，旅菲龙湖同乡会、旅菲龙湖石厦同乡会、旅菲龙湖南庄同乡会、龙湖洪源理家族、龙湖留榜怀家族、旅菲龙湖英华同乡会等 6 个社团（家族），以及许永山（龙玉）、许成沛（福林）、许学禹（烧灰）、许中荣（龙玉）、许经裁（烧灰）、许清源（烧灰）、许蔚萱（福林）、吴广勇（栖梧）、吴双田（栖梧）、吴建国（栖梧）、吴玲玲（女，栖梧）、吴贻盘（栖梧）、吴清涵（栖梧）、洪汉民（后坑）、洪其民（仓上）、洪祖江（仓上）、洪祖杭（溪前）、洪祖响（仑上）、洪乾坤（仑上）、洪源乾、许蝴蝶伉俪（杭边）、洪肇顶（仑上）、洪肇程（溪前）、施文宣（衙口）、施文博（石厦）、施并票（石厦）、施至成（洪溪）、施学顺（前港）、施良瑞（前港）、施纯锡（南浔）、施并淳（衙口）、施雨良（衙口）、施雨顺（衙口）、施雨霜（衙口）、施教永（前港）、施教明（前港）、施培铨（前港）、蔡文彬（瑶厝）等38位个人上榜。

2003 年

吴映平在北京去世

1月3日　锡坑村菲律宾归侨、中联部一局副局长吴映平因病医治无效在北京去世，享年79岁。

侨捐石厦村"新刘大道"竣工

是月　由石厦村旅加乡侨刘志仁，旅港乡贤刘与跨、刘与科捐建的石厦村"新刘大道"竣工。

施子清、洪祖杭当选为全国政协第十届委员会委员

3月3日至15日　中国人民政治协商会议第十届全国委员会第一次会议在北京召开，南庄村旅港乡贤施子清、溪前村旅港乡贤洪祖杭当选为全国政协第十届委员会委员并出席会议。

施文诞任香港晋江石厦同乡会首届理事长

3月31日　香港晋江石厦同乡会成立，施文诞乡贤任首届理事长，刘与科乡贤任监事长。该会以"敦亲睦族，服务乡亲"为立会宗旨，会址设于五洲大厦10楼B座。

许有瓶捐建秀山村二中戏剧台、篮球场及周边道路

5月　秀山村旅港乡贤许有瓶、施梅兰伉俪捐资修建秀山村二中戏剧台、篮球场及周边道路一段。

栖梧小学重建工程开工

是月　由西吴村旅港乡贤吴远康独资捐建的栖梧小学新校舍开工。该工程于2004年8月竣工交付使用。

施文博、许清水、吴远康获捐赠公益事业奖

6月18日　第四届世界闽商大会在福州海峡国际会展中心举行，施文博、许清水获"福建省非公有制经济人士捐赠公益事业奖"，吴远康获"海外华侨捐赠公益事业突出贡献奖"。

施祥鹏获颁香港特区政府2003年铜紫荆星章

7月1日　香港特区政府公布授勋及嘉奖名单，衙口村旅港乡贤施祥鹏获颁2003年铜紫荆星章。

施子清任全国工商联第九届执委、副主席

是月　南庄村旅港乡贤施子清任全国工商联第九届执委、副主席。

前港村举办侨捐清輋清溪泽里大道落成庆典

8月30日　钱江大宗祠葺建落成暨清輋清溪泽里大道落成典礼在前港村举办，菲华晋江前港同乡会、香港晋江前港同乡会组团回乡参加庆典活动。

许自友独资捐建秀山小学办公楼

是月　由旅菲秀山五乡联合会第三十三届理事长许自友独资捐建的秀山小学办公楼竣工。该项目楼高3层，建筑面积828平方米，内设大礼堂"大爱堂"。

施教港捐建前港新乡"泽里大道"

同月　前港村旅菲乡侨施教港捐建前港村新乡"泽里大道"。该路为前港新村环村路。

施伟彬等捐建龙园村委会办公楼

同月　由龙园村旅港乡贤施伟彬等捐建的村委会办公楼竣工。

施教明捐建阳溪中学学殿图书楼

9月17日　前港村旅港乡贤、阳溪中学旅港校友会第三届会长施教明独资捐建的阳溪中学学殿图书楼奠基。图书楼共4层，集藏书、阅览、办公等功能为一体。

阳溪中学举行菲律宾校友会奖教奖学金颁奖仪式

同日 阳溪中学举行菲律宾校友会奖教奖学金颁奖仪式。市领导陈长庚、陈健倩、颜子鸿、吴松茂出席。

龙湖镇商会暨龙湖镇外商投资企业协会第二次会员大会召开

11月20日 龙湖镇商会暨龙湖镇外商投资企业协会第二次会员大会召开，粘为江当选龙湖镇商会会长，施天佑当选龙湖镇外商投资企业协会会长。

施维鹏获福建省人民政府立碑表彰

是月 南浔村旅菲乡侨施维鹏获福建省人民政府立碑表彰："施维鹏先生，祖籍晋江龙湖衙口。旅居菲律宾，情系桑梓，慷慨捐资兴办公益事业。为颂扬功德，特立此碑。"

吴新钿率菲律宾华文作家协会回晋江参观访问并开展文学交流

12月17日至30日 以全国政协委员陈祖昌为领队、吴新钿博士（埭头村）为会长的菲律宾华文作家协会到晋江参观访问并开展文学交流，参加"明玉杯海内外诗词大奖赛"颁奖活动。

洪祖杭获福建省政府立碑表彰

是月 溪前村旅港乡贤洪祖杭获福建省政府立碑表彰："洪祖杭先生，祖籍晋江龙湖。旅居香港，情系桑梓，慷慨捐资兴办公益事业。为颂扬功德，特立此碑。"

施维鹏获泉州市人民政府立碑表彰

同月 南浔村旅菲乡侨施维鹏获泉州市人民政府立碑表彰："旅菲侨胞施维鹏先生，祖籍晋江。旅居海外，情系桑梓，慷慨解囊，造福社会。为褒扬其功德，激励今人，垂范后世，特立此碑，以铭志之。"

恢斋中心小学菲律宾校董会成立

同月 晋江市恢斋中心小学菲律宾校董会在马尼拉成立。之后，校董会每年向恢斋中心小学捐资6万元办学经费。

旅外乡亲捐建英园小学礼堂综合楼

同月 由杭边村旅港洪秀艺、洪天送，旅菲洪我景、洪溯天、洪源捌等乡亲捐建的英园小学礼堂综合楼竣工。

旅外乡亲捐建埭头村文体活动中心

是年 埭头村旅居印尼乡侨吴玉玲偕同夫婿陈迪鹏，旅菲吴成就、洪玉印伉俪，吴成都、郑明明伉俪，吴修流、叶玉香伉俪，吴今焕、洪丽旋伉俪，旅港吴身树、黄琼瑶伉俪，吴谨慎、吴清标等捐资参建埭头村文体活动中心。

施清荤、施清溪捐建前港村"清荤清溪大道"

同年 前港村旅港乡贤施清荤、旅菲乡侨施清溪昆仲捐建前港村"清荤清溪大道"。

旅外乡亲捐建埔头村至云峰中学水泥路

同年 旅菲乡侨施振钦、旅台乡贤等集资捐建埔头村至云峰中学水泥路。

侨捐南侨中学"菲华抗日烈士施华山纪念楼"竣工

同年 由衙口村旅菲施修国家族、施雨良捐建的南侨中学"菲华抗日烈士施华山纪念楼"（现男学生公寓）竣工。

郭振煌、李淑密伉俪捐建育才小学"振煌教育综合楼"

同年 后溪村旅菲乡侨郭振煌、李淑密独资捐建育才小学"振煌教育综合楼"。

施能狮捐资美化衙口鸳鸯池、中池和外池

同年 衙口村旅港乡贤施能狮独资捐赠美化衙口鸳鸯池、中池和外池费用。

施维雄、施能祥等捐资设立龙园村长虹基金会

同年 龙园村旅菲乡侨，旅港施维雄、旅澳施能祥等捐资设立龙园村长虹基金会。

《晋江年鉴》（2004卷）辑录龙湖镇热心家乡公益事业社团与个人名录

同年 《晋江年鉴》（2004卷）辑录《光荣榜·热心家乡公益事业的社团与个人》中，旅港龙湖石厦同乡会、旅菲龙湖南庄同乡会、龙湖衙口菲港澳同乡会、龙湖阳溪中心小学旅菲校董会、龙湖阳溪中学校友会等5个社团，以及刘与跨（石厦）、刘与科（石厦）、刘志红（石厦）、许文池（梧坑）、许天贡（福林）、许书煜（福林）、许永山（龙玉）、许成沛（福林）、许仲荣（龙玉）、许自暖（梧坑）、许金镪（福林）、许秋水（福林）、许谋池（梧坑）、吴远康（西梧）、吴维新（吴厝）、陈美华（女，梧坑）、洪秀艺（女，杭边）、洪我荣（溪前）、洪祖杭（溪前）、洪溯天（杭边）、洪源汀（杭边）、洪源捌（杭边）、洪肇程（溪前）、施乃康（洪溪）、施文宣（南浔）、施文博（石厦）、施至成（洪溪）、施至锦（衙口）、施伟彬（龙园）、施纯衷（鲁东）、施纯锡（南浔）、施雨良（衙口）、施栋梁（新街）、施教项（后宅）、施能弟（龙园）、施能狮（衙口）、施能祥（龙园）、施维雄（龙园）、施朝坤（后宅）、施朝福（后宅）、施群（新丰）等41位个人上榜。

2004 年

蔡锡镪捐建瑶厝村"庆銮大道"

1月 由旅菲瑶厝村乡侨蔡锡镪独资捐建的"庆銮大道"竣工。

张上顶捐建的新埔村全村水泥道路工程举行落成竣工剪彩

2月1日 新埔村旅港乡贤张上顶捐资50多万元修建的新埔村全村水泥道路工程举行落成竣工剪彩。

蔡锡镪获泉州市人民政府立碑表彰

2月26日 瑶厝村旅菲乡侨蔡锡镪获泉州市人民政府立碑表彰："旅菲侨胞蔡锡镪先生，祖籍晋江。旅居海外，情系桑梓，慷慨解囊，造福社会。为褒扬其功德，激励今人，垂范后世，特立此碑，以铭志之。"

许自钦任菲律宾菲华工商总会第四届理事长

是月 石龟村旅菲乡侨许自钦当选菲华工商总会第四届理事长。该会成立于 1998 年 1 月，是菲华三大商业社团之一。

洪祖杭获泉州市人民政府立碑表彰

4 月 溪前村旅港乡贤洪祖杭获泉州市人民政府立碑表彰："旅港同胞洪祖杭先生，祖籍晋江。旅居香港，情系桑梓，慷慨解囊，造福社会。为褒扬其功德，激励后世，特立此碑，以铭志之。"

旅菲埭头同乡会回乡参加庆典

5 月 8 日 旅菲晋江埭头同乡会回乡庆贺团一行 60 多人回乡参加庆典活动。回乡庆贺团成员有理监事、青年组、篮球队等，他们参加了鱼池、公路等设施工程的落成剪彩仪式。

香港阳溪联谊会成立

5 月 16 日 香港阳溪联谊会成立，古盈村乡贤吴天赐任首届会长、创会会长。该会的乡村单位为南吴八乡，即埭头、锡坑、古盈、枫林、古湖、洋垵、吴厝、西吴等村。

施华民策划组织中巴建交 30 周年暨巴西卢拉总统访华庆典

同日 湖北村旅巴乡侨施华民策划组织巴西中华总商会（筹）在巴西独立公园举行的中巴建交 30 周年暨巴西卢拉总统访华庆典。

施至成获福建省人民政府立碑表彰

是月 洪溪村旅菲乡侨施至成获福建省人民政府立碑表彰："施至成先生，祖籍晋江。旅居菲律宾，情系桑梓，慷慨捐资兴办公益事业。为颂扬功德，特立此碑。"

施恭旗任菲律宾宋庆龄基金会会长

6 月 16 日 菲律宾宋庆龄基金会在马尼拉成立，前港村乡侨施恭旗任菲律宾宋庆龄基金会会长。晋江旅菲知名人士陈永栽、姚荣辉、陈祖昌分别任该会荣誉董事长、董事长、创会会长，被誉为"钻石组合"。

菲律宾宋庆龄基金会的创会宗旨是秉持宋庆龄女士关心妇幼、扶助少儿文教事业的精神，从事妇幼保健、少儿文教福利和社会扶贫事业，做到立足菲律宾，深耕菲律宾，爱洒菲律宾。

吴天赐、施维雄在香港获"世界杰出华人奖"

6月26日　在香港获"世界杰出华人奖"的10位成功人士中，古盈村旅港乡贤吴天赐、龙园村旅港乡贤施维雄榜上有名。

洪祖杭、吴海滨分别获香港特区政府委任、授勋

7月1日　香港特区政府公布授勋及嘉奖名单，溪前村旅港乡贤洪祖杭获委任为太平绅士，锡坑村旅港乡贤吴海滨获颁荣誉勋章。

海内外梧坑村乡亲捐建启文小学新校区

7月23日　启文小学新校区动工兴建。该项目由海内外梧坑村乡亲捐建，其中旅港许谋池乡贤捐资120万元，许自逸乡贤捐资60万元，许文池乡贤捐资20万元。

施颖洲获第三届"扶西·黎刹杰出华裔菲人奖"终身成就奖

7月30日　菲律宾第三届"扶西·黎刹杰出华裔菲人奖"假华裔青年联合会举行颁奖大会，前港村旅菲乡侨施颖洲荣获终身成就奖。文官长罗慕洛代表菲总统阿罗约主持颁奖礼。

港澳龙园同乡会成立

8月4日　港澳龙园同乡会成立庆典暨首届理监事就职典礼举行，施维雄乡贤任首届理事长。福建省侨办、福建省海外联谊会、中共晋江市委统战部、中共龙湖镇党委、龙湖镇人民政府等单位致电祝贺。

许秋水获泉州市人民政府立碑表彰

是月　檀林村旅菲乡侨许秋水获泉州市人民政府立碑表彰："侨亲许秋水先生，祖籍晋江，旅居海外，情系桑梓，慷慨解囊，造福社会。为褒扬其功德，垂范后世，特立此碑，以铭志之。"

许晴野捐赠晋江市博物馆年画114幅

是年秋　檀林村旅港乡贤、年画收藏家许晴野将114幅年画无偿捐赠给晋江市博物馆。这批年画包括山东潍坊、兖州，陕西凤翔，河北武强，河南朱

仙镇，广东佛山，江苏南通，福建泉州、漳州以及香港等地清代、民国时期的民间艺术珍品。年画时间跨度大，内容丰富，形式多样，年味乡土气息浓郁。

"宿务无名氏（引叔）"——施维鹏在宿务去世

9月8日 南浔村旅菲乡侨施维鹏在宿务去世，享寿86岁。9月13日，祭奠仪式在宿务大同殡仪馆举行，来自菲律宾、中国、日本、加拿大、美国等国家和地区的170多个团体代表出席祭奠仪式。菲华商总理事长卢武敏任主祭，中国驻宿务市总领事吴连起到场慰唁，国务院侨办、福建省侨办等单位致电慰唁。

施华民当选巴西中华商会首届会长

9月19日 巴西中华商会在巴西圣保罗拉美纪念馆成立，湖北村施华民乡贤当选为首届会长。

施连登先生追悼仪式举行

10月15日 衙口村村民及各界人士为旅菲乡亲施连登举行追悼仪式。

许自月捐建秀山村"书阔大道"

是月 历山村旅菲乡侨许自月捐建历山村通往石狮市区的"书阔大道"及"怀乡亭"1座。

旅外乡亲回乡参加阳溪中心小学建校70周年庆典

同月 阳溪举办中心小学建校70周年庆典，同时举行由海内外乡亲捐建的新校区竣工剪彩仪式。旅菲阳溪校董会及中国香港、澳门乡亲组团回乡参加庆典。

瑶山小学举办建校60周年庆典

同月 瑶山小学举办建校60周年庆典。瑶厝村旅居菲律宾以及中国港澳地区的乡亲出席庆典。

施维鹏先生追思会在衙口中心幼儿园举行

11月11日 "侨领施维鹏先生追思会"在衙口中心幼儿园大礼堂举行。福建省侨联、中共泉州市委、泉州市人民政府、泉州市外侨办、厦门市侨办、中共晋江市委、晋江市人民政府、晋江市侨台外事局、晋江市侨联、中共龙湖镇党委、龙湖镇人民政府、龙湖镇侨联、菲律宾衙口同乡会、南侨中学、衙口中心小学、衙口幼儿园等28个单位代表，衙口村、南浔村乡亲参会并致赠花篮。全国侨联副主席、福建省侨联主席李欲晞代表省、泉州市、晋江市和龙湖镇侨联在会上致辞。

中国纺织工业协会考察百宏集团等三资纺织企业

11月3日 中国纺织工业协会副会长陈树津一行在省市各级领导的陪同下，到龙湖镇调研考察申报产业集群纺织特色产业城镇情况，实地考察百宏集团、三福公司、宏达纺织公司、利瑶集团。随后在龙湖镇政府召开"中国纺织名镇"申报工作汇报会。

阳溪中学旅港校友会第四届理事就职

11月17日 阳溪中学旅港校友会成立8周年暨第四届理事就职典礼在湾仔会议展览中心会议厅举行。施华民乡贤任新届会长，吴玲玲乡贤任理事长。

香港龙湖同乡联谊会成立

12月12日 香港龙湖同乡联谊会成立大会暨首届理监事就职典礼在香港湾仔会议展览中心五楼宴会厅举行。香港特别行政区律政司司长梁爱诗，全国政协常委黄光汉，全国政协委员、福建社团联会执行主席李群华，中联办协调部部长王永乐担任主礼嘉宾。

首届理监事会主要负责人为：创会会长施子清、洪祖杭、吴天赐、许其昌，会长施能狮，理事长施维雄，监事长洪游奕。

旅外乡亲捐资参建内坑村新村村路、埕

是月 内坑村旅菲李文凯、李施淑惠，旅港李天清、李天怀等乡亲捐资参建内坑村新村村路、埕。

旅菲晋江内坑同乡会成立

是年 旅菲晋江内坑同乡会在马尼拉成立。

洪祖杭获晋江市人民政府授予的"慈善大使"称号

同年 洪祖杭获晋江市人民政府授予的"慈善大使"称号。

旅菲乡侨捐建吴厝村文化设施

同年 由吴厝村旅菲乡侨吴长新、吴伟念捐建的吴厝村一片区怀乡影剧台，旅菲乡侨吴超群捐建的四片区影剧台水泥埕工程相继竣工。

旅菲石龟许厝同乡会回乡省亲

同年 旅菲石龟许厝同乡会组团回石龟村省亲。

郭清泉捐建后溪村"清泉路"

同年 后溪村旅菲乡侨郭清泉捐建"清泉路"。该路从旧育才小学门口通至新小学门口。

侨捐南侨中学"陈祖昌学生公寓"、综合运动场竣工

同年 由南侨中学菲律宾校友会荣誉理事长陈祖昌捐建的南侨中学"陈祖昌学生公寓"（现女学生公寓），香港校友会、香港校友捐建的南侨中学综合运动场相继竣工。

施展望任香港福建同乡会第十八届理事长

同年 香港福建同乡会举行庆祝香港回归祖国7周年暨65周年会庆、第十八届理监事就职典礼，南庄村旅港乡贤施展望任第十八届理事长。

施金印独资捐建后宅村自来水工程

同年 后宅村旅港乡贤施金印独资捐建后宅村自来水工程。

《晋江年鉴》（2005卷）辑录龙湖镇热心家乡公益事业的社团与个人名录

同年 《晋江年鉴》（2005卷）辑录《光荣榜·热心家乡公益事业的社团与个人》中，旅菲龙湖衙口同乡会、旅港龙湖衙口同乡会、龙湖震瑶校董会、旅菲龙湖启文同乡会、龙湖阳溪小学校董会、龙湖阳溪小学香港联谊会、旅菲龙湖昭德同乡会、旅菲龙湖恢斋校董会、旅菲龙湖恢斋同乡会、龙湖瑶山小学校董会、龙湖南侨中学香港校友会、旅港龙湖檀林同乡会、旅菲

龙湖锡坑同乡会、旅港龙湖锡坑同乡会等 14 个社团，以及施文池（梧坑）、许文曲（秀山）、许天贡（福林）、许书煜（福林）、许书楚（福林）、许书爆（福林）、许有可（福林）、许成沛（福林）、许自灿（福林）、许自钢（福林）、许自程（福林）、许自暖（梧坑）、许杏林（梧坑）、许金鎗（福林）、许经伟（梧坑）、许经国（梧坑）、许荣华（烧灰）、许秋水（福林）、许清辉（福林）、许谋池（梧坑）、许维新（梧坑）、许福典（梧坑）、许瑞德（秀山）、苏维国（西梧）、吴天赐（新街）、吴似锦（吴厝）、吴金錶（枫林）、吴良民（古盈）、吴远北（西梧）、吴远康（西梧）、吴身谋（锡坑）、吴修便（锡坑）、吴修流（埭头）、吴绵平（吴厝）、吴绵趁（吴厝）、吴联发（古湖）、陈美华（女，梧坑）、洪良鹏（烧灰）、洪我床（烧灰）、洪祖杭（溪前）、洪游奕（烧灰）、洪源章（烧灰）、施文宣（南浔）、施至成（洪溪）、施伟彬（龙园）、施纯友（龙园）、施金印（后宅）、施教项（后宅）、施教明（前港）、施能弟（龙园）、施能狮（衙口）、郭振煌（后溪）、蔡文彬（瑶厝）、蔡天乙（瑶厝）、蔡庆隆（瑶厝）、蔡伟廉（瑶厝）、蔡锡鑛（瑶厝）、戴乌耍（女，锡坑）等 58 位个人上榜。

2005 年

施振源捐资助建北京奥运会游泳馆

1 月　龙园村旅菲乡侨施振源向正在兴建的北京奥运会游泳馆捐献 1 万元美金，支持中国政府举办 2008 年奥运会。

香港鲁东同乡会成立

2 月　香港鲁东同乡会成立，施志远乡贤任首届会长。

香港龙湖同乡联谊会组团回乡考察访问

4 月 2 日　香港龙湖同乡联谊会回乡工商考察访问团一行回晋江参访，分别与晋江市、龙湖镇相关领导座谈。座谈会上，市镇政府介绍改革开放以来，家乡在政治、经济、文化各方面的飞速发展。访问团一行还考察了几家著名的乡镇企业。

许晴野于香港病逝

是月 檀林村旅港乡贤许晴野病逝。许晴野原名有晴，别署木味斋主，当代香港知名的篆刻家、版画家，中国民间木版年画收藏家。

施振源率菲律宾晋江同乡总会访问团访华

7月11至16日 应国务院侨办的邀请，以理事长施振源（龙园村）为团长的菲律宾晋江同乡总会访华团一行46人，先后访问了北京、福州、泉州、晋江等地。

洪祖杭、吴连城分别获香港特区政府授勋

是月 香港特别行政区政府为表彰一批为"一国两制"、香港特区作出成绩和贡献及致力于参与社区服务的香港同胞，授予溪前村籍乡贤洪祖杭"铜紫荆星章"，古盈村籍乡贤吴连城"荣誉勋章"。

上海市人民政府授予施恭旗"上海市荣誉市民"称号

8月12日 上海市第十二届人民代表大会常务委员会第二十一次会议，审议了上海市人民政府关于提请审议授予英国籍人士高博文和菲律宾籍人士施恭旗"上海市荣誉市民"称号的议案。根据《上海市授予荣誉市民称号规定》，会议决定同意上海市人民政府的提名，授予英国籍人士高博文和菲律宾籍人士施恭旗"上海市荣誉市民"称号。

旅菲晋江龙玉同乡会庆祝会所新厦落成典礼举行

9月18日 旅菲晋江龙玉同乡会庆祝会所新厦落成暨第五十七连五十八届理监事就职典礼在岷里拉大旅社举行。上午10时，旅菲晋江龙玉同乡会热烈庆祝新厦落成剪彩祝福礼在会所新厦举行。

西吴村栖梧小学新校舍暨仁远、重光水泥大道落成庆典举行

10月18日 西吴村举行栖梧小学新校舍暨仁远、重光水泥大道落成庆典。仁远大道自檀林至加曾寨，由旅港乡贤吴远康、吴远北、吴远场昆仲捐建；重光大道自旧西吴至鸟篮埔，由旅港乡贤吴贻阔捐建。

香港晋江厚泽乡亲会成立

是月 香港晋江厚泽乡亲会成立，施并偶任首届会长。

海内外乡亲捐资设立栖梧小学教育基金

同月 西吴村旅外乡亲吴文仁、吴长焙、吴清涵、吴远北等36位乡贤捐资设立栖梧小学教育基金。该基金还用于建设学校广场、运动场、绿化工程，购置教育教学设备设施等。

施至成为晋江SM广场开业剪彩

11月26日 洪溪村旅菲乡侨施至成偕子女回到故乡晋江为SM广场开业剪彩。

施能狮率广东省工商联晋江商会考察团返晋江考察

11月29日至12月1日 衙口村旅港乡贤、广东省工商联晋江商会施能狮会长率考察团返晋江考察。市领导李建国、杨益民、丁聪枝、高向荣、洪学谋出席座谈会。考察团实地参观市博物馆、五里科技工业园区及恒安、浔兴、七匹狼等企业，并向市慈善总会捐赠50万元。

旅菲萧妃（烧灰）同乡会成立
12月10日 旅菲萧妃（烧灰）同乡会成立。

旅外乡亲捐资参建溪后村中堡"骆驼路"水泥路面

是年 溪后村旅菲乡侨洪祖嚎、洪清腾，旅港乡贤洪肇服等捐资参建溪后村中堡"骆驼路"水泥路面。

旅外乡亲捐建龙埔村委会大楼

同年 龙埔村旅菲施纯昌、吴金盾伉俪，旅港刘德伟、吕梅梅伉俪，旅港刘与限、施丽芽伉俪联袂捐建龙埔村委会大楼。

许清辉捐建檀林文化中心主楼

同年 檀林村旅菲乡侨许清辉捐建檀林文化中心主楼，含围墙、大门前水泥路面。

侨捐秀山村"牛磨房小径"、祖秀茂村灯光球场及道路、山脚村篮球场及剧台相继竣工

同年 由秀茂村旅港乡贤许自狮捐建的秀茂村"牛磨房小径"，旅菲乡

侨许汉昌、丽卿伉俪捐建的祖秀茂旧乡道路及灯光球场，旅菲华侨许瑞德捐资修建的山脚村篮球场及剧台等工程相继竣工。

旅外檀林村乡亲捐建檀声小学教学综合楼

同年　檀林村旅菲乡侨许天贡、许秋水，旅港乡贤许成沛、许蔚萱、许金枪、许自灿、许书爆、许自钢等捐建檀声小学教学综合楼。

侨建恢斋小学建筑群竣工

同年　由旅外乡亲捐建的恢斋小学建筑群竣工。该项目由龙园村旅港乡贤施维雄、施伟彬，陈店村施能佳、施青岛乡贤偕同旅菲、旅澳及内地乡亲捐建，占地 57 亩，包括教学楼、礼堂、科学楼、办公楼、教师宿舍楼等，建筑面积 9000 多平方米。

施能狮独资捐建南侨中学女学生宿舍楼"玉华斋"

同年　由衙口村旅港乡贤、南侨中学董事会永远荣誉董事长施能狮独资捐建的女学生宿舍楼"玉华斋"竣工。

吴天赐等乡贤捐资支持古盈村新农村建设

同年　古盈村旅港吴天赐等乡贤，旅菲晋江同济社捐资支持古盈村新农村建设。

《晋江年鉴》（2006 卷）辑录龙湖镇热心家乡公益事业的社团与个人名录

是年　《晋江年鉴》（2006 卷）辑录《光荣榜·热心家乡公益事业的社团与乡亲》中，旅菲龙湖石龟许厝同乡会、旅澳龙湖石龟许厝同乡会、旅港龙湖石龟许厝同乡会、旅菲龙湖昭德同乡会、旅菲龙湖古盈同济社、旅港龙湖古盈同乡会等 6 个社团及刘与科（石厦）、许文池（梧坑）、许文曲（秀山）、许友瓶（秀山）、许书业（石龟）、许书勇（石龟）、许自义（埔锦）、许自暖（梧坑）、许杏杯（梧坑）、许经纬（梧坑）、许经图（梧坑）、许清本（石龟）、许谋池（梧坑）、许维新（梧坑）、许福典（梧坑）、吴天赐（古盈）、吴玉树（锡坑）、吴良元（古盈）、吴良民（古盈）、吴远北（西吴）、吴春芳（古湖）、吴修流（埭头）、吴联发（古湖）、洪祖杭（溪前）、施万港（前港）、施文博（洪溪）、施文朝（前港）、施天仁（石厦）、施少雄（龙园）、施少雄（衙口）、施伟彬（龙园）、施雨霜（衙口）、施性江（衙口）、施荣德（龙园）、施勇力（前港）、施家约（前港）、施家概（前港）、施教永（前港）、施教明（前港）、施教益（前港）、施教焕（前港）、施恭旗（前港）、施能弟（龙园）、施能狮（衙口）、施清莘（前港）、施清溪（前港）、施梅兰（石厦）、施培铨（前港）、施维雄（龙园）、蔡连造（瑶厝）等55位个人上榜。

2006 年

许晴野捐赠的年画在晋江博物馆展出

1月29日至2月4日　檀林村旅港乡贤、年画收藏家许晴野捐赠给晋江市博物馆的114幅年画（包括台湾、福建、广东、山东等地清代、民国期间的艺术珍品）在晋江博物馆展出。

香港龙湖同乡联谊会组团考察东莞市龙湖乡贤企业

4月1至2日　香港龙湖同乡联谊会考察访问团一行63人前往东莞市参观名誉会长董吴玲玲创办的明彩控股有限公司、副监事长洪重庆创办的捷和实业公司、副理事长许鸿仪先生创办的天祥电子塑胶制品厂。

香港金保利源（国际）公司能源研发制造基地项目在晋江签约

4月14日　溪前村旅港乡贤洪祖杭率经贸考察团回晋江考察投资。在市领导李建国、杨益民、王远东、高向荣、张永宁、庄铭理的陪同下参观泉州出口加工区、五里工业园区。市政府与洪祖杭先生旗下的香港金保利源（国际）公司举行投资10亿元人民币的能源研发制造基地项目签约仪式。市长杨益民、旅港乡贤洪祖杭分别代表双方签字。市领导郑道溪、朱明、李建国、曾华彬出席，市直有关单位领导、企业界代表参加。

施维鹏纪念文集《永远的无名氏》出版

5月　南浔村旅菲乡侨施维鹏大型纪念文集《永远的无名氏》由菲律宾华教中心编辑、中国大百科全书出版社出版。该书精装彩印，正度9开160印张，中英双语版。该书选编了记载施维鹏从事商务、社会事务、慈善公益的重要片段，"颂扬和传承的是优秀的中华文化传统"。

香港龙湖同乡联谊会组团考察中山市龙湖乡贤企业

6月3日 香港龙湖同乡联谊会考察访问团一行前往中山市参观理事长施维雄创办的怡高安迪有限公司、副理事长许成沛创办的德顺集团公司。

吴长榆向丰泽区慈善会捐献10万元慈善爱心款

6月14日 丰泽区政府举行简单的捐赠仪式，西吴村旅菲乡侨吴长榆向即将成立的丰泽区慈善会捐款10万元人民币，作为该会的儿童专项福利基金。吴老先生的太太丁玉琼女士，胞弟吴长辉，丰泽区政府谢再钟区长及区直有关部门负责人参加了捐赠仪式。

施至成、陈湘霞伉俪捐建强民幼儿园教学楼

7月1日 洪溪村旅菲乡侨施至成、陈湘霞伉俪率子女施蒂丝、施美智、施俊龙、施汉生、施汉铭、施汉麟捐建强民幼儿园教学楼。

洪祖杭到晋江市考察并举行台湾工业技术开发报告会

7月17日 溪前村旅港乡贤、全国政协委员、香港金宝利集团主席洪祖杭到晋江市考察，并在市专家活动中心举行台湾工业技术开发报告会。省市各级领导邹哲开、曾华彬、杨益民、张永宁出席。

吴长榆任菲律宾延陵吴氏宗亲总会创会会长、首届理事长

8月20日 菲律宾延陵吴氏宗亲总会庆祝成立暨首届职员就职典礼泊会员联欢大会在马尼拉世纪海鲜酒家举行，西吴村旅菲乡侨吴长榆任创会会长、首届理事长。

施教评、施金榜获颁"从事侨联工作20年以上"证书

9月 时值中国侨联成立50周年，龙湖镇侨联驻会副主席施教评、驻会常务委员施金榜获中华全国归国华侨联合会"从事侨联工作20年以上，不辞辛苦地为广大归侨侨眷和海外侨胞服务"证书。

海外侨胞组团参加恢斋中心小学建校61周年庆典

10月14日 恢斋中心小学举行建校61周年庆典暨新校舍落成剪彩。市领导张永宁、张景锻、洪学谋和当地海外侨胞、港澳台同胞及其他各界代表人士参加剪彩仪式。

海内外校友、嘉宾参加阳溪中学建校 50 周年庆典

是日 阳溪中学举办建校 50 周年庆典活动，阳溪中学菲律宾校友会、旅港校友会组成盛大的庆贺团回乡参加母校校庆活动。

海内外校友、嘉宾参加南侨中学建校 60 周年庆典

10 月 15 日 南侨中学举行建校 60 周年庆典。中共中央对外联络部副部长周珊珊、省教育厅厅长鞠维强、省侨联主席李欲晞，市领导施并章、陈健倩、颜子鸿，以及南侨中学菲律宾、中国香港和内地校友参加。

香港龙湖同乡联谊会成立 2 周年暨第二届理监事就职典礼举行

12 月 8 日 香港龙湖同乡联谊会成立 2 周年暨第二届理监事就职典礼在北角新都会大酒楼举行。施能狮乡贤任永远荣誉会长，施维雄乡贤任会长，许鸿仪乡贤任理事长，洪游奕乡贤任监事长。

香港萧妃（烧灰）同乡会成立

12 月 10 日 香港萧妃（烧灰）同乡会成立暨第一届理监事就职典礼在北角新都会大酒楼举行，许华沙任会长，洪游奕任理事长，许维姜任监事长。龙湖镇党委书记张汉杰，施子清、洪祖杭、吴天赐等龙湖镇乡贤到会祝贺，旅菲萧妃（烧灰）同乡会由许学禹乡贤率庆贺团参会。

施纯锡获授晋江市"慈善大使"称号

12 月 12 日 晋江市人民政府授予南浔村旅港乡贤施纯锡"慈善大使"荣誉称号。

许中荣向龙玉村老人捐赠养老金

是年 龙玉村旅菲乡侨许中荣为龙玉村 80 岁以上老人发放养老金。该笔善款发放每人每年 200 元，年累计发放 30 余万元。

侨捐南侨中学"施修国颜乌金艺术楼"竣工

同年 由衙口村旅菲乡侨施修国家族，施雨露、施雨水、施雨霜、施雨良昆仲捐建的南侨中学"施修国颜乌金艺术楼"竣工。

洪游奕捐赠烧灰村新农村建设资金及老协会活动经费

同年 烧灰村旅港乡贤洪游奕捐赠烧灰村新农村建设资金30万元、烧灰村老协会活动经费40.5万元。

施学顺、施清辇、施清溪等捐建前港村真如殿

同年 前港村旅港乡贤施学顺、施清辇，旅菲乡侨施清溪倡导并带头乐捐前港村古迹真如殿建设基金。

吴明月、吴维新捐资重建阳溪中学大门

同年 洋垵村旅港乡贤吴明月、吴维新捐资重建阳溪中学大门。

《晋江年鉴》（2007卷）辑录龙湖镇热心家乡公益事业的社团与乡亲名录

同年 《晋江年鉴》（2007卷）辑录《光荣榜·热心家乡公益事业的社团与乡亲》中，许经波（石龟）、许维蓄（烧灰）、吴远北（西吴）、吴远康（西吴）、洪祖杭（溪前）、洪游奕（烧灰）、施纯锡（南浔）、施清辇（前港）、施清溪（前港）等9位上榜。

2007年

许胜炎、许重庆、许天贡家族捐献"绿野山房"

1月10日 檀林村许胜炎、许重庆、许天贡家族慨然将坐落于檀林家乡之书房连同附属建筑等一并捐献予龙湖镇福林村，以作公益之用。2017年5月19日，龙湖镇人民政府具函鸣谢："感谢贵家族秉承先贤许书昌、许书卷昆玉高怀雅量、造福社会之仁风……瑰意琦行，诚堪仰止，殊为楷模，千秋永昭。"

旅港施氏乡贤捐资参建内坑村路、埕

是月 内坑村旅港施甘树、施纯敦、施养远、施建设、施振辉等乡贤捐资参建内坑村路、埕。

施能狮向晋江市慈善总会捐赠100万元

2月25日 衙口村旅港乡贤，信义集团董事、总经理，广东省工商联晋

江商会会长施能狮向晋江市慈善总会捐赠 100 万元。市领导杨益民、李建辉出席捐赠仪式。

香港晋江南庄同乡会成立

是月　香港晋江南庄同乡会成立。

吴世泽任旅菲各校友会联合会第六届主席

3 月 22 日　旅菲各校友会联合会第六届就职典礼在岷里拉大酒店举行，西吴村旅菲乡侨吴世泽任新届主席。中国驻菲大使李进军担任主讲人，商总理事长蔡聪妙为新届监誓。

香港龙湖同乡联谊会召开第二届第二次理监事会议

3 月 31 日下午　香港龙湖同乡联谊会庆贺洪游奕监事长创办的维珍妮国际有限公司获"2006 年度企业奖"殊荣暨召开第二届第二次理监事会议。

洪游奕捐资助建安溪县维珍妮希望小学

3 月　烧灰村旅港乡贤洪游奕随香港福建希望工程基金会访闽团到安溪县访问。其间，洪游奕捐资助建安溪县维珍妮希望小学。小学总占地面积 400 多平方米，建筑面积 700 平方米。

施子清在第二届世界闽商大会上宣读《闽商宣言》

5 月 17 日上午　第二届世界闽商大会在福建会堂开幕。来自海内外 1500 多位闽籍工商界精英会聚闽都，畅叙乡情，沟通交流，共谋海西发展。南庄村旅港乡贤、全国工商联副主席、恒通资源集团董事长施子清代表全体闽商宣读《闽商宣言》。

香港萧妃（烧灰）同乡会会所开幕

7 月 28 日　位于香港北角英皇道 395 号侨冠大厦的香港萧妃（烧灰）同乡会会所开幕。

澳门南庄同乡会成立

是月　澳门南庄同乡会成立，施新平乡贤任首届会长。

施教明当选香港晋江同乡会、世界晋江同乡总会会长

8月10日 香港晋江同乡会第十二届董事会、世界晋江同乡总会第六届董事会就职庆典在香港湾仔会展中心举行，前港村旅港乡贤施教明当选香港晋江同乡会、世界晋江同乡总会会长。中央人民政府驻香港联络办公室、福建省人民政府、江苏省政协、江苏省委统战部等单位有关领导以及来自海内外20多个晋江籍社团组团到会祝贺，2000多名宾客参加了活动。

施能錼、王碧华伉俪捐建龙园村5号路口至村委会水泥路

是月 龙园村旅港施能錼、王碧华伉俪捐建龙园村5号路口至村委会水泥路。

秀山村老人活动中心大厦竣工

同月 由秀山村旅港许有瓶施梅兰伉俪、许自狮乡贤，旅澳许文曲、蔡秀凤伉俪首捐启动资金，海内外乡亲集资100多万元重建的秀山老人活动中心大厦竣工。

晋江市逸海国际产业园在龙湖正式奠基

9月28日 晋江市逸海国际产业园在龙湖正式奠基。该园由梧坑村旅港乡贤许自逸投资，是晋江市首个港商独资的专业化标准厂房园区。市领导杨益民、李建辉、王景星出席奠基仪式。

晋江龙湖商会暨外商投资企业协会第三次会员大会召开

12月10日上午 晋江龙湖商会暨外商投资企业协会第三次会员大会召开。市领导周伯恭、洪学谋出席。

海外、港澳乡亲组团参加侨英小学建校60周年庆典

10月29日 侨英小学建校60周年庆典暨幼儿园综合大楼剪彩仪式举行。海外乡亲、港澳乡亲组团参加本次庆典。福建省侨联副主席林泽春、龙湖镇镇长陈希轩、旅港洪祖杭乡贤特派代表洪嘉梁、菲华英林洪氏家族总会庆贺团团长洪健雄、菲律宾六桂堂宗亲总会庆贺团团长洪我景、旅菲英华同乡会庆贺团团长洪安泰、香港庆贺团团长洪肇程等为幼儿园综合大楼剪彩；当地海外侨胞、港澳台同胞及其他各界代表人士参加庆典。

施恭旗向世界特殊奥林匹克运动会捐赠 1000 万元

是月 前港村旅菲乡侨施恭旗向在上海召开的世界特殊奥林匹克运动会捐赠 1000 万元。

许克宜任菲律宾中国商会董事局主席

11 月 菲律宾中国商会成立暨首届职员就职典礼在马尼拉举行,梧坑村乡侨许克宜被推选为董事局主席。菲律宾总统阿罗约在成立大会上为商会监誓,并发表了近 30 分钟的讲话。她希望中国商会能为增进中菲两国友谊、提升菲国贸易与投资额和增加就业做出贡献。菲律宾众议长、参议长、工商部长、国警总监、移民局长等政要参加了成立大会。菲律宾商总理事长陈本显见证了中国商会董事局向第一任会长郭从愿授印。

多位龙湖籍乡贤获授"慈善世家""慈善家""慈善大使"称号

12 月 5 日 晋江市人民政府授予 58 位慈善事业突出贡献人士"慈善世家""慈善家""慈善大使"荣誉称号,其中龙湖镇旅外乡贤施文博被授予"慈善世家",施纯锡、吴远康、施天佑被授予"慈善家",许维蓄、洪清凉被授予"慈善大使"荣誉称号。

多位龙湖籍乡贤出席晋江市撤县建市 15 周年庆典大会

12 月 8 日上午 晋江市撤县建市 15 周年庆典大会在祖昌体育馆举行,龙湖镇旅港乡贤施子清、洪祖杭、施文博、施教明等出席庆典大会。

香港龙湖同乡联谊会庆贺团参加晋江市建市 15 周年纪念活动

是日 香港龙湖同乡联谊会庆贺团一行回乡参加晋江市建市 15 周年纪念活动;并于 12 月 10 日前往故乡龙湖镇省亲,与镇政府、镇侨联、镇商会举行座谈会,交流商业信息,联络乡亲情谊。庆贺团以永远荣誉会长施能狮、会长施维雄、理事长许鸿仪为团长。

洪游奕任世界晋江青年联谊会首届会长

12 月 10 日 世界晋江青年联谊会(World Jinjiang Youth Association)在福建晋江成立,烧灰村旅港乡贤洪游奕当选为会长。该会成员来自中国香港、中国澳门、中国台湾以及菲律宾、新加坡、马来西亚、印尼、泰国、加拿大、澳大利亚、缅甸、罗马尼亚、英国等 13 个国家和地区近 300 人。世界晋江青年联谊会是由晋江各界青年代表同港澳台、海外晋江籍优秀青年组成的联谊性、非营利性的社会团体。

洪清凉捐建英园小学"洪我河纪念楼"

12 月 杭边村旅港乡贤洪清凉捐建英园小学"洪我河纪念楼"。

海内外乡亲捐建浔联小学新校区

年底 由菲律宾、港澳台及内地乡亲捐建的浔联小学新校区竣工启用。该项目占地 21 亩，耗资 600 多万元，其中旅菲乡侨施能业捐资 90 万元，旅居巴西乡侨施华民昆仲捐资 81 万元，旅港乡贤施性远捐资 53.5 万元。

施振钦捐建埔头村前溪桥至馆仔口水泥路

是年 埔头村旅菲乡侨施振钦捐建埔头村前溪桥至馆仔口水泥路。

郭木坤、陈秀敏伉俪捐建育才小学电脑室

同年 后溪村旅菲乡侨郭木坤、陈秀敏伉俪捐建育才小学电脑室。

施毓灿获香港青年工业家奖

同年 湖北村旅港乡贤、跨国公司科锐亚太区副总裁、香港华刚光电集团有限公司董事总经理施毓灿与另外四人获香港青年工业家奖。

吴身树、吴金鍼、吴明慰捐资参建阳溪幼儿园

同年 埭头村旅港乡贤吴身树、吴金鍼，旅澳乡贤吴明慰捐资参建阳溪幼儿园。

吴金錶捐建枫林村文化中心广场、灯光篮球场

同年 由枫林村旅澳乡贤吴金錶捐建的村文化中心广场、灯光篮球场竣工。

吴健南捐建古盈村文化活动中心"信德楼"

同年 古盈村旅港乡贤吴健南资捐建古盈村文化活动中心"信德楼"。

洪游奕独资捐建烧灰村新农村建设——雅俗小区6号楼

同年　烧灰村旅港乡贤洪游奕独资捐建烧灰村新农村建设——雅俗小区6号楼。

施振声捐建南侨中学教师公寓"留声阁"

同年　由旅港校友施振声捐建的南侨中学教师公寓"留声阁"竣工。

《晋江年鉴》（2008卷）辑录热心家乡公益事业的单位与个人名录

同年　《晋江年鉴》（2008卷）辑录《光荣榜·热心家乡公益事业的单位》中，香港瑶厝同乡会、香港衙口同乡会上榜；《热心家乡公益事业的同胞》中，王千尘（新丰）、许文曲（秀山）、许友瓶（秀山）、许华沙（烧灰）、许经波（石龟）、许清源（烧灰）、许维蓄（烧灰）、吴文庆（埭头）、吴仁艺（锡坑）、吴天赐（古盈）、吴成就（埭头）、吴远北（西吴）、吴良民（古盈）、吴远康（西吴）、吴身树（埭头）、吴健南（古盈）、吴金錶（枫林）、吴春芳（古湖）、洪仲育（溪后）、洪建设（仑上）、洪清凉（杭边）、洪游奕（烧灰）、施天佑（枫林）、施文博（石厦）、施文演（后宅）、施少雄（衙口）、施议锚（后宅）、施至成（洪溪）、施华民（湖北）、施志伴（埔头）、施纯铝（南浔）、施纯锡（南浔）、施青岛（陈店）、施建国（埔头）、施荣深（南浔）、施拱南（埔头）、施俊辉（后宅）、施能扁（南浔）、施能狮（衙口）、施教项（后宅）、施群芳（新丰）、粘为江（烧灰）、蔡锡（瑶厝）等43位上榜。

2008 年

施至成、陈湘霞伉俪捐建强民小学运动场

1月1日　洪溪村旅菲乡侨施至成、陈湘霞伉俪捐建强民小学运动场。

施能狮等17位龙湖籍乡贤当选为福建省第十届政协委员

1月15日　中国人民政治协商会议第十届福建省委员会第一次会议在福州召开，旅港龙湖镇17位乡亲当选为第十届省政协委员，包括：许其昌、施能狮、施维雄、施华民、施清流、施卓成、吴文拱、吴远康、施展望、施荣恒、施学顺、吴健南、董吴玲玲、施天佑、粘为江、洪清凉、吴良民等。

旅外乡亲组团参加浔联小学建校 65 周年暨新校舍落成典礼

2 月 10 日 海外侨胞、港澳同胞组团回乡参加浔联小学建校 65 周年暨新校舍落成典礼。湖北村旅菲乡侨施能业任浔联小学董事会第六届董事长。中国侨联副主席、省侨联主席李欲晞，市领导周伯恭、陈健倩、洪学谋、颜子鸿、施能坑，旅港乡贤施教明、施华民、施能狮以及菲律宾、香港庆贺团参加。

许学禹、施幼治伉俪捐建烧灰村西头伴月池

是月 由烧灰村旅菲乡侨许学禹、施幼治伉俪捐建的烧灰村西头伴月池工程竣工。

施祥鹏、施子清、洪祖杭当选为全国政协第十一届委员会委员

3 月 3 日至 15 日 中国人民政治协商会议第十一届全国委员会第一次会议在北京召开，施祥鹏、施子清、洪祖杭乡贤当选为全国政协第十一届委员会委员并出席会议。

3 月 15 日 衙口村旅港乡贤施祥鹏当选为第十一届全国政协港澳台侨委员会副主任，南庄村旅港乡贤施子清当选为第十一届全国政协文化文史和学习委员会副主任，溪前村旅港乡贤洪祖杭当选为第十一届全国政协常务委员。

施教明出席新加坡晋江会馆成立 90 周年庆典

3 月 22 日 前港村旅港乡贤、世界晋江同乡总会会长施教明出席新加坡晋江会馆成立 90 周年庆典。

香港龙湖同乡联谊会回乡省亲

4 月 5 日 香港龙湖同乡联谊会回乡省亲团一行 31 人由监事长洪游奕乡贤率领，回晋江拜访龙湖镇政府，与镇政府相关领导座谈交流。

洪游奕向晋江市慈善总会定向捐赠

是月 烧灰村旅港乡贤洪游奕向晋江市慈善总会定向捐赠 800 万元。

洪祖杭参加 2008 年夏季奥林匹克运动会火炬接力香港站传递

5 月 2 日 溪前村旅港乡贤洪祖杭参加 2008 年夏季奥林匹克运动会火炬接力香港站传递，排序第 38 位，路段 2（青马大桥）。该次火炬接力活动

是香港自 1964 年东京奥运会首次参与火炬接力以来，奥运圣火再次登临香港。洪祖杭乡贤时任香港体育总会会长、香港体育舞蹈联盟会长、大型体育活动委员会副主席、全国政协常委。

施恭旗向四川汶川地震灾区追捐 1000 万元

5 月 12 日　四川省汶川县发生特大地震，已在第一时间捐出 200 万元的旅菲前港籍乡侨施恭旗在进一步了解灾情后，又立即致电国务院侨务办公室主任李海峰，通过国务院侨办和中国侨商会投资企业协会向灾区追加捐款 1000 万元。

施能煌任菲律宾晋江西浔联乡会新届理事长

6 月 15 日　菲律宾晋江西浔联乡会第五十九连六十届职员就职典礼举行，施能煌任新届理事长。

施世筑获颁香港特区政府 2008 年荣誉勋章

7 月 1 日　香港特区政府公布授勋及嘉奖名单，坑尾村旅港乡贤施世筑获颁 2008 年荣誉勋章。

施纯立任旅菲晋江大埔同乡会新届理事长

8 月 6 日　旅菲晋江大埔同乡会第三十八届职员就职典礼举行，施纯立任新届理事长。

香港龙湖同乡联谊会参加香港区议会选举和立法会港岛区补选助选活动

8 月 18 日和 12 月 2 日　香港龙湖同乡联谊会分别参加香港区议会选举和立法会港岛区补选的助选活动。在两次选举中，会长施维雄前往维园、锦屏选区组织和指导。香港龙湖同乡联谊会响应香港福建社团联会和香港晋江同乡会的呼吁，积极投入香港社会事务，希望让更多爱国爱港人士进入立法会和区议会；专门召开理监事会议，部署、发动乡亲参与并派出工作人员近百人次参加活动。

福师大发布《福建师范大学吴维新教育基金管理办法》

9 月　福建师范大学发布《福建师范大学吴维新教育基金管理办法》，文列闽师学工〔2008〕55号。该基金是由福建师范大学数学系61级校友（洋坂村旅港乡贤）吴维新捐资设立的，旨在奖励福建师范大学数学与计算机科学学院品学兼优的学生和资助该学院家庭经济困难的学生，每一学年为一个奖、助年度。

施纯衷捐建鲁东村"纯衷路"

是月 由鲁东村旅菲乡侨施纯衷捐建的"纯衷路"竣工。该项目自鲁东村树仔脚塘至衙口村北环路。

洪瑞山捐建英园小学"洪溯天纪念楼"

同月 杭边村旅菲乡侨洪瑞山捐建英园小学"洪溯天纪念楼"。

旅外乡贤捐建杆柄村委会办公楼

10月10日 由杆柄村旅菲施性宗、施嘉庆、施性炎昆仲偕同旅港、旅澳乡亲捐建的杆柄村委会办公楼竣工。

施金宏任旅菲执中联谊会新届理事长

10月12日 旅菲执中联谊会第二十九连三十届职员就职，施金宏任新届理事长。

施良瑞捐建前港村"东方大道"

是月 前港村旅菲乡侨施良瑞捐建前港村"东方大道"2条。一条自前港村至沿海大通道，另一条自衙口北示头至真如殿。

施能狮任广东省工商联晋江商会创会会长

11月 龙湖镇侨联主席施能狮任广东省工商联晋江商会创会会长。

施至成、陈湘霞伉俪捐资重新装修强民小学大礼堂

12月1日 洪溪村旅菲乡侨施至成、陈湘霞伉俪捐资重新装修晋江市龙湖镇强民小学大礼堂。

洪游奕获授晋江市"慈善家"称号

12月10日 晋江市人民政府授予洪游奕等3位慈善事业突出贡献人士

"慈善家"荣誉称号。

香港龙湖同乡联谊会庆祝成立 4 周年暨第三届理监事就职典礼举行

12 月 15 日　香港龙湖同乡联谊会庆祝成立 4 周年暨第三届理监事就职典礼在北角新都会大酒楼举行，施维雄乡贤任永远荣誉会长，许鸿仪乡贤任会长，洪游奕乡贤任理事长，洪重庆乡贤任监事长。

施子清、洪祖杭获福建省慈善总会表彰

12 月 19 日　福建省慈善总会第二次会员代表大会召开，南庄村旅港乡贤施子清、溪前村旅港乡贤洪祖杭获得表彰。

施教明率香港晋江同乡会交流访问团到晋江市考察

12 月 26 日　世界晋江同乡总会会长施教明率香港晋江同乡会交流访问团到晋江市考察。市委召开座谈会，市委书记杨益民向香港晋江乡贤介绍改革开放三十年来晋江取得的巨大变化。市领导王景星、周伯恭、陈健倩、洪于权、洪学谋参加。访问团实地考察参观市博物馆、城市规划展馆、施琅故居、施琅雕像。

侨捐尊道小学运动场等项目相继竣工

是月　侨捐尊道小学运动场等项目相继竣工，其中包括前港村旅菲乡侨施恭旗捐建的运动场塑胶跑道，菲华晋江前港同乡会捐建的校大门、围墙及校雕，前港村旅澳乡贤施志坚捐修的教学楼外墙贴砖等工程。

海内外乡亲集资捐建阳溪幼儿园、阳溪中心小学教师宿舍楼

同月　阳溪校董会发动西吴村旅港乡贤吴远北、枫林村旅澳乡贤吴金錶、吴盾村旅澳乡贤吴超群、旅菲阳溪校董会等海内外团体和个人集资捐建阳溪幼儿园、阳溪中心小学教师宿舍楼。

许中荣独资捐建龙玉村环村路

是年　龙玉村旅菲乡侨许中荣独资捐建龙玉村环村路。该项目自陈店路口至龙王庙。

洪游奕、许华沙捐赠烧灰村爱心慈善援助站

同年 烧灰村旅港乡贤洪游奕、许华沙分别向烧灰村爱心慈善援助站捐赠 200 万元、85 万元。

施纯送、戴琼玲伉俪捐建衙口村沙溪新村路

同年 衙口村旅港乡贤施纯送、戴琼玲伉俪捐建衙口村沙溪新村路。

旅外乡亲捐建埔头村综合楼

同年 埔头村旅澳乡贤施志伴、施拱南等偕同海内外乡亲捐建埔头村综合楼。该项目现为埔头村老年协会会所。

旅港乡贤捐资参建内坑村委会、老人协会会所

同年 旅港乡贤吴少白、李天泉、李其仁、吴当典、吴世光等捐资参建内坑村委会、老人协会会所。

施纯锡捐建南侨中学办公大楼

同年 由南浔村旅港乡贤、南侨中学第四届董事会董事长施纯锡捐建的南侨中学办公大楼竣工。

施文锦捐建衙口中心小学"锦清科技楼"

同年 衙口村旅港乡贤施文锦捐建衙口中心小学"锦清科技楼"。

《晋江年鉴》（2009 卷）辑录热心家乡公益事业的人士名录

同年 《晋江年鉴》（2009 卷）辑录《光荣榜·热心家乡公益事业的人士》中，刘清崖（石厦）、许维蓄（烧灰）、吴金錬（枫林）、洪清凉（杭边）、洪游奕（烧灰）、施纯锡（南浔）、施华民（湖北）、施天佑（枫林）、许其昌（石龟）、吴世泽（西吴）等 10 位上榜。

2009 年

旅外乡亲回乡参加埭头村慈济基金会成立暨捐赠仪式

4 月 5 日上午 埭头村慈济基金会成立暨捐赠仪式举行。全国政协委员、全国青联副主席、澳门立法会议员陈明金，市领导，埭头村旅居菲律宾乡亲

以及我国港澳地区乡亲出席成立仪式。

福建省教育厅为尊道小学建校 100 周年题词

4 月 28 日　福建省教育厅为尊道小学建校 100 周年题词："100 年来，晋江市尊道小学见证了我国现代教育的发展，取得显著的办学成绩。新中国成立后，特别是改革开放以来，学校全面贯彻党的教育方针，坚持育人为本，努力求索耕耘，积极进行教育改革和实验，办学条件不断改善，办学水平和效益不断提高，为当地基础教育改革与发展做出了积极贡献。"

洪祖杭到晋江市进行体育产业合作考察

5 月 29 日　全国政协常委、溪前村旅港乡贤洪祖杭与美国火箭资本投资有限公司董事总经理兼资深合伙人黄健华、中国棒球协会秘书长田原到晋江市进行为期 2 天的体育产业合作考察。

庄炎林等领导题贺尊道小学建校 100 周年

5 月至 9 月　中国侨联原主席庄炎林，国家教委副主任柳斌，福建省政协原副主席许集美，福建省侨务办公室主任曾晓民，福建省侨联原主席庄南芳，中国侨联副主席、福建省侨联主席李欲晞，泉州市委副书记黄少萍，泉州市委常委、晋江市委书记杨益民等领导题贺尊道小学建校 100 周年。

洪祖杭获香港特区政府 "银紫荆星章"

7 月 1 日　时值香港回归 12 周年之际，香港特区政府公布 2009 年授勋名单，对 444 位人士颁授勋衔及嘉奖。其中，全国政协常委、香港太平绅士、溪前村旅港乡贤洪祖杭因积极发展香港教育事业并推动香港与内地间的体育交流而荣获 "银紫荆星章"。

香港龙湖同乡联谊会组织参加 "团结自强庆回归" 12 周年大巡游

是日　香港龙湖同乡联谊会组织参加在政府大球场举行的 "团结自强庆回归" 12 周年大巡游。该会永远荣誉会长施维雄率领 50 多位乡亲参加，共庆回归。

洪祖杭率香港南华足球队在晋江上演两场友谊赛

7 月 5 日　全国政协常委、香港太平绅士、溪前村旅港乡贤洪祖杭率香港南华足球队，与北京、厦门两地足球队在晋江体育中心体育场上演两场精彩友谊赛。

许克宜率菲律宾中国商会访华团到晋江市考察

7月6日　梧坑村乡侨、菲律宾中国商会董事局主席许克宜率菲律宾中国商会访华团到晋江市考察，实地考察市博物馆华侨史馆以及安踏公司。市委常委、统战部部长洪学谋陪同。

施议惠任菲律宾晋江钞厝同乡会新届理事长

8月2日　菲律宾晋江钞厝同乡会第四十五连四十六届理监事职员就职，施议惠任新届理事长。

许文曲任澳门晋江同乡会第九届理事长

8月7日晚　庆祝中华人民共和国成立60周年、澳门回归祖国10周年暨澳门晋江同乡会第九届理监事就职典礼在澳门渔人码头举行，秀山村旅澳乡贤许文曲任新届理事长。

施文港任旅菲晋江石厦同乡会新届理事长

8月8日　旅菲晋江石厦同乡会第三十九届职员就职，施文港任新届理事长。

施祥鹏考察施琅纪念馆、施琅碑林

8月14日　全国政协常委、全国政协港澳台侨委员会副主任陈明义，衙口村旅港乡贤、全国政协港澳台侨委员会副主任施祥鹏，全国政协委员林炳尧到施琅纪念馆、施琅碑林考察。泉州、晋江市领导杨益民、吴共湖、周伯恭陪同。

澳门龙湖同乡会成立

8月19日　澳门龙湖同乡会在渔人码头会展中心举行庆祝中华人民共和国成立60周年、澳门回归10周年，以及该会成立暨首届理监事就职典礼。施志伴乡贤荣任会长，许清水乡贤荣任理事长。中联办台务部部长程金中，协调部副部长高其兴、处长级助理兼副处长史学林，台务部副处长张捷骅，全国政协委员陈明金、李桂鸣，以及家乡领导，中国香港、中国台湾、中国澳门本地嘉宾乡贤以及来自菲律宾的华侨欢聚一堂。

郭世荣捐建后溪村"世荣路"

是月 后溪村旅菲乡侨郭世荣捐建"世荣路"。该路从村中大道通至书石先生宅门口。

施文博在胡润百富榜中排名第 59 位

10 月 13 日 "2009 年胡润百富榜"在北京发布,施文博(100 亿元)位于福建第 4 位,在胡润百富榜中排名第 59 位。

施亨利任旅菲临濮堂理事会第九十八连九十九届理事长

10 月 26 日 旅菲临濮堂理事会第九十八连九十九届职员就职典礼假马尼拉世纪海鲜酒家举行,石厦村旅菲乡侨施亨利任新届理事长。

五位龙湖籍青年任职香港福建社团联会第七届各部委员

是日 香港福建社团联会第七届会董就职典礼在香港举行。五位龙湖籍青年被推选任职各部委员,包括:郑科雄、施新平、施汉强(青年委员会委员)、吴宁群(会员发展部委员)、施连登(专业委员会委员)。

海内外前港村乡亲出席尊道小学百年校庆

11 月 13 日 菲华晋江前港同乡会、香港晋江前港同乡会组团回乡参加尊道小学百年校庆。

海内外嘉宾出席衙口中心小学百年校庆

11 月 15 日 衙口中心小学建校 100 周年庆典举行。中国侨联副主席、福建省侨联主席李欲晞,泉州市委原书记施永康,泉州市委常委、晋江市委书记杨益民,晋江市政协主席周伯恭,晋江市政协副主席王庆芬出席庆典大会;菲律宾衙口同乡会、香港衙口同乡会组团回乡参加庆典。庆典活动同时举办衙口中心小学"锦清科技楼"、运动场、篮球场剪彩仪式。

香港衙口同乡会捐赠衙口中心小学百年校庆活动经费

12 月 5 日 香港衙口同乡会捐赠衙口中心小学百年校庆活动经费港币 100 万元。

洪祖杭到晋江市滨江商务区进行投资考察

12月11日上午 全国政协常委、溪前村旅港乡贤洪祖杭和香港新世界（中国）地产投资有限公司负责人到晋江市滨江商务区进行投资考察。市领导杨益民、洪于权陪同。

香港龙湖同乡联谊会举办成立5周年纪念联欢庆祝晚会

12月13日 香港龙湖同乡联谊会成立5周年纪念联欢庆祝晚会在香港北角新都城大酒楼举办。创会会长施子清、洪祖杭、吴天赐，香港晋江同乡会会长洪建筑，龙湖镇人民政府镇长陈希轩，澳门龙湖同乡会庆贺团及各兄弟社团代表、本会理监事和会员共500多人参加本次活动。

许经波慈萱蔡镜治期颐庆典暨慈善基金捐赠仪式在宝龙酒店举行

12月28日晚 石龟村旅菲乡侨许经波慈萱蔡镜治期颐庆典暨慈善基金捐赠仪式在宝龙酒店举行。全国工商联副主席、恒安集团首席执行官、晋江市慈善总会会长许连捷接过许经波向晋江市慈善总会捐赠的善款200万元牌匾，并向许经波颁发感谢牌。市领导杨益民、王景星、周伯恭出席捐赠仪式。

侨捐龙埔村东大道竣工

是年 由龙埔村旅菲乡侨施纯昌、吴金盾伉俪，旅港刘德伟、吕梅梅伉俪捐建的龙埔村东大道竣工。

侨捐浔联幼儿园、浔联小学综合二楼相继竣工

同年 由湖北村旅菲乡侨施能业独资捐建的浔联幼儿园、湖北村旅菲乡侨庄铭镕独资捐建的浔联小学综合二楼相继竣工。

洪游奕捐赠英峰小学教育基金

同年 烧灰村旅港乡贤洪游奕捐赠烧灰村英峰小学教育基金50万元。

洪游奕独资捐建烧灰村学校路

同年 烧灰村旅港乡贤洪游奕独资捐建烧灰村学校路。

《晋江年鉴》（2010卷）辑录热心家乡公益事业的人士名录

同年 《晋江年鉴》（2010卷）辑录《光荣榜·热心家乡公益事业的人士

名录》中，许经波（石龟）、许维蓄（烧灰）、洪我景（杭边）等 3 位上榜。

2010 年

许扁率旅菲华侨工商联总会访问团到晋江市参访

2 月 9 日　旅菲华侨工商联总会理事长、烧灰村旅菲乡侨许扁率旅菲华侨工商联总会访问团到晋江市参访，实地察看晋江市博物馆、华侨史馆、草庵寺。市领导陈健倩、洪学谋、蔡萌芽陪同。

施振源、施家骅、许克宜出席首届海峡两岸闽南文化节

2 月 27 日　旅菲乡侨施振源（龙园村）、施家骅（南浔村）、许克宜（梧坑村），旅港乡贤施世筑（坑尾村）、施华民（湖北村）出席在泉州举行的首届海峡两岸闽南文化节、世界泉州同乡恳亲大会、世界泉商大会。

施世筑等龙湖镇旅外乡亲出席晋江市委、市政府接待宴

2 月 28 日晚　晋江市委、市政府举行宴会，与返乡参加首届海峡两岸闽南文化节、世界泉州同乡恳亲大会、世界泉商大会等活动的晋江籍侨胞、港澳台乡亲和晋江籍异地非公经济代表人士欢聚一堂，在家乡晋江共度元宵，喜庆团圆。龙湖镇旅外乡亲施振源、施家骅、许克宜、施世筑、施华民等出席。

菲律宾总统助理吴冠仲回乡寻根

3 月 2 日　西吴村旅菲乡侨、菲律宾总统助理菲力克斯·关中（吴冠仲）回乡省亲。上午，菲力克斯·关中陪同姨母赴后溪村探访其母的祖宅、祖墓；下午，在栖梧小学与西吴村两委会、校董会成员座谈，会后在村两委陪同下参观考察村道、祠堂、官庙。

吴长榆家族捐建菲律宾延陵吴氏宗亲总会会所"延陵大厦"

3 月 14 日　菲律宾延陵吴氏宗亲总会会所"延陵大厦"落成庆祝大会在菲律宾国际会议中心举行，西吴村乡侨吴长榆家族独资捐建的"延陵大厦"移交给菲律宾延陵吴氏宗亲总会，该会副理事长吴宜旺、吴荣祥、吴世泽、吴光级，秘书长吴颜进代表总会接受捐赠。

施聪典任菲律宾晋江街口同乡会新届理事长

3月21日　菲律宾晋江街口同乡会第四十一连四十二届职员就职典礼举行，施聪典任新届理事长。

海外侨亲组团参加钱江典公陵园文物管委会第五届理监事就职典礼

4月7日上午　钱江唐秘中书丞典公陵园文物管委会在典公陵园举行祭祖仪式，随后在石狮市建明大酒店举行第五届职员就职典礼。海外钱江施氏侨亲组团参加了本次庆典。

恒安集团向玉树地震灾区捐款500万元

4月15日　石厦村旅港乡贤施文博所在的恒安集团通过晋江市慈善总会向玉树地震灾区捐款500万元。

恒安集团举行慈善公益基金捐赠暨25周年活动启动仪式

5月1日晚　石厦村旅港乡贤施文博所在的恒安集团在泉州文庙广场举行慈善公益基金捐赠暨25周年活动启动仪式，向晋江市慈善总会捐赠1亿元善款，成立"恒安慈善公益基金"。泉州市、晋江市领导林荣取、黄少萍、杨益民、陈荣洲、尤猛军、蔡萌芽出席捐赠仪式。

"福建省海外华文教育基地"落户南侨中学

5月19日　晋江市首个"福建省海外华文教育基地"落户南侨中学。

"2010年菲律宾华裔青少年中国寻根之旅"夏令营结营仪式在龙湖举行

5月21日　"2010年菲律宾华裔青少年中国寻根之旅"夏令营福建晋江营结束全部行程，在龙湖镇政府举行结营仪式。市委副书记陈健倩，菲律宾晋江同乡总会理事长施亨利出席。

龙湖镇第七次归侨侨眷代表大会召开

5月30日　龙湖镇第七次归侨侨眷代表大会在龙湖镇政府会议室召开。会议听取并审议了龙湖镇归国华侨联合会第六届委员会工作报告，选举龙湖镇归国华侨联合会第七届委员会委员，施能狮任新届龙湖镇侨联主席，吴谨程、洪游奕、施志伴、吴远北、许经波当选副主席。

全国侨联副主席、福建省侨联主席李欲晞，福建省委统战部副部长庄奕贤，福建省侨办副主任邓伦成，福建省侨联副主席、泉州市侨联主席陈小钢，晋江市领导周伯恭、陈健倩、洪学谋、吴清滨、王庆芬及归侨侨眷代表、旅居菲律宾和中国香港、中国澳门等地区的龙湖乡亲出席了大会。

会议期间，各地乡亲施能狮、洪祖杭、洪游奕、施恭旗、施青岛、施清流、施维雄、吴远北、施志伴、施华民、吴玲玲、许成沛等以及菲律宾晋江衙口同乡会、香港衙口同乡会等团体慷慨捐赠龙湖镇侨联大厦建设基金1000万元。

香港、澳门龙湖同乡会回乡参加龙湖镇第七次侨代会

是日　香港龙湖同乡联谊会、澳门龙湖同乡会分别组团回乡参加龙湖镇第七次归侨侨眷代表大会。旅港施能狮乡贤当选龙湖镇归国华侨联合会第七届主席，洪游奕乡贤当选龙湖镇归国华侨联合会第七届副主席，旅澳施志伴乡贤当选龙湖镇归国华侨联合会第七届副主席。

吴冠仲向晋江市博物馆捐赠任命书、宣誓纸等

6月13日　受西吴村旅菲乡侨、菲律宾总统助理吴冠仲（菲力克斯·关中）委托，西吴村吴清永把吴冠仲获得的菲律宾总统阿罗约特别助理授权任命书、宣誓纸（复制品），菲律宾国家最高级别奖章——施加盾那功勋奖章、证书（复制品），以及吴冠仲一家与阿罗约的合影捐赠给晋江市博物馆收藏。

施教明获香港特区政府颁授荣誉勋章

7月1日　香港特区政府公布2010年授勋名单，前港村旅港乡贤施教明获香港特区政府颁授荣誉勋章。

恒安集团向闽西北灾区捐款1000万元

7月4日　石厦村旅港乡贤施文博所在的恒安集团向闽西北灾区捐款1000万元，其中以施文博个人名义捐赠200万元。

施纯锡向晋江市慈善总会捐赠500万元

是日　信诚集团主席施纯锡在父亲80大寿庆典之际向晋江市慈善总会捐赠500万元。

施能泩任旅菲洪溪同乡会新届理事长

7月7日　旅菲洪溪同乡会第六十二连六十三届职员就职典礼举行，施能泩任新届理事长。

施嘉骏荣获宿务工商务总会"2010年度杰出企业家"奖

7月上旬　南浔村旅居菲律宾宿务乡侨施嘉骏在宿务Waterfront饭店举行的宿务工商务总会第十五届颁奖大会上，在省长Gwen Garcia和万那威市长Jonas Cartes的见证下，荣获"2010年度杰出企业家"奖项。施嘉骏是Gaisano Grand Group的主人，目前在菲律宾几个主要城市设有16家大商场。

金保利公司"院士专家工作站"在晋江正式签约揭牌

8月4日上午　由晋江市委、市政府、金保利（泉州）科技实业有限公司与中国科学院院士姚建年合作建立的"院士专家工作站"正式签约揭牌。这是晋江市成立的首家"院士专家工作站"。全国人大常委会委员、国家自然科学基金委副主任、中国科学院院士姚建年，全国政协常委、溪前村旅港乡贤、金保利（泉州）科技实业有限公司董事长洪祖杭，国家新能源工程技术研究中心副主任李仲明，泉州市、晋江市领导黄少萍、林武、骆沙鸣、尤猛军、李元巍、许宏程出席签约、揭牌仪式。

海内外乡亲集资重建侨英小学

8月5日　侨英小学第七届董事会就职典礼举行。海内外乡亲共集资638万元，启动侨英小学重建工程。校舍重建共筹资2098万元，其中旅港乡贤洪祖杭捐资200万元，洪竹报捐资150万元，洪仲育捐资100万元，洪健雄捐资100万元；旅菲洪祖专偕子洪永贵捐资100万元，旅菲乡侨洪新智捐资100万元，菲律宾归侨洪祖良捐资100万元，英华同乡会理监事及诸乡侨捐资239.6万元。

菲律宾SM集团总裁施汉生到晋江市考察

9月10日　洪溪村旅菲乡侨、菲律宾SM集团总裁施汉生到晋江市考察。

旅外乡亲参加晓新小学新校区、如论中心幼儿园奠基仪式

9月27日　晓新小学新校区、如论中心幼儿园奠基仪式举行。新校区占

地 35 亩，建筑面积 8000 多平方米，投入资金近 2000 万元，其中旅菲侨胞捐资 1425.5 万元。2016 年 10 月，晓新小学新校区暨如论中心幼儿园举行落成典礼。

施顺利任菲华晋江埔头同乡会新届理事长

10 月 29 日 菲华晋江埔头同乡会第二十九连三十届职员就职，施顺利任新届理事长。

洪定腾出席英林中学建校 50 周年庆典

11 月 20 日 溪前村旅港乡贤洪祖杭特别助理、溪前村旅港乡贤洪定腾出席英林中学建校 50 周年庆典。

施文博上榜福布斯 400 中国富豪榜

11 月 28 日 2010 年福布斯 400 中国富豪榜在上海发布，施文博以 148 亿元位居榜单第 28 位，成为榜单当中排名最高的晋江籍富豪。

施华民当选广东省工商联晋江商会第四届会长

12 月 4 日 广东省工商联晋江商会第四届理监事就职典礼暨成立 6 周年庆典举行，湖北村旅港乡贤、香港新丽宝集团有限公司董事局主席施华民当选为会长，古盈村旅港乡贤、国泰达鸣金属制品厂有限公司行政总裁吴健宏当选为监事长。泉州市委常委、统战部部长王亚君，晋江市领导尤猛军、王景星、陈健倩、洪学谋、王庆芬、施能坑参加庆典。

香港龙湖同乡联谊会成立 6 周年暨第四届理监事就职典礼举行

12 月 13 日 举行香港龙湖同乡联谊会成立 6 周年暨第四届理监事就职典礼，许鸿仪乡贤任永远荣誉会长，洪游奕乡贤任会长，许成沛乡贤任理事长，洪重庆乡贤任监事长。同日，适逢 2009—2010 年度香港公益金百万行庆典，香港龙湖同乡联谊会筹得善款 13 万港币交予香港公益金，并通知各理监事和全体青委参加其公益筹款活动。

施纯亭任旅菲晋江绍德同乡会新届理事长

12 月 22 日 旅菲晋江绍德同乡会第六十四连六十五届理监事职员就职

典礼举行，施纯亭任新届理事长。

施文朝捐赠晋江市医院晋南分院专家接送车

是年 前港村旅菲乡侨施文朝捐赠晋江市医院晋南分院专家接送车 1 部。

洪祖专偕子洪永贵捐赠英林中学教育基金

同年 溪后村中堡旅菲乡侨洪祖专偕子洪永贵捐赠英林中学教育基金 100 万元。

洪我景捐建杭边村自来水工程

同年 杭边村旅菲乡侨洪我景捐建杭边村自来水工程。

旅外乡亲捐建杭边村老协会会所

同年 杭边村旅菲乡侨洪瑞龙吴媚媚伉俪、洪我景，旅港乡贤洪佳宁等捐资参建杭边村老协会会所。

施碧昌、施性森、施芳远捐资参建洪溪村自来水工程

同年 洪溪村旅菲乡侨施碧昌、旅港乡贤施性森、旅澳乡贤施芳远捐资参建洪溪村自来水工程。

施纯送、戴琼玲伉俪捐建衙口村浔海新村北路

同年 衙口村旅港乡贤施纯送、戴琼玲伉俪捐建衙口村浔海新村北路。

吴良民、许淑筬分别捐建古盈村自来水工程及盈福公园

同年 古盈村旅港乡贤吴良民捐建古盈自然村自来水工程，许淑筬乡贤捐建盈福公园。

洪游奕、许维蓄捐赠英峰小学教育基金

同年 烧灰村旅港乡贤洪游奕、许维蓄分别向英峰小学教育基金捐赠 30 万元。

洪游奕捐建烧灰村溪边公园

同年 烧灰村旅港乡贤洪游奕捐建烧灰村溪边公园。

海内外乡亲捐资重建光夏小学教学楼

同年　石厦村旅港施文博、施清流等乡贤与旅菲乡侨、内地乡亲联袂捐资重建光夏小学教学楼。

吴远康上榜《晋江年鉴》（2011卷）热心家乡公益事业的人士名录

同年　吴远康（西吴村）上榜《晋江年鉴》（2011卷）《光荣榜·热心家乡公益事业的人士名录》。

2011 年

英峰幼儿园竣工典礼举行

2月8日上午　烧灰村村民及海内外乡贤共同见证英峰幼儿园竣工典礼。该项目建筑面积3000平方米，投资500万元，由旅港乡贤洪游奕、许维蓄等集资捐建。晋江市政协副主席王庆芬，烧灰村旅港乡贤、世界晋江青年联谊会会长洪游奕出席典礼。

港澳龙园同乡会第三届理监事就职典礼举行

3月18日　港澳龙园同乡会第三届理监事就职典礼举行，施养善乡贤任新届理事长，施养泽乡贤任监事长。

洪游奕率深圳光明新区公明街道办事处人员到晋江市考察

4月19日　烧灰村旅港乡贤、世界晋江青年联谊会会长洪游奕率深圳光明新区公明街道办事处人员到晋江市考察。

吴世泽、施天乙出席阳溪中学综合科学楼奠基仪式

5月12日　阳溪中学综合科学楼奠基仪式举行。市政协副主席王庆芬，阳溪中学菲律宾校友会理事长吴世泽、副理事长施天乙等领导和嘉宾为综合科学楼奠基培土。

石厦村举办光夏小学教学楼重建落成暨全村自来水工程竣工典礼

5月18日　石厦村光夏小学教学楼重建落成暨全村自来水工程竣工典礼在光夏小学大礼堂举行。香港晋江石厦同乡会，旅菲晋江石厦同乡会组团回乡参加庆典。全村自来水工程由各地乡亲捐建，共募捐人民币151.1万元、港币 13.9 万元，其中旅港恒安集团董事局主席施文博捐资人民币 100 万元。

施维雄连任香港福建体育会理事长

5 月中旬 龙园村旅港乡贤施维雄连任香港福建体育会理事长。香港福建体育会成立于 1925 年，创建时得到了陈嘉庚、胡文虎、郭春秧等闽籍知名人士的大力支持，是历史悠久的闽籍社团之一，拥有 200 多个集体会员。

许学禹、施幼治伉俪捐建烧灰—龙埔村道路硬化工程

是月 由烧灰村旅菲乡侨许学禹、施幼治伉俪捐建的烧灰—龙埔村道路硬化工程竣工。

洪显祖独资捐建英仑幼儿园

6 月 1 日 由仑上村旅菲乡侨洪显祖独资捐建的英仑幼儿园奠基。

施荣怀获颁香港特区政府 2011 年荣誉勋章

7 月 1 日 香港特区政府公布授勋及嘉奖名单，南庄村旅港乡贤施荣怀获颁 2011 年荣誉勋章。

泉州五中召开庆祝吴长榆教育基金会成立 25 周年大会

9 月 9 日 泉州五中、泉州五中校友总会在学校邱季端体育馆，召开庆祝泉州五中吴长榆（西吴村旅菲乡侨）教育基金会成立 25 周年暨第二十六届奖学金、2011 年奖教金颁奖大会。本次庆典活动共发放奖教、奖学和慰问金等共 70.3 万元。

香港龙湖同乡联谊会组织参观上海世博会

9 月 16 至 22 日 香港龙湖同乡联谊会一行 42 人参观上海世界博览会。

施人玮当选杭州泉州商会第三届会长

9 月 17 日晚 杭州泉州商会第三届理事会就职典礼举行，埔头村旅澳乡贤、杭州泓铭实业有限公司董事长施人玮当选为新届会长。

董吴玲玲任香港晋江同乡会第十四届会长

9 月 24 日 香港晋江同乡会隆重举行第十四届董事就职典礼，西吴村旅

港乡贤董吴玲玲履新，成为香港晋江同乡会成立26年来首位女会长。

恒安国际入围亚洲上市公司 50 强榜单
是月　美国《福布斯》杂志发布亚洲上市公司 50 强榜单，石厦村旅港乡贤施文博所在的恒安国际成功入围榜单，在 50 强中位列 25 名。

施明川捐建石厦村东头大路隘门
同月　石厦村旅澳乡贤施明川捐建石厦村东头大路隘门。

旅菲临濮总堂百龄大庆暨理事会第一百连一百零一届职员就职典礼举行
10 月 5 日　旅菲临濮总堂百龄大庆暨理事会第一百连一百零一届职员就职典礼在马尼拉 SMX 举行，龙埔村乡侨施伟廉任新届理事长。来自世界各地的 23 个庆贺团和 680 多位宗亲参加了庆典活动。世施创会会长施性答（龙园村）为新届理事会监督并训诲，世施总会理事长施南溪担任大会主讲人，荣誉理事长施嘉骠（南浔村）为青合组监督，荣誉理事长施振源（龙园村）为华文教师联谊会监督，荣誉理事长施良吟为妇女组监督，荣誉理事长施嘉庆（杆柄村）为教育基金董事会监督。

香港龙湖同乡联谊会组织会员为香港第四届区议会议员选举助选
11 月 6 日　香港龙湖同乡联谊会响应香港晋江同乡会号召，组织 80 多位会员、乡亲为香港第四届区议会议员选举助选。该会青年委员洪锦铉在官塘宝达区自动当选，乡亲许清安、施能熊分别晋身区议会。

洪祖杭、施文博获泉州"捐赠公益事业功勋奖"
11 月 10 日　16 名晋江籍乡亲获泉州"捐赠公益事业功勋奖"，溪前村旅港乡贤洪祖杭、石厦村旅港乡贤施文博榜上有名。

许文曲任澳门晋江同乡会第十届会长
12 月 1 日　澳门晋江同乡会举行创会 24 周年及第十届理监事就职宴会，许文曲任新届会长。

许扁参加菲律宾旅菲华侨工商联访问团到晋江考察
是日　烧灰村旅菲乡侨、菲律宾旅菲华侨工商联名誉理事长许扁与新任理事长吴成泼率访问团到晋江市考察，副市长丁峰陪同。

施能狮任深圳市泉州商会第一届会长

11月11日 深圳市泉州商会成立，衙口村乡贤、龙湖镇侨联主席施能狮任第一届理监事会会长。

施华民率广东省工商联晋江商会访问团回晋江考察

10月11日至12日 湖北村旅港乡贤、广东省工商联晋江商会会长施华民率访问团回晋江开展为期2天的参观考察。实地考察滨江商务区百信御江帝景项目、泉州出口加工区金鹰印刷项目、361°公司、金保利公司、绿洲公园、梅岭组团世茂人工湖城建项目、梅岭组团万达广场城建项目、青阳组团宝龙广场城建项目、晋江市城市展馆。

董吴玲玲率香港晋江同乡会访问团回乡参访

11月15日 香港晋江同乡会访问团一行30人在会长董吴玲玲的率领下来晋访问，与家乡领导和乡亲们欢聚一堂，共叙乡情，共谋发展。晋江市领导陈荣法、刘文儒、许宏程、王金战接待了访问团一行。

旅港澳晋江栖梧同乡会成立

11月19日 旅港澳晋江栖梧同乡会成立暨首届职员就职典礼举行，吴远北乡贤任创会会长，吴远场乡贤任会长，吴清涵、吴建闽乡贤任常务副会长。龙湖镇侨联主席施能狮、副主席兼秘书长吴谨程到会祝贺。

施能向率庆贺团赴港出席施氏庆典

11月20日 晋江地区临濮堂理事长施能向率庆贺团300多人赴香港出席旅菲香港施氏宗亲会第十五届、世施总会第十四届就职庆典。

施展望当选世界临濮施氏宗亲总会理事长

11月21日 世界临濮施氏宗亲总会第十四届理监事就职典礼在香港举行，南庄村旅港乡贤施展望当选新一届世界临濮施氏宗亲总会理事长。来自中国大陆、台湾、澳门及菲律宾、新加坡、印度尼西亚等国家和地区的300多名施氏宗亲和社会各界社团贤达近500人出席。

洪祖杭获"泉州市捐赠公益事业功勋奖"金质奖章、奖匾、证书

是月 溪前村旅港乡贤洪祖杭累计捐赠超过 1 亿元人民币举办家乡公益事业，获泉州市人民政府颁发"泉州市捐赠公益事业功勋奖"金质奖章、奖匾、证书。证书编号列 2367。

董吴玲玲率香港晋江同乡会交流团到晋江考察

12 月 13 日至 14 日 西吴村旅港乡贤、香港晋江同乡会会长董吴玲玲率交流团到梅岭街道、罗山镇、龙湖镇、经济开发区等地进行实地考察。实地察看梅岭组团晋阳湖项目、晋江市城市展馆、361°中国有限公司。市委常委、统战部部长王金战陪同。

施蒂丝荣登《福布斯》亚洲三月刊

是年 洪溪村旅菲乡侨、SM 投资公司副主席施蒂丝荣登《福布斯》亚洲三月刊。她是亚洲第一位登上福布斯排行榜的商业女性，同时也是第一位登上亚洲最有权势女性 50 强的菲律宾女性。

许自赵捐建秀山村"书塔大道"

同年 秀山山脚村旅菲乡侨许自赵捐建秀山村"书塔大道"。

许文前捐赠烧灰村中厝爱心基金

同年 烧灰村旅港乡贤许文前捐赠烧灰村中厝爱心基金 32 万元。

许友瓶、施良友捐建石厦村"阎君公大道"

同年 由秀山村旅港许友瓶、石厦村旅港施良友乡贤捐建的石厦村"阎君公大道"竣工。

《晋江年鉴》（2012 卷）辑录龙湖镇热心家乡公益事业的人士名录

同年 《晋江年鉴》（2012 卷）辑录《光荣榜·热心家乡公益事业的人士名录》中，许中荣（龙玉）、许友谅（福林）、许天助（龙玉）、许天宝（龙玉）、许天转（龙玉）、许天涯（福林）、许文礼（龙玉）、许文汇（龙玉）、许文位（烧灰）、许文前（烧灰）、许文琛（烧灰）、许长伟（龙玉）、许长降（龙玉）、许长鼓（龙玉）、许永山（龙玉）、许龙扁（龙玉）、许龙炼（龙玉）、许龙欲（龙玉）、许龙瑶（龙玉）、许成沛（福林）、许自力（龙

玉）、许自赵（龙玉）、许松柏（龙玉）、许泽同（龙玉）、许泽来（龙玉）、许泽坤（龙玉）、许泽查（龙玉）、许泽恭（龙玉）、许泽梗（龙玉）、许健才（龙玉）、许淑箴（古盈）、许维瑜（梧坑）、许维蓄（烧灰）、许谋池（梧坑）、许群策（龙玉）、许蔡秀（龙玉）、许慰萱（福林）、吴仁艺（锡坑）、吴长达（锡坑）、吴劲松（吴厝）、吴良民（古盈）、吴远康（西吴）、吴金錂（枫林）、林碧霞（烧灰）、施子清（南庄）、施天佑（枫林）、施天扶、施文朝（前港）、施世筑（坑尾）、施议树（钞厝）、施芳远（洪溪）、施远迎（南庄）、施建从（杆柄）、施性宗（杆柄）、施性炎（杆柄）、施性祥（杆柄）、施性深（洪溪）、施振忠（洪溪）、施能达（鲁东）、施能灶（杆柄）、施清棍（龙园）、施清溪（前港）、施鸿飞（鲁东）、施辉煌（钞厝）、施嘉庆（杆柄）、施碧昌（洪溪）、洪永贵（溪后）、洪我拱（烧灰）、洪我筑（溪前）、洪祖良（溪前）、洪我杭（溪前）、洪祖杉家族（溪前）、洪我乾（烧灰）、洪茶树（溪前）、洪清泽（西吴）、洪游奕（烧灰）等76位上榜。

2012 年

施能向率团赴菲出席菲律宾施氏乡会庆典

2月23日　晋江地区临濮堂由理事长施能向率团赴菲出席菲律宾钱江联合会及旅菲浔江公会换届就职典礼。

郭振礼任菲律宾中国洪门致公党武六干省支部新届理事长

3月10日　菲律宾中国洪门致公党武六干省支部举行庆祝成立2周年纪念暨第三连第四届职员就职典礼，后溪村乡侨郭振礼荣膺新届支部理事长。菲律宾中国洪门致公党武六干省支部成立于2010年。

香港龙湖同乡联谊会组团回乡参访

3月31日至4月2日　香港龙湖同乡联谊会回乡参访团一行34人礼访龙湖镇政府。

施文博及许连捷排名福布斯2012年中国慈善榜第16位

4月5日　福布斯中文网公布2012年中国慈善榜，石厦村旅港乡贤、恒安集团董事局主席施文博及首席执行官许连捷共捐赠7667万元，排名第16位。

许文曲率澳门晋江同乡会访问团回晋江考察

是日 秀山村旅澳乡贤、澳门晋江同乡会会长许文曲率访问团回晋江考察。市领导陈荣法、刘文儒、陈健倩、周伯恭、许宏程、王金战、丁峰出席座谈会。

董吴玲玲率香港晋江同乡会访问团到晋江访问

5月15日 西吴村旅港乡贤、香港晋江同乡会会长董吴玲玲率访问团到晋江市访问。市领导陈荣法、刘文儒、许宏程、王金战接待访问团。

施世筑任香港福建同乡会第二十三届理事长

5月22日下午 香港福建同乡会"成立73周年暨第二十三届理监事就职典礼"仪式举行，坑尾村旅港乡贤施世筑任新一届理事长。晋江市委常委、统战部部长王金战率团前往祝贺。施世筑系香港中南发展（中国）董事长，曾任第八届香港晋江同乡会会长。

董吴玲玲、施文诞获香港特区政府授勋

6月30日 香港特别行政区政府公布回归以来第15份授勋名单，西吴村旅港乡贤董吴玲玲获香港特别行政区政府委任的太平绅士；石厦村旅港乡贤施文诞获香港特别行政区政府颁授的行政长官社区服务奖状。

侨捐石龟村老人协会会所竣工

是月 由石龟村旅菲乡侨许书业、许书勇、许书明、许书敏昆仲捐建的石龟村老人协会会所竣工。

旅外乡亲捐建龙侨中学教学楼、尊师楼

7月 由石厦村旅港乡贤施文博独资捐建的龙侨中学教学楼、石厦村旅菲乡侨施文港独资捐建的龙侨中学尊师楼（教师宿舍楼）竣工。

许健伦任北美华商联合总会及加拿大泉州同乡会第四届会长

9月30日 北美华商联合总会及加拿大泉州同乡会成立6周年暨第四届理事会就职典礼在温哥华举行，石龟村乡贤许健伦任新届会长。中华人民共和国驻温哥华总领事刘菲，香港特区政府经济贸易办事处驻加西首席专员袁黄洁玲女士，列治文市市长马保定（Malcolm Brodie）等嘉宾到会祝贺；加

拿大联邦国会议员迪克·哈理斯（Dick Harris）宣读加拿大联邦总理斯蒂芬·哈珀（Stephen Harper）的贺信。

澳门龙湖同乡会第二届理监事就职

11 月 5 日　澳门龙湖同乡会成立 3 周年暨第二届理监事就职典礼在渔人码头澳门会展中心隆重举行，施志伴乡贤连任会长，许清水乡贤连任理事长。逾 1500 位会员及嘉宾欢聚一堂，共同庆祝中华人民共和国成立 63 周年、澳门回归祖国 13 周年。晋江市领导陈健倩、王金战，龙湖镇人民政府镇长陈希轩率团祝贺。澳门立法议员陈明金为该会第二届理监事就职监督。

吴远北获授晋江市"慈善家"称号

11 月 29 日　晋江市人民政府发文表彰林海芥等九名人士荣获"慈善世家""慈善家""慈善大使"称号，其中，龙湖镇侨联副主席、西吴村旅港乡贤吴远北（福建百宏房地产开发有限公司）获授"慈善家"荣誉称号。

菲律宾晋江市龙湖镇联乡总会成立

11 月 30 日　菲律宾晋江市龙湖镇联乡总会成立暨首届理监事就职典礼在菲律宾马尼拉举行，施嘉庆任首届理事长。晋江市副市长丁峰、香港龙湖同乡联谊会许成沛、澳门龙湖同乡会施志伴率家乡、香港、澳门的庆贺团抵达菲律宾共襄盛举。中国驻菲律宾大使馆参赞兼总领事沈自成、菲华商联总会理事长庄前进、菲律宾晋江同乡总会理事长黄金盾、菲律宾宋庆龄基金会创会会长陈祖昌等出席庆典大会。

侨捐杭边村老友会综合楼竣工

11 月　由杭边村海内外乡亲捐建的杭边村老友会综合楼竣工。

香港龙湖同乡联谊会庆祝成立 8 周年暨第五届理监事就职典礼举行

12 月 9 日　香港龙湖同乡联谊会庆祝成立 8 周年暨第五届理监事就职典礼在九龙湾国贸中心举行。洪游奕乡贤任永远荣誉会长，许成沛乡贤任会长，洪重庆乡贤任理事长，许文直乡贤任监事长。

吴远康、吴远北、吴远场昆仲向晋江市慈善总会捐赠善款

12 月 25 日　三远集团吴远康、吴远北、吴远场昆仲在慈母吴留淑霞 80

寿诞上捐赠 1000 万元。

旅菲侨胞捐建龙园村南环路

是月 龙园村旅菲施联湘、施文聪昆仲，施性答、施性衡、施性社、施清泉、施能港、施文树、施纯顶等乡侨捐建龙园村南环路。

海内外乡亲集资翻建锡坑村"文滔路"

是年 由锡坑村旅菲、旅港澳及内地乡亲集资翻建的锡坑村"文滔路"水泥路工程竣工。

侨捐龙埔村老年协会大楼竣工

同年 由龙埔村旅外乡亲刘与限，刘德伟、吕梅梅伉俪，施清潭等捐建的龙埔村老年协会大楼竣工。

旅菲石龟许厝同乡会回乡团回乡省亲

同年 旅菲石龟许厝同乡会回乡团回石龟村省亲。

海内外乡亲集资重建秀山小学综合楼、尊师楼

同年 秀山村海内外乡亲集资重建秀山小学综合楼、尊师楼。

旅菲乡侨捐赠瑶山小学助学基金

同年 瑶菲村旅菲蔡文旭、蔡天乙、蔡蝴蝶、蔡文彬、蔡文明、蔡伟廉、蔡天保昆仲等乡侨捐赠瑶山小学助学基金。

施文博捐建石厦村"杏坑大道"

同年 石厦村旅港乡贤、恒安集团董事局主席施文博捐建石厦村"杏坑大道"。

施能佳捐建陈店村自来水工程

同年 陈店村旅港乡贤施能佳捐建陈店村自来水工程。

《晋江年鉴》（2013 卷）辑录龙湖镇热心家乡公益事业的单位和人士名录

同年 《晋江年鉴》（2013 卷）辑录《光荣榜·热心家乡公益事业的单

位》中，旅菲瑶厝同乡会、旅港衙口同乡会上榜;《热心家乡公益事业的人士》中，王天尘（新丰）、王正伟（新丰）、王芳茂（鲁东）、王秋顺（新丰）、王素员（新丰）、刘与限（龙埔）、许文汀（埔锦）、吴长盾（吴厝）、吴长新（吴厝）、吴幼敏（吴厝）、吴伟专（吴厝）、吴远康（西吴）、吴明晓（枫林）、吴清海（吴厝）、李天泉（内坑）、李乐阳（内坑）、施天佑（枫林）、施少雄（鲁东）、施文照（湖北）、施水车（新丰）、施正怀（鲁东）、施永周（南浔）、施议树（钞厝）、施华民（湖北）、施志远（鲁东）、施纯衷（杆柄）、施纯锡（南浔）、施建从（杆柄）、施性宗（杆柄）、施性祥（杆柄）、施金彬（杆柄）、施素芬（新丰）、施能向（杆柄）、施能灶（杆柄）、施能狮（衙口）、施能适（鲁东）、施教明（前港）、施鸿飞（鲁东）、施辉煌（钞厝）、施嘉庆（杆柄）、施嘉锻（南浔）、洪天津（溪后）、洪文艺（溪后）、洪文伟（溪前）、洪世泽（溪前）、洪永贵（溪后）、洪仲育（溪后）、洪我劝（溪前）、洪炳文（溪后）、洪健雄（溪后）、洪清云（溪前）、洪清凯（溪后）、洪清泽（溪前）、洪朝程（溪前）、洪游奕（烧灰）、翁加强（湖北）、蔡天乙（瑶厝）、蔡文伟（瑶厝）、蔡文彬（瑶厝）、蔡蝴蝶（瑶厝）等60位上榜。

2013 年

春晖楼、许经撒宅入选晋江市第五批文物保护单位

2月5日　福林村华侨民居春晖楼、许经撒宅同时入选晋江市第五批文物保护单位。

菲律宾钱江联合会举行新届就职典礼

2月23日　菲律宾钱江联合会举行新届就职典礼，龙湖镇侨联主席施能狮到会祝贺。

菲律宾浔江公会举行新届就职典礼

2月24日　菲律宾浔江公会举行新届就职典礼，龙湖镇侨联主席施能狮到会祝贺。

许自月捐建历山村"宝月路"

是月　历山村旅菲乡侨许自月捐资修建历山"宝月路"。

施能狮向晋江市慈善总会捐赠善款

3月15日 广东省晋江商会成立8周年，商会创会会长施能狮向晋江市慈善总会捐赠100万元。

施文博登福布斯全球富豪榜

是月 福布斯发布2013年全球亿万富豪榜，晋江企业家许连捷、施文博均以25亿美元的净资产并列榜单第589位。

许健伦参加加拿大华人社团访华代表团访问全国人大华侨委

4月8日 加拿大华人社团联席会荣誉主席、加拿大泉州同乡会会长许健伦访问全国人大华侨委。全国人大华侨委副主任张余亭在北京人民大会堂台湾厅，亲切接见许健伦等加拿大华人社团访华代表团一行。

浔联小学建校70周年庆典暨第七届董事会就职典礼举行

5月1日 浔联小学建校70周年庆典暨浔联小学第七届董事会就职典礼举行。湖北村旅居阿联酋乡贤施文照任浔联小学董事会第七届董事长，并捐赠浔联小学"心天地多媒体阅读教室"及办学经费50万元。

施至成家宅德成楼重修竣工

5月7日 洪溪村旅菲乡侨施至成家宅德成楼重修竣工。德成楼始建于1952年春，历经风雨侵蚀，多有损坏；施至成遂于2010年特地返乡对德成楼进行全面修葺。

香港晋江英园同乡会成立

6月29日晚 香港晋江英园同乡会成立暨首届理监事就职典礼在九龙湾国际展贸中心三楼举行。洪天送乡贤任创会会长，洪佳庆乡贤任首届会长，洪重庆乡贤任理事长，洪国雄乡贤任监事长。

吴维新获颁铜紫荆星章

7月1日 香港特区政府公布授勋及嘉奖名单，洋垵村旅港乡贤吴维新获颁铜紫荆星章。

洪永贵向晋江市慈善总会捐赠善款

7月17日 溪前村旅港乡贤、盈丰织造有限公司董事长洪永贵借其长孙

16 周年生日之庆，向晋江市慈善总会捐赠 150 万元。

施能狮任香港晋江同乡会第十五届董事会会长

9 月 28 日晚 香港晋江同乡会在国际会展中心举行"庆祝中华人民共和国成立 64 周年、香港晋江同乡会成立 28 周年、第十五届董事就职典礼暨青年联合会成立 6 周年联欢宴会"。衙口村旅港乡贤、龙湖镇侨联主席施能狮任新届会长。中央人民政府驻港联络办公室副主任王志民，全国政协常委、太平绅士洪祖杭，福建省委统战部副部长庄奕贤，香港福建社团联会主席林树哲，全国政协委员李贤义，泉州市、晋江市领导翁祖根、陈荣法、王金战到场参加活动。

施能狮获泉州市人民政府立碑表彰

是月 衙口村旅港乡贤、龙湖镇侨联主席施能狮获泉州市人民政府立碑表彰："施能狮先生，泉籍旅居香港同胞。先生身居香港，心系故里，不吝解囊兴办公益事业，造福于国家社会。为彰显其功德，垂范后昆，谨勒石以志之。"

施能狮获晋江市人民政府"晋江市捐赠公益事业突出贡献奖"立碑表彰

同月 衙口村旅港乡贤、龙湖镇侨联主席施能狮获晋江市人民政府立碑表彰："施能狮先生，祖籍晋江市龙湖镇。旅居香港，情系桑梓，慷慨捐资兴办公益事业。为彰显其功德，垂范后昆，特授予'晋江市捐赠公益事业突出贡献奖'，谨立此碑。"

施维雄赴京参加国庆系列活动

国庆期间 龙园村旅港乡贤，身兼中华海外联谊会理事、中国海外交流协会理事、福建省政协常委、中山市政协委员、怡高集团董事长施维雄赴京参加国庆系列活动。

旅菲瑶里同乡会组团回乡恳亲

10 月 12 日 旅菲瑶里同乡会理事长蔡庆隆一行 18 人回到家乡瑶厝村，与家乡的父老乡亲恳亲座谈。龙湖镇侨联副主席吴谨程到会祝贺。

旅菲临濮总堂理监事会第一百零二连一百零三届职员就职

是日 旅菲临濮总堂理监事会第一百零二连一百零三届职员就职典礼举行。

旅菲乡侨捐建杆柄村自来水工程

是月 杆柄村旅菲乡侨施嘉庆、施能响、施能灶等捐建杆柄村自来水工程。

菲律宾晋江市龙湖镇联乡总会会所落成

11 月 30 日 菲律宾晋江市龙湖镇联乡总会在马尼拉市举行庆祝成立 1 周年纪念暨圣诞联欢大会，并为新会所落成使用举行剪彩仪式。菲龙湖镇联乡总会理事长施嘉庆、创会会长洪我景、永远荣誉会长施伟廉，菲华商联总会理事长施文界博士，菲工商总会理事长黄烨烽，菲晋总理事长王良培，以及香港、澳门龙湖同乡联谊会、龙湖镇侨联的嘉宾、领导出席剪彩仪式。

施能狮获福建省人民政府立碑表彰

是月 衙口村旅港乡贤、龙湖镇侨联主席施能狮获福建省人民政府立碑表彰："施能狮先生，祖籍晋江。旅居香港，情系桑梓，慷慨捐资兴办公益事业。为颂扬功德，特立此碑。"

施能狮任香港福建社团联会第九届董事会副主席

同月 衙口村旅港乡贤施能狮当选香港福建社团联会第九届董事会副主席。

旅菲乡侨捐建内坑村自来水工程

12 月 内坑村旅菲吴文顺、李施淑惠、李天岑、吴清水、吴少峰、吴文凯等乡侨捐建内坑村自来水工程。

旅菲晋江瑶里同乡会成立

是年 旅菲晋江瑶里同乡会在马尼拉成立。

施世伦、洪荣楼捐建坑尾村"英美戏剧台"

同年 坑尾村旅港乡贤施世伦、洪荣楼捐建坑尾村"英美戏剧台"。

《晋江年鉴》（2014 卷）辑录龙湖镇热心家乡公益事业的单位和人士名录

同年 《晋江年鉴》（2014 卷）辑录《光荣榜·热心家乡公益事业的单位》中，旅菲瑶厝同乡会、旅港衙口同乡会上榜；《热心家乡公益事业的单位》中，衙口中心幼儿园施维鹏基金会上榜；《光荣榜·热心家乡公益事业的人士》中，刘与限（石厦），许中荣（龙玉），许书勇（石龟），许文汀（埔锦），许文典（秀山），许文隆（秀山），许永山（龙玉），许经国、许其昌、许聪永（石龟），许经增（埔锦），许清杭（秀山），许辉耀（石龟），吴远康、吴远北、吴远场（西吴），吴超群（吴厝），李东阳（内坑），林再生、许美美（许厝），施子文（洪溪），施天乙（洪溪），施文章（洪溪），施文默（埔锦），施世伦（坑尾），施纯衷（鲁东），施若远（洪溪），施振忠（洪溪），施清体（洪溪），施碧昌（洪溪），洪天祝（仓上），洪永贵（溪后），洪我升（仓上），洪建设（仓上），洪显祖（仓上），洪荣楼（坑尾），洪福量（仓上），留开岸（仓上），留开杭（仓上），蔡天乙（瑶厝），蔡天保（瑶厝），蔡天祝（瑶厝）等 42 位上榜。

2014 年

许维蓄向晋江市慈善总会捐赠善款

2 月 25 日 烧灰村旅港乡贤、万兴隆集团董事长许维蓄借爱子婚礼之庆，以其慈母施乌香女士的名义向晋江市慈善总会捐赠 500 万元。

菲华晋江前港同乡会、香港晋江前港同乡会诣临濮湖滨大厦祭祖

4 月 4 日 菲华晋江前港同乡会、香港晋江前港同乡会诣临濮湖滨大厦祭祖。

施能狮向晋江市慈善总会捐赠善款

5 月 22 日 香港晋江同乡会访问团一行 94 人在会长施能狮的带领下回乡考察访问，施能狮向晋江市慈善总会捐赠 100 万元。

龙湖侨批入录《晋江侨批集成与研究》

是月 晋江市档案局（馆）编辑的《晋江侨批集成与研究》由九州出版

社出版。龙湖十几封侨批入录该书"晋江侨批撷录"一章，分别为："民国十八年（1929）三月廿二日，菲律宾许龙库寄银五元予龙湖亭兄；民国十九年（1930）九月一日，菲律宾许书琏寄银壹拾大元票 100 元予龙湖浯坑妻；民国十九年（1930）拾月初六，菲律宾施慷慨寄银贰元票 100 元予龙湖玉斗兄；民国廿四年（1935）六月五日，菲律宾吴富饶寄银贰拾大元予龙湖锡坑三姒；民国廿六年（1937）正月廿三日，菲律宾陈潢雄寄贰拾大元予龙湖石厦内兄；民国廿六年（1937）十二月十四日，菲律宾施学清寄大银拾陆元予龙湖石厦侄妇；民国卅七年（1948），菲律宾施修池寄伍拾万元予龙湖洪溪儿；民国 ×× 年三月初二，菲律宾吴身板寄外币拾万元票 250 万元予龙湖锡坑兄嫂；民国卅七年（1948）六月廿日，菲律宾许经喜寄国币伍拾万元予龙湖衙口兄；民国卅七年（1948）十一月十四日，菲律宾吴元凯寄金圆贰佰元予龙湖古湖妻；1948 年八月初二，菲律宾秀琼寄美汇肆拾元予龙湖衙口姐；1950 年八月十三日，菲律宾吴元凯寄原币拾元予龙湖古湖妻；1964年 5 月 12 日，菲律宾玉盒寄予龙湖衙口家母；1958 年十二月廿八日，香港玉霜寄相片予龙湖古湖表嫂施秀瑾；1959 年四月廿五日，香港吴秀罗寄头痛膏予龙湖中山街古湖谊母。"

洪我景捐建英园小学"洪源迷、施乌炽纪念楼"

6 月 11 日　由杭边村旅菲乡侨洪我景捐建的英园小学"洪源迷、施乌炽纪念楼"竣工。

洪祖杭、施荣忻获香港特区政府授勋、委任

7 月 1 日　香港特区政府公布授勋及嘉奖名单，溪前村旅港乡贤洪祖杭获授金紫荆星章，南庄村旅港乡贤施荣忻获委任为太平绅士。

许中荣率子许智钧、许智超捐建如论中心幼儿园

是月　龙玉村旅菲乡侨许中荣率子许智钧、许智超捐资 500 万元新建如论中心幼儿园。

香港龙湖同乡联谊会参加"8·17"大游行

8 月 17 日　香港龙湖同乡联谊会会长许成沛、理事长洪重庆、监事长许文直率旅港龙湖乡亲参加"反占中、反暴力、保普选"签名活动和"8·17"

大游行。下午 1 时，龙湖乡亲进入维园集会现场；3 时从维园出发，作为香港晋江同乡会队伍的压轴方阵，3000 多人统一身着"福建社团联会"的橘红色 T 恤，手持香港龙湖同乡联谊会的大红横幅，挥动五星红旗和区旗参加本次活动，以实际行动表达了香港龙湖同乡联谊会、龙湖乡亲爱国爱港的立场和决心。

吴世泽任菲律宾延陵吴氏宗亲总会第九连十届理事长

9 月 9 日　菲律宾延陵吴氏宗亲总会庆祝成立 8 周年暨第九连十届理监事、延陵吴嘉意基金会董事会暨妇女联谊会、青年组职员就职典礼在马尼拉举行，西吴村旅菲乡侨吴世泽任新届理事长。

旅外乡亲捐建大坡小学教学综合楼

10 月　新丰村旅澳施王素圆、王清洗等乡贤，旅港王仁远、王建设等乡贤偕同旅菲乡亲捐资重建大坡小学教学综合楼。

施新平任香港晋江前港同乡会第七届会长

11 月 14 日　香港晋江前港同乡会举行庆祝成立 14 周年暨第七届董事就职典礼，施新平乡贤任会长，施新伟乡贤任第一副会长。

许维蓄、施能狮分别获授晋江市"慈善家""慈善大使"称号

11 月 20 日　晋江市人民政府发文表彰陈建福等十名人士荣获"慈善世家""慈善家""慈善大使"称号，其中，烧灰村旅港乡贤许维蓄（万兴隆集团）获授"慈善家"荣誉称号，衙口村旅港乡贤施能狮（香港信义集团）获授"慈善大使"荣誉称号。

菲律宾晋江市龙湖镇联乡总会第二届理事就职

11 月 30 日　菲律宾晋江市龙湖镇联乡总会成立 2 周年暨第二届理事就职典礼举行，许泽堆乡贤任菲律宾晋江市龙湖镇联乡总会新届理事长。

香港龙湖同乡联谊会举办庆祝成立 10 周年联欢晚会

12 月 2 日　香港龙湖同乡联谊会庆祝成立 10 周年联欢晚会在北角富临皇宫举行。该会会长许成沛、理事长洪重庆、监事长许文直与社会贤达、各

界精英及会员乡亲逾千人同贺。许成沛承诺，未来将继续秉承该会优良传统，团结一心，继往开来，为香港的繁荣、家乡的建设、会务的发展再做新贡献。福建晋江市龙湖镇人民政府庆贺团团长陈希轩、菲律宾晋江市龙湖镇联谊总会庆贺团团长施嘉庆、澳门龙湖同乡会庆贺团团长施志伴分别于晚会上致辞。晋江市委常委、统战部部长王金战，创会会长吴天赐，永远荣誉会长施维雄、许鸿仪、洪游奕等应邀出席，福建晋江市龙湖镇政府、侨联，菲律宾晋江市龙湖镇联乡总会、澳门龙湖同乡会等世界各地庆贺团前来祝贺。

恒安国际集团捐赠善款

12 月 18 日 石厦村旅港乡贤施文博所在的恒安国际集团在晋江安海举行成立 30 周年新闻发布会，捐赠善款 2 亿元。

洪游奕独资捐建烧灰村下溪桥

是年 烧灰村旅港乡贤洪游奕独资捐建烧灰村下溪桥。

洪祖专偕子洪永贵捐赠晋江市慈善总会

同年 溪后村中堡旅菲乡侨洪祖专偕子洪永贵捐赠晋江市慈善总会 150 万元。

旅外乡亲捐建尊道小学新校舍一期工程

同年 旅外乡亲捐建尊道小学新校舍一期工程。该项目包括由旅菲乡侨施恭旗捐建的阁头科技楼，旅港施清筚、旅菲施清溪昆仲捐建的综合楼，施阁对基金会，旅港施学顺、施教明、施教永、施培铨等乡贤合资捐建的阁对教学楼。

吴天赐、许淑箴伉俪捐资参建古盈村戏剧台

同年 古盈村旅港乡贤吴天赐、许淑箴伉俪捐资参建古盈村戏剧台。

侨捐秀山村"友超大道"、秀山二队基金楼竣工

同年 秀山村旅港乡贤许友超捐建秀山村"友超大道"，并建有"书篮亭"1 座；旅澳乡贤许文曲，旅港乡贤许文隆、许文石共同捐建秀山二队基金楼。基金楼租赁收入用于老人福利、奖励大学生及村民重病救助。

《晋江年鉴》（2015卷）辑录龙湖镇热心家乡公益事业的人士名录

同年 《晋江年鉴》（2015卷）辑录《光荣榜·热心家乡公益事业的人士》中，许中荣（龙玉）、许龙账（龙玉）、吴天赐（古盈）、吴似锦（吴厝）、吴春芳（古湖）、吴超群（吴厝）、施振华（溪后）、洪远华（溪后）、施天津（溪后）、洪少亮（溪后）、洪文艺（溪后）、洪永贵（溪后）、洪仲育（溪后）、洪我堭（溪后）、洪我鹃（溪后）、洪新清（溪后）、蔡天乙（瑶厝）、蔡天保（瑶厝）、蔡天津（瑶厝）、蔡天祝（瑶厝）、蔡文旭（瑶厝）、蔡文彬（瑶厝）、蔡庆隆（瑶厝）、蔡连造（瑶厝）、蔡新沓（瑶厝）、吴远康（西吴）、施天佑（枫林）、许维蓄（烧灰）等28位上榜。

2015 年

李然、施锦珊捐赠"清华大学两岸发展研究院发展基金"

1月19日 衙口村旅港乡贤，鑫桥联合控股（香港）有限公司、鑫桥联合融资租赁有限公司董事局主席李然、董事局副主席兼总裁施锦珊捐赠"清华大学两岸发展研究院发展基金"仪式在清华大学隆重举行。仪式上，校党委书记陈旭为李然、施锦珊颁发捐赠证书；李然、施锦珊，副校长、教育基金会理事长姜胜耀代表双方共同签署捐赠协议；清华大学原校长、两岸发展研究院院长顾秉林，副校长、两岸发展研究院管委会主任薛其坤为两位捐赠人颁发两岸发展研究院理事聘书。

旅菲乡侨捐建恢斋中心小学文化长廊

是月 龙园村旅菲乡侨施文瑞、施玉玺、施纯柱、施纯亭、施应铎偕同旅港乡贤施能弟捐建恢斋中心小学文化长廊。

洪祖专偕子洪永贵捐赠英林洪氏大宗教育基金

2月 溪后村中堡旅菲乡侨洪祖专偕子洪永贵捐赠英林洪氏大宗教育基金。

捐资参建洪溪村"老人之家"

是月 洪溪村旅菲乡侨施碧昌、施天乙、施文质，旅港乡贤施文章、施振忠、吴聪敏，旅澳乡贤施芳远等捐资参建洪溪村"老人之家"。

晋江地区临濮堂组团赴菲律宾参加旅菲浔江公会换届庆典

3月3日　晋江地区临濮堂组团赴菲律宾出席菲律宾钱江联合会旅菲浔江公会换届庆典。

施天乙任旅菲各校友会联合会第十届主席

3月22日　旅菲各校友会联合会第十届就职典礼在马尼拉大旅社举行，洪溪村旅菲乡侨施天乙任第十届主席。中国驻菲赵鉴华大使担任主讲人，校友联第一届主席林玉燕为新届监督，荣誉会长陈祖昌为主礼嘉宾。

筹建泉州师范学院附属尊道小学

4月　在施恭旗、施教明、施教斌、施清溪、施教永等侨亲的积极运筹下，泉州师范学院与晋江市人民政府、龙湖镇人民政府、尊道小学校董会签署联合办学协议，共建泉州师范学院附属尊道小学（筹）。其间，由施阁对基金会，施恭旗和施清莘、施清溪贤昆仲捐资1120万元投建的一期工程，已顺利完成投用，同时香港晋江前港同乡会发动海内外乡贤捐款200余万元作为教育资金；二期工程得到菲华晋江前港同乡会及施教永、施恭旗、施朝福、施朝坤和施荣咸等旅外乡贤慨允900万元捐款，同时施学顺捐款500万元资助泉州师范学院建设。

吴长堂任越南胡志明市中国商会福建分会常务副会长

5月3日下午　越南胡志明市中国商会福建分会首届理监事就职庆典在胡志明市第七郡ADORA酒店举办，吴厝村乡侨吴长堂任常务副会长。商会的成立旨在加强在越南投资和工作的福建企业家和乡亲相互联系、合作共赢，以进一步提升福建人在越南的整体地位和形象，强化福建人在越南的影响力和凝聚力。以福建省侨联副主席翁小杰为团长的福建省出访代表团一行5人出席了本次活动。

许华沙向晋江市慈善总会捐赠善款

5月20日　烧灰村旅港乡贤许华沙爱子结婚，向晋江市慈善总会捐赠善款500万元。

菲律宾晋江市龙湖镇联乡总会回晋江参访

6月4日　菲律宾晋江市龙湖镇联乡总会参访团一行47人，在许泽堆理事长的带领下，回乡参观访问。"家乡是著名的侨乡，改革开放以来，家乡面貌日新月异，乡亲们安居乐业，我们感到很自豪。"菲律宾晋江市龙湖镇联乡总会理事长许泽堆表示，此行回乡访问，希望能够联络乡情乡谊，团结交流，推动中菲友谊。晋江市领导王金战、王茂泉参加活动。

施荣怀、施荣恒获颁香港特区政府2015年铜紫荆星章

7月1日　香港特区政府公布授勋及嘉奖名单，南庄村旅港乡贤施荣怀、施荣恒获颁2015年铜紫荆星章。

施维雄任香港晋江社团总会第十六届主席

8月10日　香港晋江社团总会成立30周年暨第十六届董事就职典礼在香港会展中心举行，龙园村旅港乡贤、怡高集团（香港）有限公司行政总裁施维雄任新届主席。来自世界各地的26个庆贺团汇聚一堂，共同见证。中国侨联主席林军，福建省政协主席张昌平，香港立法会主席曾钰成，中央人民政府驻港联络办公室副主任林武，全国政协常委洪祖杭、林树哲，中国侨联副主席、福建省侨联主席王亚君，泉州、晋江市领导陈万里、陈荣法、王金战等应邀出席。

香港晋江社团总会原名"香港晋江同乡会"。30年来，社团会员队伍不断壮大，已由原来的同乡会演变成为多元化的社团，包括乡镇、宗亲会、校友会等86个团体。

施维雄、施正源、施清流、施荣忻参加纪念中国人民抗日战争暨世界反法西斯战争胜利70周年阅兵仪式观礼

9月3日　龙园村旅港乡贤施维雄、施正源，石厦村旅港乡贤施清流，南庄村旅港乡贤施荣忻应邀参加香港特区第四任行政长官梁振英率领的，由285位香港各界人士组成的代表团，出席在天安门广场举行的纪念中国人民抗日战争暨世界反法西斯战争胜利70周年活动，包括上午的纪念大会和阅兵仪式，以及文艺晚会。

央视等媒体播放旅美科学家许肇堆抗战事迹

是月　在纪念中国人民抗日战争暨世界反法西斯战争胜利 70 周年活动之际，中国国际广播电台、中央电视台国际频道、中共中央宣传部主办的党建网、泉州电视台等多家新闻媒体专题报道了秀山村旅美科学家许肇堆博士的抗战事迹，高度评价了许肇堆的抗战历史功绩。

福师大发布《福建师范大学吴维新研究生奖学金管理办法》

同月　福建师范大学发布《福建师范大学吴维新研究生奖学金管理办法》。该奖学金由福建师范大学数学系 61 级校友（洋垵村旅港乡贤）吴维新捐资设立，旨在激励福师大研究生勤奋学习、潜心研究，提高研究生培养质量。

石龟村震瑶幼儿园竣工启用

同月　由石龟村旅外乡贤许其昌、许经国、许聪永等捐建的震瑶幼儿园竣工启用。

旅菲临濮总堂理监事会第一百零四连一百零五届职员就职

10 月 21 日　旅菲临濮总堂理监事会第一百零四连一百零五届职员就职典礼举行。

施碧昌、施天乙、施子文等捐建洪溪村老年食堂

是月　洪溪村旅菲乡侨施碧昌、施天乙，旅港乡贤施子文捐资参建洪溪村老年食堂，并长期提供该食堂经费。

福师大 2015 年度"吴维新教育基金""吴维新研究生奖学金"颁发仪式举行

11 月 1 日　福建师范大学 2015 年度"吴维新教育基金""吴维新研究生奖学金"颁发仪式在图书馆学术大讲堂隆重举行。

旅外乡亲回乡参加恢斋中心小学建校 70 周年庆典

11 月 29 日　恢斋中心小学建校 70 周年庆典举行，旅菲昭德同乡会、港澳龙园同乡会组团回乡参加庆典。

恒安国际集团获第九届"中华慈善奖"提名奖

是月 石厦村旅港乡贤施文博所在的恒安国际集团荣获第九届"中华慈善奖"提名奖。

澳门龙湖同乡会第三届理监事就职，青年联合会成立

12月1日 澳门龙湖同乡会庆祝成立6周年、第三届理监事就职暨澳门龙湖青年联合会成立、首届理监事就职典礼在澳门渔人码头举行。许清水乡贤荣任新届会长，吴东秒乡贤荣任理事长。中联办协调部部长傅铁生，全国政协委员、澳门立法会议员陈明金，澳门立法会议员施家伦、宋碧琪，以及社会各界人士到场祝贺。

香港龙湖同乡联谊会第六届理监事就职

12月12日 香港龙湖同乡联谊会假九龙湾国际展贸中心举行第六届理监事就职典礼。香港福建社团联会副主席苏千墅，华闽集团协联部副总经理张克强，晋江市委常委、统战部部长王金战，香港晋江社团总会主席施维雄，龙湖镇镇长陈希轩担任主礼嘉宾。龙湖同乡联谊会新任会长许文直、监事长施金象乡贤携全体理监事会成员出席，并从该会第五届会长许成沛、理事长洪重庆乡贤手中接过印鉴。

施子清、施维雄率香港晋江社团总会回乡参访

12月17日 香港晋江社团总会一行37人，在该会首席荣誉主席施子清、主席施维雄的带领下回乡开展访问。晋江市领导刘文儒、周伯恭、王金战、连泉富、丁峰参加见面会并餐叙。

侨捐尊道小学一期工程剪彩仪式举行

12月18日 侨捐尊道小学一期工程剪彩仪式暨泉州师范学院附属尊道小学（筹）揭牌仪式举行。旅居菲律宾与中国港澳地区的乡亲共同参加仪式。

许华沙获授晋江市"慈善家"称号

是日 晋江市人民政府发文表彰许华沙等七名人士，授予其晋江市"慈善家""慈善大使"称号，其中，烧灰村旅港乡贤许华沙（利瑶集团）获授"慈善家"荣誉称号。

檀声学校建校 100 周年暨第三十届董事会就职典礼举行

12 月 19 日 檀声学校（1915 年至 2015 年）建校 100 周年暨第三十届董事会就职典礼举行。檀声学校第三十届校董会宣布就职，旅菲乡侨许荣谊任董事长。典礼同时对 2015 年优秀高考学子进行表彰。

校庆期间，檀林村旅外乡亲许荣谊、许蔚萱、许友谅等 17 位捐资支持活动费用。

许其昌捐建震瑶小学篮球场、排球场

是年 石龟村旅港乡贤许其昌捐建震瑶小学篮球场、排球场。

吴似锦独资重建吴厝村老人协会会所大楼

同年 旅菲乡侨吴似锦独资重建吴厝村老人协会会所大楼（天德老人会所）。

侨捐秀山村"顶角大道"竣工

同年 由秀茂四中旅港乡贤许自狮、许金献、许丹鹏，旅菲乡侨许书锣、许经源共同捐建的"顶角大道"竣工。

海内外校董、校友捐建南侨中学"尚远楼"

同年 由南侨中学海内外校董、校友捐建的南侨中学教师公寓"尚远楼"竣工。

《晋江年鉴》（2016 卷）辑录龙湖镇热心家乡公益事业的人士名录

同年 《晋江年鉴》（2016 卷）辑录《光荣榜·热心家乡公益事业的人士》中，郭木根（后溪）、郭华岳（后溪）、郭啊度（后溪）、郭芳象（后溪）、施峥嵘（后溪）、王清洗（新丰）、王蚶（新丰）、王时思、王则咤（新丰）、施水车（新丰）、王建国（新丰）、王秋寒（新丰）、王谋洪（新丰）、施纯销（新丰）、王天福（新丰）、王红从（新丰）、吴春芳（古湖）、施清棍（龙园）、施玉玺（龙园）、施文瑞（龙园）、施纯柱（龙园）、施纯衷（鲁东）、许文池（梧坑）、蔡天乙（瑶厝）、蔡天宝（瑶厝）、蔡连造（瑶厝）、蔡文彬（瑶厝）、蔡文阳（瑶厝）、施海泳（衙口）、施能狮（衙口）、施远迎（南庄）、许华沙（烧灰）、施纯锡（南浔）、许维蓄（烧灰）等 34 位上榜。

2016 年

施养善获香港义工联盟"2016 杰出义工嘉许优秀义工银奖"

1 月 9 日 龙园村旅港乡贤施养善获香港义工联盟"2016 杰出义工嘉许优秀义工银奖"。

龙湖镇侨联获省侨联命名为首批省级"侨胞之家"

2 月 17 日 晋江市龙湖镇归国华侨联合会被省侨联命名为首批省级"侨胞之家"。

旅港晋江梧坑同乡会成立

是月 旅港晋江梧坑同乡会成立。

施维鹏 2015—2016 年度优秀华校校长、模范华语教师颁奖典礼举行

3 月 6 日 纪念"宿务无名氏（引叔）"施维鹏 2015—2016 年度优秀华校校长、模范华语教师颁奖典礼暨菲律宾华教中心华语教学师资队伍"造血计划"赞助人表彰会在马尼拉举行。菲律宾航空公司董事长陈永栽，"宿务无名氏（引叔）"奖资助人施维鹏的长孙女施美清、夫婿许培坤伉俪，本年度校长教师奖评委会成员，"造血计划"赞助人等 400 多人出席。

颜春桃、陈紫鑫等 15 位年度宿务无名氏模范华语教师奖获奖者和优秀校长奖获奖者蔡山川上台领奖。菲律宾华教中心受"宿务无名氏（引叔）"施维鹏及其后裔委托，已经连续 18 年举办优秀华校校长和模范华语教师奖评选活动。

中国侨联等机关单位向南侨中学建校 70 周年庆典发来贺信贺电

5 至 10 月 时值南侨中学建校 70 周年之际，中国侨联、福建省教育厅、福建省人民政府侨务办公室、福建省侨联、中共泉州市委统战部、泉州市人民政府外事侨务办公室、泉州市侨联、晋江市教育局、晋江市人民政府侨台外事局、晋江市侨联等机关单位发来贺电、贺信。

施聪典任菲律宾中国洪门联合总会第八十三届理事长

5 月 20 日 菲律宾中国洪门联合总会第八十三届理事就职典礼在岷市世纪海鲜酒家举行，衙口村乡侨施聪典任第八十三届理事长。中国驻菲大使馆

领导暨海内外有关团体嘉宾，洪门五属、各分团、支部支社昆仲到会祝贺。

香港龙湖同乡联谊会赴泉州参访

6月28日　香港龙湖同乡联谊会返乡访问交流团一行70多人在永远荣誉会长施能狮、施维雄，会长许文直，监事长施金象的带领下，赴泉州参观考察。参访团拜访了泉州市委统战部，常务副部长杨国昕、副部长王庆祥出席座谈会并表达对参访团的欢迎。晋江市委书记李建辉、副市长丁峰、统战部部长王金战出席了座谈会。

施清流、施子清分别获香港特区政府委任、授勋

7月1日　香港特区政府公布授勋及嘉奖名单，石厦村旅港乡贤施清流获委任为太平绅士，南庄村旅港乡贤施子清获颁银紫荆星章。

晋江恒盛玩具有限公司上市

8月18日　晋江恒盛玩具有限公司在韩国上市，股票代码：900270。

香港阳溪联谊会第六届董事会就职典礼举行

9月7日　由枫林村旅港乡亲主办的香港阳溪联谊会庆祝成立12周年暨第六届董事会就职典礼在北角富临皇宫酒楼举行，吴明哓乡贤任会长，吴建团乡贤任常务副会长。

南侨中学澳门校友会成立

9月21日　福建晋江南侨中学澳门校友会成立暨首届理监事就职典礼在澳门旅游塔举行，埔头村旅澳乡贤施志伴任首届会长。截至目前，会员达到220余人，募得捐款约300万元。

洪培力获菲律宾海岸巡逻队授予准将军徽章

9月22日　菲律宾海岸巡逻队总司令部为洪培力举行授衔宣誓仪式，菲律宾海岸巡逻队总司令部威廉·梅莱德将军授予中堡村乡侨洪培力为菲律宾海岸巡逻队参谋主任，并授予准将军徽章。

《仁德嘉风——晋江市后溪回族村侨捐公益事业集锦》出版

9月25日　后溪村两委会、老年人协会联合编辑的《仁德嘉风——晋江

市后溪回族村侨捐公益事业集锦》出版。该书大 16 开彩印，65 码；分教育篇、交通篇、综合篇三辑，以图文形式刊载后溪村公益事业建设情况，颂扬旅外侨亲、港澳、内地乡贤捐资兴办公益事业的奉献精神。

该书由郭汉星任总编，郭鸳鸯任主编。旅港郭清波、周秋月伉俪捐赠印刷费用。

龙湖多封侨批入录《泉州侨批故事》

是月 泉州市档案局（馆）、晋江市档案局（馆）联合编辑的《泉州侨批故事》由九州出版社出版。龙湖多封侨批入录该书，分别为："民国十七年（1928）六月廿七日，菲律宾施教布寄予晋江龙湖石厦母亲；1942 年 12 月 29 日，菲律宾吴连治寄'平安'明信片予泉州第三区（晋江）锡坑乡吴修科；1942 年 12 月 29 日，菲律宾洪源赐寄'平安'明信片予晋江第三区园柄乡洪我川；1942 年 12 月 31 日，菲律宾施修池寄'平安'明信片予晋江第三区洪溪乡家中；民国十八年（1929）三月廿二日，菲律宾许龙库寄予龙湖亭兄；民国廿六年（1937）十二月十四日，菲律宾施学清寄予龙湖石厦侄妇；民国廿六年（1937）正月廿三日，菲律宾陈潢雄寄予龙湖石厦内兄。"此外，该书还以龙湖侨乡归侨、侨眷的占比为例，介绍晋江的出洋情况：

龙湖镇是晋江侨乡中的侨乡。据 1987 年统计资料，它的归侨、侨眷人口数 60303 人，占全镇总人口数 75378 人的比例高达 80%，比著名的石狮镇 75% 还高出 5 个百分点。

许巍巍获中国侨联"从事侨联工作已超过 20 年"证书

同月 时值中国侨联成立 60 周年，龙湖镇侨联副秘书长许巍巍获中华全国归国华侨联合会"从事侨联工作已超过 20 年，不辞辛苦地为广大归侨侨眷和海外侨胞服务"证书。

菲律宾龙湖镇联乡总会回乡访问晋江市和龙湖镇相关部门

10 月 14 日 菲律宾龙湖镇联乡总会回乡参访团在许泽堆理事长的率领下访问晋江市委统战部、市侨联和龙湖镇党委、政府。

旅外乡亲参加晓新小学新校区、如论中心幼儿园落成庆典

10 月 15 日上午 晓新小学新校区、如论中心幼儿园落成庆典举行。旅

菲晋江龙玉同乡会、旅港晋江龙玉同乡会、澳门晋江龙玉同乡会组团回乡，与内地乡亲共同参加庆典。建校期间，龙玉村旅菲许中荣乡侨率子许智钧、许智超、许龙炼、姚淑冷伉俪，许泽台、蔡秀美伉俪，许泽恭、林丽双伉俪，许永山、邱绵绵伉俪，许龙欲、施秀银伉俪，许天宝、杨秋凉伉俪，许健才、陈思思伉俪，许龙韵、陈玉英伉俪，许清水、吴秋雅伉俪，许龙前、洪丽明伉俪、许永山等乡侨慷慨捐资，与海内外龙玉村乡亲一道共建新校区。

施聪典率菲律宾中国洪门联合总会代表团访问致公党中央

10月25日下午 全国政协常委、副秘书长，致公党中央常务副主席蒋作君，全国人大常委会委员、致公党中央副主席闫小培在致公党中央机关亲切会见了以施聪典理事长为团长的菲律宾中国洪门联合总会访问团一行。

施聪典率菲律宾中国洪门联合总会代表团赴成都访问

10月28日至29日 以施聪典理事长为团长的菲律宾中国洪门联合总会代表团一行34人莅临成都访问。致公党四川省委、成都市委举办座谈会和招待宴会，并邀请中共四川省委统战部、市委统战部，省市外侨办等部门领导出席了相关活动。四川省人民政府副省长、致公党四川省委主委杨兴平主持欢迎晚宴并致祝酒词。

中国侨联领导题词祝贺南侨中学建校70周年

11月上旬 中国侨联原主席庄炎林，中国侨联副主席、北京市人大常委会副主任李昭玲为南侨中学建校70周年题词祝贺。

校友组团参加晋江阳溪中学60周年庆典

11月14日 阳溪中学菲律宾校友会、香港校友会组成庆贺团返校参加晋江市阳溪中学建校60周年庆典活动。活动同时举行综合科学楼、新教师宿舍楼、北大门、塑胶运动场、篮球场落成剪彩。

校友组团参加晋江南侨中学70周年庆典

11月15日上午 南侨中学菲律宾校友会、香港校友会、澳门校友会组成庆贺团返校参加晋江南侨中学建校70周年纪念活动。该校校董、校友、侨亲等共捐赠 1300 多万元人民币，专项用于尚远楼、综合办公楼、奕尚教学楼等建设，助力学校新一轮发展。

龙湖镇第八次归侨侨眷代表大会召开

是日下午 龙湖镇第八次归侨侨眷代表大会在龙湖镇政府会议室召开。晋江市委常委、统战部部长黄文福，市政协副主席洪元程等领导到会指导；菲律宾晋江市龙湖镇联乡总会、香港龙湖同乡联谊会、澳门龙湖同乡会组成盛大庆贺团回乡共襄盛典。施能狮当选连任龙湖镇归国华侨联合会第八届主席，吴谨程、洪游奕、施志伴、吴远北、许经波当选连任副主席。

会议同时对获评"龙湖镇侨联 2010—2015 年度优秀侨务工作者"的许经波、刘清裕、许及时、施清棍、施养猛、吴其朗、许长查、吴金锚、施火照、施万焕、洪建培、洪清波等 12 位基层侨务工作者进行表彰。

香港、澳门龙湖同乡会回乡参加龙湖镇第八次侨代会

同日 香港龙湖同乡联谊会、澳门龙湖同乡会分别组团回乡参加龙湖镇第八次归侨侨眷代表大会。旅港施能狮乡贤当选连任龙湖镇侨联第八届主席，洪游奕乡贤当选连任龙湖镇侨联第八届副主席，旅澳施志伴乡贤当选连任龙湖镇侨联第八届副主席。

菲律宾晋江市龙湖镇联乡总会第三届理事就职

11 月 30 日 菲律宾晋江市龙湖镇联乡总会成立 4 周年暨第三届理事就职典礼、菲律宾晋江龙湖商会暨龙湖青年组庆祝成立及首届职员就职典礼举行，洪肇等乡贤任菲律宾晋江市龙湖镇联乡总会理事长、菲律宾晋江龙湖商会会长。

《晋江年鉴》（2017 卷）辑录龙湖镇热心家乡公益事业的人士名录

是年 《晋江年鉴》（2017 卷）辑录《光荣榜·热心家乡公益事业的人士》中，吴永超（锡坑）、施能狮（衙口）、施清溪（前港）、施东海（前港）、施议树（钞厝）、吴长盾（吴厝）、施远迎（南庄）、施纯锡（南浔）等 8 位上榜。

2017 年

施养善获香港义工联盟"2017 杰出义工嘉许优秀义工优秀奖"

1 月 7 日 龙园村旅港乡贤施养善获香港义工联盟"2017 杰出义工嘉许优秀义工优秀奖"。

旅外乡亲捐资参建龙王庙

是月 龙玉村旅菲乡侨许中荣、许文芳、许天赠，旅澳乡贤许增标等捐资参建龙王庙。

祖秀茂旧乡老人活动中心竣工

同月 由祖秀茂旅菲乡侨许汉民、吴丽影伉俪，许清江昆仲等海内外乡亲共同捐建的祖秀茂旧乡老人活动中心竣工。

洪培力任英林中学校友总会会长

2 月 1 日 晋江市英林中学校友总会成立，溪前村旅菲乡侨洪培力任会长。

龙湖镇侨联召开八届二次全委会暨 2017 年工作会议

2 月 10 日上午 龙湖镇侨联八届二次全委会暨 2017 年工作会议在镇政府会议室召开。

汾阳后溪香港宗亲会成立

3 月 4 日 汾阳后溪香港宗亲会首届理监事会就职典礼举行，郭萌芽任首届理事长。活动先期在新界葵涌永业街 23~27 号永业工厂大厦举行会所剪彩仪式。

旅菲瑶里同乡会第三届职员就职

3 月 5 日 旅菲瑶里同乡会在马尼拉世纪海鲜酒家举行庆祝成立 4 周年暨第三届职员就职典礼，蔡伟廉任新届理事长。龙湖镇政府、龙湖镇侨联，瑶厝村相关团体组成百人庆贺团到会庆贺。

吴谨程礼访菲律宾晋江市龙湖镇联乡总会

3月8日上午 龙湖镇侨联副主席吴谨程礼访菲律宾晋江市龙湖镇联乡总会，商洽侨情普查工作及"中国寻根之旅"夏令营晋江龙湖营事宜。

旅外乡亲参加侨英小学建校 70 周年庆典

3月27日上午 侨英小学建校 70 周年办学成果汇报暨新校舍建设基金捐赠授牌仪式，第八届董事会就职典礼举行。旅菲英华同乡会庆贺团与中国港澳地区乡亲、内地乡亲共同参加庆典。全国政协常委、侨英小学校董会永远董事长洪祖杭偕夫人宗巧筠博士，晋江市人大常委会主任洪于权，中国人民解放军上将袁存健，菲律宾铁道署署长拉示智摩素，泉州师院党委原书记洪辉煌，泉州市人大常委会原副主任洪泽生，泉州市委统战部副部长王庆祥，泉州师院党委副书记高云程，省委统战部联络处副处长、调研员陈燕影，晋江市人民政府副市长李自力，晋江市政协副主席洪元程，中共龙湖镇委员会书记陈希轩，龙湖镇人民政府镇长张志雄等出席活动。

施恭旗率苏禄国王后裔一行赴山东参加纪念苏禄王访华 600 周年活动

3月28日 前港村旅菲乡侨、菲律宾总统特使、上好佳集团荣誉董事长施恭旗率苏禄国王后裔一行赴山东参加在德州市菲律宾苏禄国东王墓陵园举办的纪念苏禄王访华 600 周年活动。菲律宾客人包括苏禄国王后裔杰赛尔·基拉姆公主、菲律宾巴拉望省省长尔瓦雷斯、菲律宾华裔青年联合会创会会长洪玉华等。

旅外乡亲回乡参加埭头村第二届慈济文化节暨慈济基金捐赠仪式

4月3日上午 埭头村第二届慈济文化节暨慈济基金捐赠仪式举行。埭头村旅居菲律宾、以及中国港澳地区乡亲出席成立仪式。本次慈济基金由澳门陈明金乡贤，旅居菲律宾、加拿大、印尼及中国港澳、内地的埭头村乡亲吴明慰、吴民声、吴身朝、吴修流、吴文彬、吴振泽等捐赠，计 226 条，合 898 万元。

施文照向晋江市慈善总会捐赠 100 万元

4月19日晚 湖北村旅居阿联酋乡贤施文照借母亲施庄秀兰 80 大寿之际，向晋江市慈善总会捐赠人民币 100 万元，成立秀兰慈善基金会。

旅菲晋江埭头同乡会新会所落成仪式举行

4 月 30 日 旅菲晋江埭头同乡会新会所落成仪式在马尼拉华人区 Tytana Plaza 大厦 18 楼举行。旅菲晋江埭头同乡会第卅四连卅五届理监事会也于当日上午 11 时举行职员就职典礼，吴烟墩荣任新届理事长。

施伟廉任菲华体育总会新届理事长

是月 菲华体育总会庆祝成立 28 周年暨第十五届职员就职典礼举行，龙埔村乡侨施伟廉任新届任理事长。

2017 年菲律宾华裔青少年"中国寻根之旅"夏令营晋江龙湖营开营

5 月 15 日上午 2017 年菲律宾华裔青少年"中国寻根之旅"夏令营晋江龙湖营开营仪式在南侨中学举行。此次活动由国务院侨办主办，省侨办、泉州市外侨办、晋江市侨台外事局、龙湖镇人民政府承办。晋江市委统战部副部长、系统党委书记陈金尚，侨台外事局副局长陈凌，龙湖镇党委副书记施纯玺，菲律宾龙湖镇联乡总会创会会长洪我景、理事长洪肇等领导出席活动并颁授营旗。

"龙湖侨务"微信公众平台创设

同日 龙湖镇侨联创设"龙湖侨务"微信公众平台，编发首期推文《菲华"中国寻根之旅"夏令营晋江龙湖营在南侨中学开营》。

施文诞任加拿大泉州晋江联谊会第七届会长

5 月 20 日晚 加拿大泉州晋江联谊会在香港上环招商局大厦举行第七届董事会就职典礼。石厦村乡贤施文诞任联谊会新届会长。中央人民政府驻香港特别行政区联络办公室协调部副部长张强、处长李文慎，香港福建社团联会副主席苏千墅、刘与量，常务副秘书长兼总干事周珊珊，华闽（集团）有限公司协调联络部副总经理张克强等近 300 人出席庆典。

洪纯发荣膺旅菲龙湖英仑同乡会新届理事长

5 月 28 日上午 旅菲龙湖英仑同乡会第七十二连七十三届理监事职员就职典礼暨乡侨联欢大会举行，洪纯发荣膺新届理事长。

许扁任菲律宾福建青年委员会首届会长

6月2日　菲律宾福建青年委员会在马尼拉成立，烧灰村旅菲乡侨许扁任首届会长。菲律宾福建青年委员会是在有着100多年悠久历史的菲律宾福建总商会的基础上，在众多旅菲老前辈及同人的积极推动下成立的，其是致力于推动闽籍青少年传承老一辈侨胞的优良传统，为每一位华侨华人服务，扩展商机的平台。

宿务白金行第二代掌门人施嘉骅去世

6月7日　南浔村旅菲乡侨、宿务白金行第二代掌门人施嘉骅于晚间10时45分寿终于宿务崇华医院，享寿77岁。施嘉骅1940年生于宿务，曾一度出任宿务代市长。

澳门晋江龙玉同乡会成立

是月　澳门晋江龙玉同乡会成立，许增标乡贤任首届会长。

施文博捐建石厦村杏坑北环路

是月　石厦村旅港乡贤、恒安集团董事局主席施文博捐建石厦村杏坑北环路。

洪锦铉获颁香港特区政府2017年荣誉勋章

7月1日　香港特区政府公布授勋及嘉奖名单，溪前村旅港乡贤洪锦铉获颁2017年荣誉勋章。

施志伴当选内蒙古总商会第十二届副会长

是日　埔头村旅澳乡贤施志伴在内蒙古自治区工商业联合会第十二次代表大会上，当选为内蒙古总商会第十二届副会长。

伍维国、吴淑敏伉俪独资捐建埭头村警务大楼

7月3日　由埭头村旅居加拿大乡侨吴淑敏偕同夫婿伍维国独资捐建的二层警务大楼竣工。

郭国盾、高屏芬伉俪捐款助力后溪村公益事业

7月12日　后溪村旅菲乡贤郭国盾、高屏芬伉俪在孙子郭南翔16周岁

之际，决定不办宴席，捐款 60 万元助力村里的公益事业。

龙湖镇侨联启动"侨心书吧"建设工程

是月 为推进特色品牌活动创建，拓展海外联谊渠道，引导侨胞捐资公益事业，推进龙湖镇各中、小学书香校园建设，服务龙湖镇社会事业的发展，龙湖镇侨联启动"侨心书吧"建设工程。截至 2019 年 1 月，共引导旅外乡贤（社团）捐建 7 个"侨心书吧"：尊道小学书吧由香港前港同乡会会长施新平捐建，阳溪中心小学书吧由龙湖镇侨联副主席吴远北捐建，云峰中学书吧由南侨中学澳门校友会会长、龙湖镇侨联副主席施志伴捐建，阳溪中学书吧由澳门龙湖同乡会会长吴东秒捐建，南侨中学书吧由南侨中学澳门校友会捐建，恢斋中心小学书吧由旅菲施文瑞捐建，龙侨中学书吧由旅菲施文港捐建。

施学概主编并出版《回归诗词百首新编》

同月 时值香港回归 20 周年之际，前港村旅港乡贤施学概主编并精装出版《回归诗词百首新编》2017 册，赠送给社会各界以及海内外大中学校图书馆等单位。

施家伦当选连任第六届澳门立法会议员

9 月 18 日 第六届澳门立法会最新选举结果出炉，14 个直选议席中，有 11 名现任立法会议员连任，其中包括上届隶属陈明金团队的施家伦、宋碧琪。据澳门选管会公布的投票结果显示，施家伦（晋江龙湖）14877 票，位列第三。

施文诞任世界晋江同乡总会第十一届董事会会长

加拿大时间 9 月 23 日晚 世界晋江同乡总会（"世晋总"）第十一届董事会就职典礼在温哥华隆重举行，石厦村施文诞乡贤任新届会长。来自世界各地的 200 位晋江侨领、乡贤齐聚温哥华，共襄盛举。晋江市委常委、统战部部长黄文福，中国驻温哥华市总领事馆副总领事田妮，温哥华市代市长雷健华，龙湖镇党委书记陈希轩，陈埭镇党委副书记曾焕镖，晋江市侨台外事局副局长陈凌等领导和嘉宾出席了庆典。黄文福代表晋江市委、市政府对新一届董事会成员就职表示祝贺。

许扁率"2017福建海丝商务考察团"回乡参访

9月23日至30日 由烧灰村旅菲乡侨许扁率领的菲律宾福建青年委员会"2017福建海丝商务考察团"一行20人回乡参访。考察团先后会晤省委统战部、晋江市人民政府、龙湖镇政府、龙湖镇侨联等机关和团体,参观了安踏公司、晋江城市展馆、五店市传统街区。

施文照任香港浔联同乡联谊会第八届会长

10月1日 香港浔联同乡联谊会庆祝中华人民共和国香港特别行政区成立20周年、香港浔联同乡联谊会成立20周年暨第八届董事会董事就职典礼在北角富临皇宫酒楼举行,施文照乡贤任第八届会长,施少文任第八届常务副会长。

旅外乡亲参加启文小学建校90周年成果汇报活动

10月22日 启文小学建校90周年成果汇报活动举办,旅菲晋江梧坑同乡会、旅港晋江梧坑同乡会、旅港晋江新美同乡会组团回乡参加。

刘志仁捐建震瑶小学教师宿舍楼签约仪式举行

10月29日 石厦村旅加乡侨、震瑶小学校友刘志仁捐建震瑶小学许经营、许杨淑慎纪念楼(教师宿舍楼)签约仪式在震瑶小学举行。

香港浔联同乡联谊会《浔联之春——庆祝香港浔联同乡联谊会成立20周年纪念特刊》出版

是月 香港浔联同乡联谊会编辑大型画册《浔联之春——庆祝香港浔联同乡联谊会成立20周年纪念特刊》出版。该刊大16开彩印,202码,全面梳理并回顾了该会成立20周年的发展历程,并以"人物专访""人物介绍"两个栏目推介了该会的主要成员。

旅港乡亲捐资启文小学设施建设

同月 梧坑村旅港乡贤许永康独资捐建启文小学尊师宿舍楼1幢,许加声、许贻明、许少伟、许新华等捐资启文小学设施建设。

许钟鑫独资捐建启文小学体育馆

同月 梧坑村旅菲乡侨许钟鑫独资捐建启文小学体育馆。

菲华秀山五乡联合会成立50周年暨新会所大厦落成典礼举行

11月5日 菲华秀山五乡联合会成立50周年暨新会所大厦落成典礼在马尼拉举行。

许钟鑫当选菲律宾中华总商会新届理事长

11月7日晚 菲律宾中华总商会在马尼拉举行庆祝成立113周年暨第七十一届职员就职典礼，龙湖镇梧坑村旅菲华侨许钟鑫当选新一届理事长。

许文曲当选内蒙古侨联第七届委员会副主席

是月 秀山村旅澳乡贤、澳门超世纪科技（集团）有限公司董事长许文曲当选为内蒙古侨联第七届委员会副主席。

许荣谊任旅菲晋江檀林同乡会新届理事长

11月19日 旅菲晋江檀林同乡会第七十一连七十二届职员就职典礼暨乡侨联欢大会在马尼拉举行，许荣谊任同乡会新届理事长。

阳溪中学旅港校友会第八届就职

11月23日 阳溪中学旅港校友会第八届就职典礼在香港北角富临皇宫酒楼举行，涂雅雅任新届会长，翁天乙任理事长。

施纯锡任香港施氏宗亲会第十八届理事长

11月25日晚 香港施氏宗亲会第十八届理监事暨第五届青年委员会就职典礼在九龙湾国际展贸中心隆重举行，千余名来自世界各地的施氏宗亲齐聚一堂，共襄盛举。施纯锡（南浔村）与施养善（龙园村）分别荣任理事长与监事长。

香港福建社团联会永远名誉会长施子清，世界临濮施氏宗亲总会创会会长施性答、理事长施文界，澳门立法会议员施家伦，山东省政协港澳台侨和外事委员会主任程广辉，福建省政协常委施维雄、施清流，福建省政协委员、龙湖镇侨联主席施能狮，福建临濮施氏宗亲会总会长施能向应邀出席并担任主礼嘉宾。

施恭旗携家族成员回到晋江寻根谒祖、参观访问

12 月 3 日　前港村旅菲乡侨、菲律宾总统中国特使、菲律宾宋庆龄基金会董事长、菲律宾中国和平统一促进会荣誉会长、上好佳（国际）有限公司荣誉董事长施恭旗先生，携家族成员一行 50 多人，回到家乡前港村参加上新厝奇山公祖厅鼎新落成庆典。4 日上午，施恭旗携家族成员到访晋江，市领导刘文儒、张文贤、黄文福会见了访问团，并向施恭旗家族赠送了纪念品。

施恭旗家族在菲律宾有 100 多人，此次返乡的有 50 多人，共有 3 代人，年龄最小的才 5 岁。施恭旗说："在这次返乡的家族成员中，有的是第一次回到家乡。希望通过这样的寻根谒祖的形式，让年轻一代多了解家乡，增进和家乡的感情，知道根在中国。"

吴谨程出席福建省第十次归侨侨眷代表大会

12 月 6 日　福建省第十次归侨侨眷代表大会在福州开幕。来自全省归侨侨眷代表和海外及港澳台地区的特邀嘉宾 800 多人出席会议。龙湖镇侨联驻会副主席吴谨程以代表身份出席了本次会议。

施文照当选福建省侨联第十届委员会海外委员

是日　福建省第十次归侨侨眷代表大会在福州开幕，湖北村旅居阿联酋的施文照乡侨当选福建省侨联第十届委员会海外委员。

旅菲萧妃（烧灰）同乡会第七届理监事就职典礼举行

12 月 7 日　旅菲萧妃（烧灰）同乡会第七届理监事就职典礼在马尼拉举行，许经作任新一届理事长。永远名誉理事长许学禹为新一届监督并训诲，菲华商联总会理事长黄年荣担任大会主讲人，大会主席许振基致欢迎词。

施能狮当选晋江市侨联第十二届副主席

是日　晋江市第十二次归侨侨眷代表大会在晋江隆重举行。大会选举产生了晋江市侨联第十二届委员会委员，衙口村旅港乡贤、龙湖镇侨联主席施能狮当选为副主席。会上，晋江市侨联主席庄晓芳代表市侨联第十一届委员

会作题为《不忘初心、牢记使命，凝聚侨心发挥侨力，为全面加快国际化创新型品质晋江做出侨界新贡献》的工作报告。

会议期间，多名海外侨胞、港澳同胞在大会上慷慨解囊，助力家乡建设，共捐资6650万元，惠及教育、文化、医疗、公益等多个方面。其中，晋江市侨联副主席、龙湖镇侨联主席施能狮捐赠公益慈善项目500万元（龙湖衙口村200万元、晋南医院200万元、晋江市慈善总会100万元）。

龙湖镇海外精英汇专场沙龙暨"龙湖智库"成立

12月8日上午　龙湖镇海外精英汇专场沙龙暨"龙湖智库"成立仪式在龙湖商会会议室举行。晋江市委人才办相关领导、晋江市海外联谊会龙湖籍嘉宾、部分海内外企业家、龙湖镇相关领导以及龙湖镇侨联、商会、外商投资企业协会代表等参加活动。

龙湖镇党委书记陈希轩，龙湖镇镇长张志雄，香港晋江社团总会永远荣誉主席、龙湖镇侨联主席施能狮，菲律宾晋江同乡总会名誉理事长施亨利，澳门龙湖同乡会会长许清水，晋江市委人才办专职副主任、组织部部务会成员蔡文思，中华澳门旅台协会副理事长施文场，龙湖商会会长吴远场和龙湖外商投资企业协会会长吴仲钦共同为"龙湖智库"成立推杆。

活动同时还进行了公益慈善项目捐赠仪式。龙湖镇侨联主席施能狮捐赠公益慈善资金500万元，其中，向晋江市医院晋南分院捐赠200万元，向龙湖镇衙口村和衙口中心小学各捐赠100万元。

施能狮获授晋江市"慈善家"称号

12月18日　晋江市人民政府发文表彰许远南等17名人士荣获"慈善世家""慈善家""慈善大使"称号，其中，衙口村旅港乡贤施能狮（香港信义集团）获授"慈善家"荣誉称号。

施恭旗向南洋华裔族群寻根谒祖综合服务平台捐款

12月21日至22日　泉州市第八次归侨侨眷代表大会在泉州华侨大厦召开。开幕式期间，还举行了南洋华裔族群寻根谒祖综合服务平台捐赠仪式，施恭旗参与捐款帮助南洋华裔族群寻根谒祖综合服务平台建设。

吴远康当选泉州市侨联第八届委员会副主席

12月21日至22日 泉州市第八次归侨侨眷代表大会在泉州华侨大厦召开，西吴村旅港乡贤吴远康当选副主席。

施能狮向晋江市慈善总会捐赠善款

12月29日 龙湖镇侨联主席、信义集团深圳市湛宝实业发展有限公司董事总经理施能狮在为慈母施王玉华举办90岁寿宴之际，向晋江市慈善总会捐赠680万元，用于支持教育事业、医疗卫生建设等。

港澳龙园同乡会第五届理监事就职典礼举行

是日 港澳龙园同乡会第五届理监事就职典礼在北角富临皇宫酒楼举行，施清海乡贤任新届理事长，施鸿谋乡贤任监事长。

港澳晋江市埭头同乡会成立

是月 港澳晋江市埭头同乡会成立。

旅外乡亲捐建古湖村老人活动中心

同月 由古湖村旅菲吴文展、吴清楚、施秀院、吴联发家族，旅港吴春芳乡贤等海内外乡亲捐建的古湖村老人活动中心竣工。该项目占地600平方米，建筑面积1500平方米，三层钢筋混凝土结构，含主楼、附楼及广场，集办公、运动、文化娱乐等功能于一体。

施文港捐建龙侨中学校史馆

同月 由石厦村旅菲乡侨施文港捐建的龙侨中学校史馆竣工。

海内外校董、校友捐建南侨中学"奕尚教学楼"

是年 由南侨中学海内外校董、校友捐建的南侨中学"奕尚教学楼"竣工。

林再生捐建石龟村文化活动中心

同年 旅菲侨亲林再生捐建石龟村文化活动中心（许经迁、蔡乌车纪念楼）。

旅菲乡侨捐建震瑶小学田径运动场、东大门及围墙

同年 石龟村旅菲许经典、卢淑柿家族捐建震瑶小学田径运动场，许友权、许友森、许淑铭、许淑坤、许淑婉、许淑吟昆玉捐资重建东大门及围墙。

施能狮、香港衙口同乡会捐助衙口中心小学宿舍楼建设

同年 衙口村旅港乡贤施能狮、施荣煌，香港衙口同乡会等单位和个人捐助衙口中心小学宿舍楼建设。

洪祖杭捐建溪前村"祖杭怀乡楼"等工程

同年 由溪前村旅港乡贤洪祖杭捐建的"祖杭怀乡楼"、我于桥、宗贤亭、村标、广场、村路相继竣工。

旅港乡亲捐建新街村老人会会所

同年 由旅港乡亲许秋烟等集资捐建的新街自然村老人会会所竣工。

旅港澳乡亲捐建坑尾村东环路

同年 坑尾村施世筑、施世伦等旅港澳乡贤捐资参建坑尾村东环路。

2018 年

施养善获"2018 杰出义工嘉许优秀义工""优秀奖"

1 月 11 日 龙园村旅港乡贤施养善获香港义工联盟"2018 杰出义工嘉许优秀义工"、香港福建社团总会义工团"优秀奖"。

厦门大学"高校—乡村"共建实践基地落户福林村侨厝

1 月 23 日 "厦门大学—龙湖福林村高校乡村共建实践基地"挂牌仪式在中国传统村落、福建省历史文化名村福林村举行。这是厦门大学在泉州市与国家级传统村落结对共建的首例。因厦大基地借助许清源侨厝作为活动主要场所，结合泉州历史著名的清源书院，故取名"清源别院"。厦大基地的设立是厦大老师王量量、韩洁、李苏豫与龙湖镇驻福林村干部洪国泰共同倡导的。

多位龙湖籍乡贤当选为政协第十二届福建省委员会委员

1月25日　中国人民政治协商会议第十二届福建省委员会第一次会议在福州开幕，龙湖籍港澳乡贤涂雅雅（女）、施人玮、施汉阳、施能狮、施教斌当选为委员，施能狮当选为常务委员。

旅菲施龙辉中将回乡祭祖

2月17日上午　菲律宾总统府特种作战部队司令施龙辉中将偕夫人施美娜女士在洪培力的陪同下回龙湖镇南庄村三落祖厅祭祖。祭祖仪式依古例进行，施龙辉将军偕夫人施美娜手持三炷清香，率侄儿施明亮及其他家族成员向祖宗牌位行香跪拜。在晋江市侨台外事局领导的陪同下，施将军一行还参观了五店市传统街区。

"龙湖侨务"编发推文《菲将军寻根梦圆龙湖　三落厅祭祖情系家国》

2月17日　"龙湖侨务"编发推文《菲将军寻根梦圆龙湖　三落厅祭祖情系家国》，阅读量8234人次。

中央电视台央视网华人频道报道龙湖镇侨联2018年工作会议

3月2日　中央电视台央视网华人频道以《充分履行侨联职能、创新提升侨务工作》为题，报道龙湖镇侨联于3月1日召开的2018年工作会议讯息。新华网、人民网同时转载。

《福建侨报》刊发《菲将军寻根梦圆晋江、三落厅祭祖情系家国》

是日　《福建侨报》刊发《菲将军寻根梦圆晋江、三落厅祭祖情系家国》，报道南庄村旅菲乡侨、菲律宾总统府特种作战部队司令施龙辉中将偕夫人施美娜女士回家乡祭祖讯息。

吴玲玲、施维雄、施清流、施荣怀、何富强当选为全国政协第十三届委员会委员

3月3日至15日　中国人民政治协商会议第十三届全国委员会第一次会议在北京召开；龙湖籍港澳乡贤董吴玲玲（女）、施维雄、施清流、施荣怀、何富强当选为全国政协第十三届委员会委员并出席会议。

吴秋北、施家伦当选为第十三届全国人民代表大会代表

3月5日至20日 中华人民共和国第十三届全国人民代表大会第一次会议在北京召开，龙湖籍吴秋北（香港）、施家伦（澳门）当选为十三届全国人大代表并出席会议。

旅外乡亲参加秀山宫宝月殿暨剧台重建落成庆典

4月19日 菲华秀山五乡联合会组成以许书粘为团长的回乡庆贺团，与旅居港、澳、台的秀山村乡亲一道参加秀山宫宝月殿暨剧台重建落成庆典活动。

《奕世风华——施阁对家族纪事集》出版

是月 前港新乡施阁对家族基金会出版《奕世风华——施阁对家族纪事集》，该书大16开206码，精装彩印。全书分8篇，分别是：嘉勉题贺、根基本源、世德先芬、俊彩殊荣、惠泽乡邦、实至名归、家声族誉、枝繁花发。全书溯本寻源，全面记录了家族传衍、开拓进取、服务社会、奉献家国的史实。福建省侨联主席陈式海为之作序，杨孙西、陈式海、施恭旗、施文界、施家伦、施亨利、施清流、施维雄、施能狮、施荣源、陈长庚等为该书题贺。

施文照当选连任浔联小学第八届董事会董事长

5月1日 浔联小学第八届董事会就职典礼举行。湖北村旅居阿联酋乡贤施文照当选连任第八届董事长，并捐赠办学经费50万元。

吴远康当选泉州市侨商联合会第二届执行会长

6月4日 泉州市侨商联合会第二届会员大会暨理监事就职典礼在泉州举行，西吴村旅港乡贤吴远康当选为执行会长。

施文照当选阿联酋福建总商会第四届会长

6月22日晚 2018世界闽南文化节暨阿联酋福建总商会第四届理事会就职典礼在迪拜君悦酒店（Grand Hyatt Dubai）隆重举行。现场来宾包括福建省政府、泉州市政府、中国驻迪拜总领馆以及中国台湾、香港、澳门，东南亚、非洲、拉美等地的闽籍社团的嘉宾，和阿联酋各商协会组织代表共600多人参加。

出席本次大会的领导嘉宾有：中国驻迪拜总领事馆王振山副总领事、迪拜经济部阿卜杜拉次长阁下、福建省侨联副主席翁小杰、福建省政府办公厅巡视员卢子玲、福建省泉州市人大常委会副主任许文贵、福建省泉州市委宣传部副部长许旭明等。

旅菲晋江大埔同乡会第四十八至第四十九届职员就职典礼举行

7月8日 旅菲晋江大埔同乡会庆祝成立48周年暨第四十八至第四十九届职员就职典礼在马尼拉富临海鲜酒家举行，施正杰任新届理事长，王清海任执行副理事长。

施天柏任旅菲洪溪同乡会新届理事长

8月2日 旅菲洪溪同乡会庆祝成立69周年纪念暨第七十连七十一届理监事就职典礼在马尼拉举行，施天柏任新届理事长。

施能狮获评全国侨联系统先进个人

8月29日上午 第十次全国归侨侨眷代表大会在北京人民大会堂开幕，来自全国各地的近1300名归侨侨眷代表和来自110多个国家的近700名海外侨胞特邀嘉宾欢聚一堂，共叙乡情与祖国发展。会上宣读了《中国侨联、国务院侨办关于表彰中国侨界杰出人物和全国归侨侨眷先进个人的决定》，龙湖镇侨联主席施能狮获评全国侨联系统先进个人。

吴远康、施若龙分别当选中国侨联第十届委员会常委、委员

是月 第十次全国归侨侨眷代表大会在京召开，会议选举产生中国侨联第十届委员会。西吴村旅港乡贤吴远康当选为常务委员，前港村旅港乡贤施若龙当选委员。

施能狮获福建省人民政府"襄教树人"匾额

同月 衙口村旅港乡贤、龙湖镇侨联主席施能狮获福建省人民政府"襄教树人"匾额。

澳门萧妃（烧灰）同乡会成立

9月18日 澳门萧妃（烧灰）同乡会成立暨首届理监事就职典礼在渔人

码头宴会厅举行。洪良猛乡贤当选首届会长。

菲律宾晋江市龙湖镇联乡总会组团回乡访问

9月21日上午 菲律宾晋江市龙湖镇联乡总会访问团一行15人在理事长洪肇等的率领下到晋江交流访问，晋江市领导李自力、黄文福会见了访问团一行。访问团参观了三创园，走进创客大街、海峡石墨烯产业技术研究院，深入感受晋江产业创新活力。随后，访问团前往洪山文创园，了解晋江文创产业、电商产业的发展。家乡晋江在科技创新、产业升级方面取得的成果赢得了访问团成员的称赞。访问团盛情邀请家乡领导率团出席将于11月30日举行的成立6周年庆典暨第四届理监事会就职典礼。

施盛大任日本晋江同乡联谊会首届会长

9月25日 日本晋江同乡联谊会在日本东京隆重成立，前港村乡贤施盛大任首届会长。世界晋江同乡总会会长施文诞率领世晋总代表团到会祝贺。

南侨中学编辑出版校本教材《以楼说侨》

是月 南侨中学编辑出版校本教材《以楼说侨》。该教材分四个篇章：第一篇章"侨与侨"，主要介绍南侨历史及华侨文化；第二篇章"楼与侨"，主要介绍建筑物、捐资者及部分碑记；第三篇章"侨故事"，主要介绍与南侨中学有关的部分华侨、校董、校友的故事及其精神；第四篇章"侨文化"，主要介绍南侨文化底蕴及其蕴意。"本教材将利用校园建筑，开启一段南侨人的故事。""回顾历史，南侨的创办离不开华侨，南侨的发展离不开华侨；南侨走出去的华侨，通过一栋又一栋建筑回馈南侨。"

香港龙湖同乡联谊会第七届理监事就职

11月11日晚 香港龙湖同乡联谊会第七届理监事就职典礼假香港九龙湾展贸中心举行，施金象乡贤任新届会长。全国政协委员、太平绅士施清流，全国政协委员、怡高集团（香港）有限公司总裁施维雄，福建省政协常委施能狮，福建省政协委员、香港晋江社团总会主席洪顶超，华闽（集团）有限公司总经理丁炳华，中共晋江市委常委、统战部部长黄文福，世界晋江同乡总会会长施文诞，香港龙湖同乡联谊会创会会长吴天赐博士，中共龙湖镇党委书记陈希轩莅临主礼。来自各地的庆贺团代表、友好社团代表、嘉宾等欢聚一堂，乡情融融。

澳门龙湖同乡会第四届理监事就职

11 月 13 日晚 澳门龙湖同乡会成立 9 周年暨第四届理监事就职典礼、澳门龙湖青年促进会第二届理监事就职典礼在澳门渔人码头隆重举行。来自各地的 2000 多名晋江乡亲会聚澳门，共襄盛举。澳门社会文化司林晓白顾问，中联办协调部余向军副部长、张深居副部长，澳门行政会委员陈明金，晋江市委统战部陈金尚副部长，龙湖镇党委陈希轩书记等主礼嘉宾到场祝贺。龙湖旅澳乡贤吴东秒、施清积、施青阳分别任第四届澳门龙湖同乡会会长、理事长、监事长，龙湖旅澳青年洪振奕、施珊瑜、许文枫分别任第二届澳门龙湖青年促进会会长、理事长、监事长。

归侨中科院院士施教耐去世

11 月 24 日 中国民主同盟盟员、中国科学院院士、中国科学院分子植物卓越创新中心 / 植物生理生态研究所研究员施教耐在上海去世，享年 98 岁。

施教耐祖籍晋江市龙湖镇石厦村，系菲律宾归侨，是我国植物碳代谢领域的重要奠基人。施教耐遗体告别仪式于 2018 年 11 月 30 日（周五）上午 10 时在上海龙华殡仪馆举行。

菲律宾晋江市龙湖镇联乡总会第四届理监事就职

11 月 30 日 菲律宾晋江市龙湖镇联乡总会成立 6 周年庆暨第四届理监事就职典礼，菲律宾晋江龙湖商会第二届理监事暨第二届青年组就职典礼在马尼拉隆重举行。施聪典担任新届理事长。

理事长洪肇等担任大会主席并致辞。名誉理事长许泽堆担任监督员并训诲，龙湖镇人民政府镇长张志雄担任主讲人演诲，菲华商联总会副理事长施伟廉、菲华各界联合会主席蔡志河等嘉宾先后致辞，副理事长洪源集致谢词，蔡臻蔚介绍主宾席嘉宾，秘书长施养铁担任大会司仪。

龙湖乡贤捐资世中运公益基金 10450 万元

12 月 18 日 "晋江慈善之夜"慈善捐赠仪式上，龙湖籍乡贤向世中运公益基金、晋江市传统文化发展基金捐款，其中施文博乡贤所在的恒安公司捐赠 5000 万元，百宏集团吴金镖捐赠 1000 万元，百宏集团林金井捐赠 500

万元，夜光达公司捐赠 300 万元，施能狮、施锦山捐赠 200 万元，万兴隆集团捐赠 200 万元，三远集团捐赠 100 万元，百泰公司施远迎捐赠 100 万元，福兴拉链有限公司捐赠 100 万元，泉州伟泰化纤公司（洪连侨）捐赠 50 万元，晋江市荣耀纤维制品有限公司洪龙江捐赠 50 万元，洪游奕捐赠 500 万元，洪祖杭捐赠 300 万元，董吴玲玲捐赠 50 万元，百信地产李贤义、施天佑捐赠 2000 万元，总额 10450 万元。

留日农学博士参加龙湖镇"振兴·乡村"之"反哺忆初心"沙龙活动

12 月 22 日上午 龙湖镇在衙口村施琅将军纪念馆举办"振兴·乡村"之"反哺忆初心"沙龙活动。沙龙活动由龙湖镇党委书记陈希轩主持，邀请福建省海外百人计划专家、留日农学博士、"朴华乡村营建工作室"创办人吴超峰，晋江市相关部门领导，部分龙湖青年创业者代表；龙湖镇 15 个"一肩挑"村主干以及龙湖镇分管领导及相关科室负责人参加本次活动。

旅菲晋江绍德同乡会第七十二连七十三届理监事就职

12 月 23 日 旅菲晋江绍德同乡会庆祝成立 72 周年暨第七十二连七十三届理监事、第二十七连二十八届青年组职员就职典礼在马尼拉隆重举行。施养儒任同乡会新届理事长。同期举行的还有晋江恢斋中心小学菲律宾董事会第十六连十七届董事就职典礼。

安海医院文博科技楼落成仪式举行

12 月 29 日上午 晋江市第二医院揭牌·文博科技楼落成仪式在晋江市安海医院隆重举行。晋江市领导陈晋永、黄少伟、洪元程，安海镇党委书记唐春晓，恒安国际集团有限公司董事局主席施文博先生及其家族代表，晋江市直有关部门领导等参加揭牌仪式。仪式上，由晋江市第二医院院长许群英向施文博先生颁发感谢牌匾，感谢其无私奉献，捐资 3420 万元倡建新病房大楼，造福一方百姓。

吴远北独资捐建阳溪中心小学校园景观

是月 西吴村旅港乡贤、龙湖镇侨联副主席吴远北独资捐建阳溪中心小学校园景观。

施能狮重建鸳鸯港"敬老桥"

是年 衙口村旅港乡贤施能狮捐资重建衙口、南浔两村鸳鸯港"敬老桥",并捐赠衙口村礼鼓队活动基金。

《晋江年鉴》(2019卷)辑录龙湖镇热心家乡公益事业的个人名录

同年 《晋江年鉴》(2019卷)辑录《光荣榜·热心家乡公益事业的个人》中,施纯衷(鲁东)、施能狮(衙口)、施学顺(前港)、涂雅雅(前港)、施联湘(龙园)、施文瑞(龙园)、洪祖杭(溪前)、施嘉庆(杆柄)、施工作、施学习(陈店)、施志伴(埔头)、许蔚萱(福林)等12位上榜。

2019 年

《侨乡中的侨乡——晋江龙湖》在央视网华人频道正式上线播出

1月4日 龙湖镇联合中央电视台华人频道拍摄的《侨乡中的侨乡——晋江龙湖》在央视网华人频道正式上线播出。该片通过侨力丰厚、报效祖国、关爱家乡、用足侨力、继往开来等5个篇章,全方位、多角度展示了龙湖镇秀丽的自然风光、深厚的人文积淀、丰厚的侨力资源、浓浓的海内外乡情,生动展现了龙湖镇党委、政府以"晋江经验"为指导,立足侨乡人文地缘优势,打好"侨牌",用足"侨力",扎实为侨服务,认真维护侨益,争取侨心,凝聚侨力,推动全镇经济社会不断发展,不断擦亮侨乡品牌。

SM控股公司主席施至成去世

1月19日 菲律宾首富、SM控股公司主席施至成去世,享年97岁。菲律宾规模最大的连锁商场——"SM超级商场"的首席运营官在声明中称:"我以深切哀痛的心情通知本集团,我们挚爱的董事长施至成星期六清晨在睡梦中安详离去。"

施至成祖籍晋江市龙湖镇洪溪村。2018年,施至成在福布斯排行榜蝉联菲律宾富豪榜首位,他的身价为183亿美元。

施至成追思会在洪溪村举办

1月24日 旅菲侨领施至成老先生追思会在洪溪村强民小学大礼堂举行。活动由龙湖镇党委、政府,龙湖镇侨联主办,洪溪村两委会、老年人协会、强民小学董事会承办，相关单位代表、洪溪村代表，施至成亲属 300 多人参加了本次追思会。

追思会介绍了至成先生的生平，回顾了至成先生开拓奋进的传奇一生，重温了至成先生对住在国、对祖国和家乡的奉献事迹，追忆了至成先生回国投资兴业的业绩，表达了对其艰苦创业、奉献社会的敬仰。龙湖镇侨联、洪溪村两委会、洪溪村老年人协会等单位代表先后上台致悼词，寄托了对至成先生的哀思。

台胞吴英明回锡坑村谒祖

是日 台胞吴英明在晋江市政协副主席洪元程陪同下回锡坑村谒祖。吴英明先辈从锡坑村移居台湾台南县将军庄，其本人曾服务于某央企。谒祖仪式在锡坑村宗祠举行，随后在村委会召开座谈会。

施汉生代表家族致函感谢龙湖镇侨联

2 月 6 日 施至成令长郎施汉生代表其家族发来《致谢函》，全文如下：

晋江市龙湖镇归国华侨联合会：

感谢贵单位在我的父亲施至成先生的悼念会期间发来唁电，给我们全家以温暖抚慰，在此我代表家人，谨表谢忱！

父亲一生勤勉敬业、心系祖国、热心公益、造福桑梓，老人家虽已长逝，激励永在，我们也将不忘初心，奋力前行，推动商业发展，回馈社会！

香港衙口同乡会第九届理监事就职典礼举行

3 月 29 日 香港衙口同乡会成立 21 周年、第九届理监事就职典礼在北角富临皇宫酒楼举行，施纯沛任新届理事长，施清祥任监事长。

香港龙湖同乡联谊会举行"庆三八·迎五四"联欢会

3 月 31 日晚 香港龙湖同乡联谊会于香港北角举行"庆三八·迎五四"联欢会。香港龙湖同乡联谊会会长施金象携董事会成员和妇女同胞、青委会成员欢聚一堂，共庆佳节，共商会务发展。

施学顺陪同泉州师范学院党委书记朱世泽一行赴尊道小学调研

4月2日 泉州师范学院党委书记朱世泽一行，在晋江市教育局局长陈建生、龙湖镇党委书记陈希轩和尊道校董会副董事长施学顺先生的陪同下，莅临尊道小学调研。

当天上午，在前港村旅港乡贤施学顺的带领下，调研组一行实地察看了尊道小学一期工程建设及投用情况，深入了解了二期工程建设筹备事宜，随后在学校会议室举行座谈。

菲华秀山五乡联合会组团回乡参加庆典

4月3日 菲华秀山五乡联合会理事长许书恭率团参加秀山村老年人协会成立30周年庆典。

曾焕胜赴菲祭奠"华支"烈士曾焕骰

4月4日 陈店村84岁老人曾焕胜在儿子曾国波、曾国凉的陪同下，专程飞到菲律宾，在马尼拉华侨义山菲律宾华侨抗日烈士纪念碑前献上花篮，祭奠堂哥、"菲律宾华侨抗日游击支队"（简称"华支"）烈士曾焕骰。

"龙湖智库"之"反哺忆初心·筑梦故里行"恳谈会召开

4月6日上午 龙湖镇举行2019年"龙湖智库"之"反哺忆初心·筑梦故里行"恳谈会，来自香港龙湖同乡联谊会、澳门龙湖同乡会、南昌泉州商会的90余位乡贤与龙湖镇侨联、商会、外商投资企业协会欢聚一堂，同叙乡情，共话乡谊。晋江市委常委、统战部部长黄文福，龙湖镇党委书记陈希轩，龙湖镇人民政府镇长张志雄参加活动。会议还就龙湖镇深化侨情与港澳乡情普查开展情况，以及《龙湖侨史资料》编撰、"龙湖镇侨界青年联合会"筹建等工作与乡亲交流探讨。

鲁东村侨捐爱心幸福院大楼揭牌仪式举行

4月17日上午 鲁东村首届"仁寿"文化节开幕暨爱心幸福院大楼揭牌仪式举行，龙湖镇侨联主席施能狮、菲律宾鲁东同乡会永远荣誉会长施纯衷、龙湖镇相关领导参加活动。

鲁东村幸福院始建于2018年5月。鲁东村旅菲侨亲施纯衷带头捐资80万元，福建省政协常委施能狮也向爱心幸福院大楼捐款20万元，鲁东村旅菲、旅港、本里乡贤均踊跃捐资。

旅菲晋江埭头同乡会第三十七连三十八届理事会职员就职

4月28日 旅菲晋江埭头同乡会成立50周年庆典暨第三十七连三十八届理事会职员就职典礼在菲律宾马尼拉黎刹公园酒店举行。吴飞腾任新届理事长。

吴金錶、施婉玉伉俪捐赠善款1200万元

5月18日晚 枫林村旅澳乡贤，百宏集团吴金錶、施婉玉伉俪借长子吴仲钦、长媳吴雅榕举行结婚典礼之际，分别向世中运暨福大晋江科教园公益基金捐赠善款1000万元，向龙湖镇枫林村、深沪镇首峰村各捐赠善款40万元，向龙湖镇锡坑村、前港村、湖北村、坑尾村、后宅村及深沪镇群峰村各捐赠善款20万元，全力支持晋江举办重大赛事，助推乡村振兴发展。

世界晋江同乡总会、香港福建希望工程基金会来晋交流

5月29日 石厦村旅加乡贤施文诞、刘志仁率世界晋江同乡总会、香港福建希望工程基金会交流团一行到晋江市侨联走访，双方开展座谈交流。交流会上，晋江市侨联主席庄晓芳向交流团汇报了近年来晋江侨联的几项品牌工作进展情况。

"侨与'晋江经验'"调研组赴龙湖镇调研

5月31日 晋江市委统战部、市侨联与厦门大学合作的"侨与'晋江经验'"调研组赴龙湖镇调研。上午考察、访谈恒盛集团、远大织造、龙侨中学，下午考察福林村，在镇商会会议室召开调研座谈会。座谈会上，参会人员向调研组讲述了龙湖镇侨捐项目、重点侨领、侨资企业的故事。

该课题重点总结改革开放四十年来侨对晋江的影响和贡献，了解"侨"与习近平总书记所谈的"晋江经验"之间的关系，探索今后任务工作传承与创新之路。

调研课题组成员由厦门大学俞云平、吕云芳副教授，省侨联吴晓凡、邱成海组成；市侨联庄晓芳主席、王建新副主席陪同调研；龙湖镇统战委员张尚府，镇侨联副主席吴谨程，秘书施晴娟参加本次活动；南侨中学副校长施文书、埭头村书记吴为军、洪溪村书记施振雷、前港村侨联副主席王宝惜出席了调研座谈会。

旅外乡亲捐建安溪县库边施氏祖祠

是月　洪溪村旅菲施碧昌、施天乙，旅港施文质、施子银等乡亲联合旅外乡亲捐建安溪县库边施氏祖祠。

张上顶任香港福建同乡会第二十五届会长

6月5日　香港福建同乡会成立79周年庆暨第二十五届理监事就职典礼在香港北角举行，新丰村旅港乡贤张上顶任新一届会长。中联办副主任谭铁牛，福建省政协副主席洪捷序，香港特别行政区民政事务局副局长陈积志等领导和嘉宾到会祝贺。

施教港任菲华晋江前港同乡会新届理事长

6月12日　菲华晋江前港同乡会第四十三连四十四届理监事、第三十三连第三十四届青年组、第十一连十二届妇女组职员就职典礼及乡侨联欢大会在马尼拉隆重举行。施教港任新届理事长。

《龙湖侨史资料》编纂工作启动

6月20日下午　《龙湖侨史资料》编纂工作会议在龙湖镇商会一楼会议室召开，龙湖镇侨联施能狮主席宣布《龙湖侨史资料》编纂工作正式启动，并对编纂工作提出了两点意见。施能狮主席为受聘为学术顾问的吴明哲等4位同志、受聘为委员的许灿煌等6位同志颁发了聘任证书，市政协文史委主任吴明哲、市文化和旅游局副局长施清凉围绕文史资料写作及《龙湖侨史资料》的编纂发表了意见。参会人员对《龙湖侨史资料》编纂工作提出意见、建议。龙湖镇统战委员张尚府同志作总结讲话。

会议由龙湖镇侨联吴谨程副主席主持，施能狮、张尚府、吴明哲、施清凉、吴谨程、粘良图、许灿煌、许泽土、施晴娟、洪国泰、郭芳读等出席了会议。

旅菲英山乡贤庄顿尼、庄明月分别任职菲律宾两地市长

6月23日　英山村旅菲乡侨庄顿尼第三次连任菲律宾巴拉湾省泰泰市市长，旅菲庄明月小姐荣任菲律宾巴坦加斯省IBAAN市市长。

施至成家族组团回乡寻根

6月28日　旅菲施至成家族"中国寻根之旅"一行30多人，回到家乡

洪溪村寻找施至成先生生前留在家乡的足迹，借此活动让子孙后代铭记家乡，铭记祖国。寻根家族团参观了德成楼故居，施至成捐建的凉亭、钞溪桥及强民小学等，共同缅怀先生在家乡路桥、电力、教育建设方面的贡献。

许振基任晋江南侨中学菲律宾校友会新届理事长

6月30日 晋江南侨中学菲律宾校友会在马尼拉举行第三十九连四十届职员就职典礼，许振基任新届理事长。

施文博、施能狮、洪游奕获省政府颁发捐资牌匾

是月 福建省人民政府向2016年6月以来捐资逾千万元人士颁发牌匾，龙湖镇施文博捐资3920万元，施能狮捐资2575万元，洪游奕捐资1008万元，三位乡贤获颁捐资牌匾。

许维蓄捐赠烧灰村老协会慰问金

同月 烧灰村旅港乡贤许维蓄再度捐赠烧灰村老协会慰问金30万元。2018年，许维蓄首次捐赠烧灰村老协会慰问金30万元。

许中荣获省政府颁发捐资牌匾

同月 福建省人民政府向2016年6月以来捐资逾千万元人士颁发牌匾，龙玉村旅菲乡侨许中荣捐资1550万元，获颁捐资牌匾。

海内外乡亲捐建英仑小学综合楼

同月 由仑上村旅菲洪纯发、洪建民、洪祖江、洪显祖、洪肇等、洪文帛、留开昌等海内外乡亲捐建的英仑小学综合楼动工兴建。

洪祖杭、吴秋北、施荣忻获香港特区政府授勋

7月1日 香港特别行政区政府公布2019年授勋名单，这是自1997年香港回归祖国以来香港特区政府公布的第二十二份授勋名单。此次共有三位龙湖籍乡贤获得荣誉。其中，全国政协原常委、香港福建社团联会荣誉顾问、香港晋江社团总会永远荣誉会长、太平绅士洪祖杭（溪前村）获得最高荣誉——大紫荆勋章。另外两位龙湖籍乡贤分别为：荣获银紫荆勋章的吴秋北（古盈村），荣获铜紫荆勋章的施荣忻（南庄村）。

旅菲晋江大埔同乡会组团返乡

7月4日　旅菲晋江大埔同乡会由理事长施正杰任团长、王清海任领队、施养超任秘书长、施灿锋任财政，一行30多人偕请旅菲玉皇三太子返回故乡谒祖进香。

许扁任菲律宾福建总商会会长

7月10日晚　菲律宾福建总商会庆祝成立115周年暨第一百一十五连一百一十六届理监事泊第三届妇女委员会职员就职典礼在马尼拉东海皇宫大酒楼举行，烧灰村旅菲乡侨许扁荣膺新届会长，担任新届妇女委员会监督员，并为新届妇女委员会颁赠纪念牌。中国驻菲律宾大使馆参赞兼总领事罗刚出席并致辞，菲华商联总会理事长林育庆担任大会主讲人，龙湖镇侨联副主席吴谨程代表家乡庆贺团致辞。海内外庆贺团，菲华友好社团代表、嘉宾出席典礼。

就职典礼上还进行该会与世界各地商会"结盟签约"仪式，以及"战略合作联盟签约仪式"。

旅港晋江龙玉同乡会第八届理监事就职

是日　旅港晋江龙玉同乡会成立30周年暨第八届理监事就职、会址落成典礼举行，许清彬任新届理事长，许剑铭任常务副理事长，许建筑任监事长。

吴永坚任菲律宾福建青年联合会会长

7月11日晚　菲律宾福建青年联合会庆祝成立2周年暨第三连第四届职员、国际华侨华人青商丝路交流协会成立泊首届职员就职典礼在马尼拉东海皇宫大酒楼举行，古湖村旅菲乡侨吴永坚任菲律宾福建青年联合会新届会长，同时担任国际华侨华人青商丝路交流协会首届会长。

庆祝大会由创会会长许扁任大会主席，菲律宾共和国参议员辛迪娅·维惹（Hon.Senator Cynthia Villar）担任主礼嘉宾训诲，中国驻菲律宾大使馆参赞兼总领事罗刚、菲华商联总会理事长林育庆、菲华各界联合会主席杨华鸿等嘉宾出席庆典并致辞，执行常务副会长洪聪晓致谢辞。就职典礼上还进行"结盟友好兄弟会"签约仪式。

吴东秒出席"城势·2019未来城市发展（澳门）论坛"新闻发布会

7月30日 由国家信息中心智慧城市发展研究中心、中央人民政府驻澳门特别行政区联络办公室经济部指导，澳门特别行政区科学技术发展基金、澳门特别行政区政府旅游局、澳门福建体育总会、海创人才支持，未来城市发展（澳门）论坛组委会主办的"城势·2019未来城市发展（澳门）论坛"新闻发布会在澳门渔人码头会议展览中心召开。锡坑村旅澳乡贤吴东秒作为未来智慧城市（澳门）研究会代表，在会上与其他3位主办方代表围绕"城势在人"主题进行对谈。

施正怀捐助南浔村新农村建设

是月 南浔村旅港乡贤施正怀捐资36万元支持南浔村新农村建设。2015年10月，施正怀捐助南浔村新农村建设第一笔善款18万元。

吴谨程接受泉州市侨联侨史故事人物采访

8月23日 "我的根魂梦"——泉州市侨联喜迎新中国成立70周年侨史故事专题人物采访组赴龙湖镇侨联，对吴谨程副主席进行视频采访，并赴衙口海滨拍摄外景。这次采访为泉州市"侨史故事人物"70人中第一场。

洪祖杭、宗巧筠伉俪牵线组织2019年海峡两岸独轮车夏令营

8月24日 2019年海峡两岸独轮车夏令营的开幕式在侨英小学的大礼堂举行。此次夏令营活动由全国政协常委、侨英董事会永远董事长洪祖杭先生偕同夫人宗巧筠博士牵线组织。

旅外乡亲集资捐建恢斋幼儿园二期工程

是月 龙园村旅菲施联湘、施文瑞等乡侨捐建的恢斋中心幼儿园二期工程竣工。

施建法任菲律宾福建总商会纳卯分会第十一、十二届理事长

9月8日 菲律宾福建总商会纳卯分会第十一、十二届职员就职典礼在因树叻大旅社举行，石厦村旅菲乡侨施建法任新届理事长。中国驻达沃总领事黎林、沙拉市长代表、石厦村庆贺团及各界嘉宾等到会祝贺。

施建法任菲律宾中国洪门致公党纳卯支部第十一、十二届会长

9 月 9 日 菲律宾中国洪门致公党纳卯支部第十一、十二届职员就职典礼在因树叻大旅社举行，石厦村旅菲乡侨施建法任新届会长。中国驻达沃总领事、沙拉市长办公室、菲律宾中国洪门致公党联合总会、中国致公党晋江市委会、石厦村等代表到会祝贺。

香港晋江英园同乡会第三届董事会职员就职典礼举行

9 月 11 日 香港晋江英园同乡会第三届董事会职员就职典礼举行，洪朝汀乡贤任会长，洪重庆乡贤任常务副会长。

洪培力晋升为菲律宾海警署辅助大队少将

9 月 26 日 菲律宾海警署辅助大队晋升军衔仪式在首都马尼拉海警署总部大楼隆重举行，菲律宾海警署总司令埃尔森·赫尔莫吉诺（Elson Ehermogino）上将向晋升军衔的三位军官颁发委任状。中堡村旅菲乡侨洪培力获授少将。

吴志坚任菲律宾中国商会纳卯分会第六届会长

9 月 28 日 菲律宾中国商会纳卯分会庆祝成立 10 周年暨第六届职员就职典礼在因树叻大旅社（Waterfront Insular Hotel，Davao）举行，内坑村乡侨吴志坚任第六届会长。

施志伴独资捐建埔头村文化广场、村委会会所大楼

是月 埔头村旅澳乡贤施志伴独资捐建埔头村文化广场、村委会会所大楼。

旅菲晋江埭头同乡会编辑出版《岱阳礼赞》

同月 旅菲晋江埭头同乡会成立 50 周年暨第卅八届理监事就职典礼纪念特刊《岱阳礼赞》出版。该书追本溯源，全面回顾了旅菲晋江埭头同乡会的历史沿革及主要活动，再现五秩盛典，更以三分之一的篇幅，刊载旅外乡亲捐赠家乡公益事业及家乡各项建设的情况。

施子清、施亨利、许健伦、施文照、许克宜受邀赴北京观礼

10 月 1 日 庆祝中华人民共和国成立 70 周年大会在北京天安门广场隆

重举行，龙湖籍旅外乡亲施子清、施亨利、许健伦、施文照、许克宜受邀赴京参加国庆观礼系列活动。

施志伴向晋江世中运捐赠 600 万元

10 月 19 日晚　第十八届世界中学生运动会（简称"世中运"）倒计时 1 周年晚会在晋江举行，埔头村旅澳乡贤施志伴捐赠 600 万元，用于支持世中运赛事筹办。

施俊龙为晋江世中运捐赠 200 万元

是日晚　第十八届世界中学生运动会倒计时 1 周年晚会在晋江举行，洪溪村旅菲乡侨、菲律宾 SM 集团施俊龙捐赠 200 万元，用于支持世中运赛事筹办。

香港晋江石厦同乡会第七届理监事就职典礼举行

同日晚　香港晋江石厦同乡会庆祝成立 16 周年暨第七届理监事就职典礼及青年会第四届执委就职在北角富临皇宫大酒楼举行，施启明乡贤任新届理事长，刘胜贺乡贤任监事长，刘志极乡贤任石厦青年会第四届会长。

施文博向晋江市慈善总会捐赠 2800 万元

同日晚　石厦村旅港乡贤、恒安国际集团有限公司董事局主席施文博借其爱孙施翰林 16 岁生日之机，向晋江市慈善总会捐赠 2800 万元，其中向福建省公安民警英烈基金捐款 200 万元。晋江市领导陈晋永、许仰东、王文晖出席捐赠仪式。

龙湖镇召开侨界青年联合会筹备工作会议

10 月 25 日上午　龙湖镇召开侨界青年联合会筹备工作会议，龙湖籍青年代表及部分留学生代表、归侨代表、青年代表共同商议侨界青年联合会成立事宜。龙湖镇党委书记陈希轩、副书记施纯玺和统战委员张尚府参加会议。

会上，镇侨联副主席吴谨程就侨界青年联合会前期的各项筹备工作作了简要的介绍，正式成立了龙湖镇侨界青年联合会筹备工作领导小组，审议并原则通过了龙湖镇侨界青年联合会章程（草案）及会长、副会长、常务理事人选建议名单，建议提交成立大会讨论通过。

陈祖昌率南侨中学菲律宾校友会校友代表莅校参观

10 月 31 日上午 陈祖昌校友率南侨中学菲律宾校友会成员许泽恭、许前途、许振基、郑小生、范培萱、施白莹、施静容等一行在刘清裕老校长的陪同下返校参观交流。

施学茂、蔡最治伉俪家族捐建石厦厝后老人活动中心

是月 由石厦村旅菲乡侨施学茂、蔡最治伉俪家族捐建的石厦厝后老人活动中心动工兴建。

施文聪、施拱南捐资翻建埔头村"通海路"水泥路

同月 埔头村旅菲乡侨施文聪，旅澳乡贤施拱南捐资翻建埔头村"通海路"水泥路。

港澳英仑同乡会成立

11 月 3 日晚 港澳英仑同乡会成立庆祝联欢晚会在北角富临皇宫大酒楼举行，洪朝响乡贤任首届会长。

施永昌任菲晋总第十四届理事长

11 月 10 日 菲律宾晋江同乡总会庆祝成立 26 周年活动暨第十四届理事会、第九届青年组就职典礼在菲律宾马尼拉市举行，龙园村乡贤施永昌任新届理事长。中国驻菲律宾大使馆领事董洪亚、晋江市政协主席林仁达、龙湖镇人民政府镇长张志雄、世界晋江同乡总会会长王育民、菲华商联总会理事长林育庆等嘉宾及海内外庆贺团共百余人参加活动。现场还举行了菲律宾晋江商会总会庆祝成立 4 周年活动暨第三届职员就职典礼。

旅菲晋江石厦同乡会第四十五、四十六届理事会就职

是日 旅菲晋江石厦同乡会庆祝成立 68 周年暨第四十五、四十六届理事会就职典礼在马尼拉世纪海鲜酒家举行，刘厝村刘清海任新届理事长，施鸿雄、施宏基、施文衍任副理事长。龙湖镇镇长张志雄、镇侨联副主席吴谨程到会祝贺。旅菲晋江石厦溪森罗殿第九届董事会、妇女组于是日中午在阁

罗天子驾前拈香就职，施金虎任董事长，施许嫩娜连任妇女组主任。

张志雄、吴谨程礼访菲律宾晋江市龙湖联乡总会

11月11日下午　龙湖镇人民政府张志雄镇长、龙湖镇侨联副主席吴谨程礼访菲律宾晋江龙湖镇联乡总会，就龙湖镇侨界青年联合会筹备成立、《龙湖侨史资料》编纂、侨情普查工作与旅菲侨亲进行广泛交流。

施锦珊当选福建省侨商联合会第二届监事长

是日　福建省侨商联合会换届大会在福州市举行，衙口村旅港乡贤施锦珊当选为福建省侨商联合会第二届监事长。

许自更任旅菲晋江檀林同乡会第七十三至七十四届理事长

11月17日　旅菲晋江檀林同乡会第七十三至七十四届职员就职典礼暨乡侨联欢大会在马尼拉东海皇宫大酒楼举行，许自更任新届理事长。福林村书记许景景率家乡庆贺团，香港晋江檀林同乡会会长许成沛率香港庆贺团到会祝贺并在会上致辞；烧灰村乡侨、菲律宾许氏宗亲总会会长许学禹担任大会主讲人。

许钟鑫任菲律宾中华总商会第七十二届会长

11月18日　菲律宾中华总商会庆祝成立115周年暨第七十二届职员就职典礼在马尼拉东海皇宫大酒楼举行，梧坑村旅菲乡侨许钟鑫任新届会长。

旅外乡亲参加泉州师范学院附属尊道小学（筹）建校110周年庆典

11月19日　泉州师范学院附属尊道小学（筹）建校110周年庆典举行，菲华晋江前港同乡会、香港晋江前港同乡会、香港晋江厚泽乡亲会组团回乡参加庆典。

施淑嫌任南侨中学澳门校友会第二届会长

11月28日晚　福建晋江南侨中学澳门校友会在澳门旅游塔会展娱乐中心四楼宴会厅举行庆祝中华人民共和国成立70周年、澳门回归祖国20周年、该会成立3周年暨第二届理监事就职典礼，施淑嫌女士任南侨中学澳门校友会第二届会长。

旅外乡亲组团参加衙口中心小学建校 110 周年庆典

12 月 5 日　衙口中心小学建校 110 周年庆典举行。旅菲晋江衙口同乡会、香港衙口同乡会组团回乡参加庆典。校庆期间，香港衙口同乡会、澳门衙口乡亲会、施维雄兄弟家族、菲律宾及旅外乡亲施能标、施嘉庆、施养城、施能狮、施荣煌、施纯衷、施登峰、施金城、施荣华、施聪典等社团、家族和个人慷慨捐资兴建尊师楼、艺术楼。

施能狮、吴谨程出席晋江市"侨与'晋江经验'"调研成果交流座谈会

12 月 11 日　晋江市侨联副主席、龙湖镇侨联主席施能狮，龙湖镇侨联副主席吴谨程应邀出席晋江市侨联在佰翔世纪酒店召开的"侨与'晋江经验'"调研成果交流座谈会。施能狮主席在座谈会上做专题发言。

吴金錶、施能狮、施远迎分别获颁"晋江市慈善家""晋江市慈善大使"荣誉牌匾

12 月 12 日　晋江市人民政府发文授予陈文理等 16 名人士"晋江市慈善世家""晋江市慈善家""晋江市慈善大使"荣誉牌匾，其中，福建百宏聚纤科技实业有限公司吴金錶、信义集团施能狮获授"晋江市慈善世家"荣誉牌匾，福建宏远管桩有限公司施远迎获授"晋江市慈善大使"荣誉牌匾。

联合国教科文组织一行参观考察福林村历史文化遗产

12 月 31 日　联合国教科文组织亚太地区世界遗产培训与研究中心一行参观考察福林村的历史文化遗产，包括福林寺、绿野山房、逊沁故居、福林古街、书投楼、端园等，随后参观考察了龙园村。考察团一行包括联合国教科文组织亚太地区世界遗产培训与研究中心（上海）项目主管 Marie-Noel Toumoux 女士，厦门大学建筑与土木工程学院院长助理、副教授、中国建筑学会城市设计分会委员王量量，厦门大学建筑系副教授、著名建筑历史专家、《闽南传统建筑》等著作作者、福建省非物质文化遗产评估专家曹春平等。

施能狮捐建衙口村公益事业

是年　由龙湖镇侨联主席、衙口村旅港乡贤施能狮捐资翻建的衙口老人

桥、衙口北环路、衙口龙溪宫、衙口大宗祠、衙口上帝公宫工程相继竣工。

旅外乡亲捐赠杭边村公益基金

同年 杭边村旅菲乡侨洪我景、旅澳乡贤洪清维、旅港乡贤洪秀艺等捐赠杭边村公益基金。

施纯锡捐修桥头自然村自来水工程

同年 南浔村旅港乡贤施纯锡捐资重修桥头自然村自来水工程。

李江山、涂雅雅伉俪捐赠前港村新农合费用

同年 前港村旅港乡贤涂雅雅偕同夫婿李江山捐赠前港村新农合费用。这是他们继 2018 年之后第二次捐赠前港村新农合费用。

旅外乡亲捐建石厦村光夏中心幼儿园

同年 石厦村旅外乡亲刘志仁、施文博等捐建光夏中心幼儿园。

《晋江年鉴》（2020 卷）辑录龙湖镇热心家乡公益事业的个人名录

同年 《晋江年鉴》（2020 卷）辑录《光荣榜·热心家乡公益事业的个人》中，吴龙溪（古湖）、施文瑞（龙园）、施纯衷（鲁东）、施俊龙（洪溪）、施人玮（埔头）、施文聪（埔头）、施至伴（埔头）、吴金銶（枫林）、施婉玉（枫林）、施能狮（衙口）、施荣煌（衙口）、施培新（衙口）、刘志仁（石厦）、吴远北（西吴）、许明旗（埔锦）、吴远康（西吴）、许维蓄（烧灰）等 17 位上榜。

2020 年

施养善获香港义工联盟"2020 杰出义工嘉许优秀义工铜奖"

1 月 11 日 龙园村旅港乡贤施养善获香港义工联盟"2020 杰出义工嘉许优秀义工铜奖"。

洪肇等任菲律宾六桂堂宗亲总会第九十一届理事长

2 月 8 日 菲律宾六桂堂宗亲总会庆祝成立 90 周年暨第九十一届理监事会、第十三届妇女组、第六届大岷区六桂教职员联谊会、第二届青商职员

就职典礼泊庚子年元宵佳节宗亲联欢大会在该会会所四楼礼堂简朴举行，谢辞各友好团体及个人登报祝贺，恳辞海内外嘉宾组团趋贺。仑上村乡侨洪肇等任新届理事长。

许扁、吴永坚向龙湖镇新型冠状病毒感染的肺炎防控工作指挥部捐赠口罩

2月9日　菲律宾福建总商会会长许扁、福建青年会会长吴永坚通过龙湖镇侨联，向龙湖镇新型冠状病毒感染的肺炎防控工作指挥部捐赠N95口罩1000个。

百宏集团支援龙湖镇疫情防控工作

2月10日　枫林村旅澳乡贤吴金錶担任合伙创办人的福建百宏集团有限公司分别向晋南医院、龙湖镇政府、龙湖镇派出所捐款260万元、30万元、10万元，用于支援龙湖镇开展新冠肺炎疫情防控工作。

施纯锡向晋江市慈善总会捐赠200万元

3月5日　南浔村旅港乡贤、香港福建希望工程基金会副主席施纯锡向晋江市慈善总会捐赠200万元，用于泉州市教育基金会教育专项基金和晋江市南侨中学教育基金会奖学助学基金。

龙湖镇党委、政府暨龙湖镇侨联向菲龙湖镇乡会捐赠口罩

3月16日下午　龙湖镇党委、政府暨龙湖镇侨联向菲律宾晋江市龙湖镇联乡总会捐赠的2万个一次性口罩正式启运，助力海外侨亲抗击疫情。

龙湖镇侨联向海内外龙湖乡亲发出防控新冠疫情倡议

3月17日　龙湖镇侨联因应新冠肺炎疫情及海内外乡亲清明回乡扫墓习俗的情况，向龙湖乡亲发出倡议，感谢疫情发生以来龙湖镇海内外乡亲的千里驰援和慷慨相助，表达对疫情蔓延的关切，建议延期返乡，呼吁携手并肩，战胜疫情，共渡难关。

菲律宾SBS董事会主席施文宣去世

3月18日　衙口村旅菲乡侨、菲律宾上市的化学公司SBS董事会主席

施文宣辞世，享年 65 岁。商业刊物《福布斯》曾将施文宣列为菲人首富第39 位，拥有资产净值 2.1 亿美元。

施秀幼率义工助力香港市民抗击新冠肺炎疫情

3 月 28 日下午 香港福建晋江古盈同乡会第五届、第六届理事长，永远名誉会长施秀幼率义工在位于香港北角和富道的保良局余李慕芬纪念学校外，向市民免费派送了 7000 个口罩，助力香港市民抗击新冠肺炎疫情。

仑上村、南庄村向香港仑上、南庄村同乡会捐赠防疫物资

是月 仑上村、南庄村向香港仑上、南庄村同乡会捐赠口罩 1.1 万个。

旅外乡亲、旅外社团捐赠资金和物资，助力家乡抗击疫情

1 月下旬至 3 月底 龙湖镇旅居菲律宾、马来西亚、印度尼西亚、泰国、日本、巴拉圭、马达加斯加等国家，还有中国香港、澳门乡亲，菲律宾晋江市龙湖镇联乡总会、香港龙湖同乡联谊会、澳门龙湖同乡会、旅菲晋江石厦同乡会、香港晋江石厦同乡会、旅菲晋江南庄同乡会、旅菲晋江火辉埔同乡会、旅菲晋江萧妃（烧灰）同乡会、澳门萧妃（烧灰）同乡会、旅港晋江新美同乡会、旅港晋江龙湖内坑村同乡会等社团纷纷捐赠资金和物资，助力家乡抗击新冠肺炎疫情。

国内乡亲向海外龙湖乡会捐赠防疫物资

3 月至 4 月 梧坑、仑上、龙玉、石厦、瑶厝、埔锦等村向旅菲龙湖镇对口各村同乡会捐赠口罩 8.5 万个、红外线测温枪 5 把。

菲晋江市龙湖镇联乡总会募款近千万元支援菲抗击新冠疫情

4 月 3 日 菲律宾晋江市龙湖镇联乡总会向旅菲龙湖乡亲发起募捐，共募得菲币 917.8 万元，支援菲律宾抗击新冠疫情。鉴于近期新型冠状病毒在菲律宾国内迅速扩散，疫情日趋严重，菲律宾群众急需各项抗疫医疗用品和日常生活物资，菲律宾晋江市龙湖镇联乡总会响应侨社各领导团体之号召，本着"人溺己溺，守望相助"的精神，在多位乡会领导的发起倡导下，筹募救灾基金，支援菲律宾民众抗击新冠疫情，共同守护菲律宾——侨胞的第二故乡。

许海港捐资首航包机运送抗疫物资抵菲律宾

4月14日 中国驻菲律宾大使黄溪连在马尼拉国际机场同菲律宾总统和平进程顾问兼政府应对疫情总协调人牙维斯共同出席菲律宾抗疫物资"友谊航班"运抵欢迎仪式。菲律宾外交部副部长杜莱、预算与管理部副部长劳埃德·克里斯托弗·劳、外交部部长助理兼亚太司司长梅纳多、民防办部长助理普利斯玛，中国驻菲使馆檀勃生公参等参加。该航班费用由埔锦村旅菲乡侨许海港捐赠。

施汉生捐建洪溪村"洪溪大道"

是月 洪溪村旅菲乡侨、SM集团中国区总裁施汉生捐建洪溪村"洪溪大道"。

许立、许志猛、施良枫、施耀、施教耐入录《共和国归侨》（福建卷）

7月 由福建省归国华侨联合会组编、中国华侨出版社出版的《共和国归侨》（福建卷）发行，该书收录龙湖籍许立、许志猛、施良枫、施耀、施教耐等五位归侨。

洪天恩任菲律宾中国洪门联合总会第八十七届理事长

8月18日 菲律宾中国洪门联合总会以视频会议形式举行第八十七届理事就职典礼，烧灰村乡侨许天恩任新届理事长。

泉州市侨联"抓整改、访侨情、聚侨心"主题工作调研组赴龙湖调研

9月1日上午 泉州市侨联党组书记、主席陈晓玉率调研组一行3人，在晋江市侨联庄晓芳主席、王建新副主席的陪同下赴龙湖调研。调研组实地察看了福林村及施琅纪念馆。龙湖镇党委副书记施纯玺，龙湖镇侨联主席施能狮、副主席吴谨程等陪同。

施维雄出席全国抗击新冠疫情表彰大会

9月8日 全国抗击新冠疫情表彰大会在北京人民大会堂隆重举行。龙园村旅港乡贤、全国政协委员、怡高企业（中山）有限公司董事长施维雄作为广东省代表受邀赴京参加了表彰大会。

在抗击新冠疫情中，施维雄委员和他的企业——怡高企业（中山）有限

公司主动作为，在全民抗疫中以多种形式积极参与，体现了全国政协委员和有高度社会责任感企业家的担当。

港澳龙园同乡会举办"贺中秋、庆国庆"活动

9月26日下午 为迎接即将到来的中秋、国庆佳节，港澳龙园同乡会在会所举办"贺中秋、庆国庆"的双庆活动，为众乡亲派发节日礼物。

全国政协委员、香港晋江乡亲乡情互助委员会组长施清流，福建省政协常委、香港晋江社团总会主席王育民，福建省政协常委、香港晋江社团总会执行主席苏清栋等出席活动。

礼品派送活动为期3天。礼品包含防疫面罩1个、口罩1个、中秋礼品1套，由副监事长施海平赞助。由于疫情，活动只能在会所举办，"希望通过简单的，感谢乡亲们一直以来的支持，让大家更有归属感。"

施维雄出席在人民大会堂举行的国庆招待会

9月27日 全国政协办公厅、中共中央统战部、国务院侨办、国务院港澳办、国务院台办、中国侨联在人民大会堂联合举行国庆招待会。中共中央政治局常委、全国政协主席汪洋出席并致辞。全国政协委员、中山市工商联副主席、龙园村旅港乡贤施维雄作为港澳台侨各界代表出席招待会。

福建省侨联发出关于支持菲律宾许海港养老护理项目的函

9月28日 福建省侨联发给省民政厅《关于请支持菲律宾侨领许海港先生养老护理项目的函》，函文如下：

省民政厅：

近日，菲律宾中华总商会永远名誉会长李逢梧博士向我会来函，提及该会许海港副会长拟在福州发展奥体颐养中心医康养老护理项目一事，希望我省相关部门给予关心支持。

菲律宾中华总商会历史悠久，成立以来始终秉承促进中菲融合友好宗旨，不遗余力推动中菲两国民间交流，恋祖爱乡，得到菲华社会的普遍肯定。商会下属的中华崇仁总医院有着近130年的创办历史，是全菲综合实力排名前五的医院，在长期的运营中发展出一套提供养老服务的完整医康养体

系，并得到推广应用，得到菲华社会的认可和肯定。

许海港先生多年来致力于中菲政治经济、社会交流活动并作出了显著贡献，今年以来为菲律宾当地抗击新冠疫情积极对接各方资源、协调医疗事务。我会认为，当前面对统筹推进疫情防控和经济社会发展，更应凝心聚力推动复工复产、复商复市，投建该项目既是海外侨胞回国发展的热切愿望，也有利于进一步引导和鼓励侨胞参与新福建建设，希望贵厅给予大力支持为盼。

埔头村文化广场落成仪式举行

10月1日上午　由埔头村旅澳施志伴、施金雅伉俪独资捐建的埔头村文化广场落成仪式举行。晋江市领导黄文福、郭鸿荣、张汉杰、洪元程，龙湖镇领导陈希轩、张志雄以及来自港澳、家乡代表共1200多人参加了本次活动。落成庆典活动包括埔头村聚源池竣工仪式、捐赠仪式及文化广场揭彩、村委会会所大楼揭彩仪式等子项目。

施清流获香港特区政府颁授铜紫荆勋章

是日　香港特别行政区政府公布2020年授勋名单，这是香港回归祖国以来香港特区的第23份授勋名单，南庄村乡贤施荣恒获委任为太平绅士，石厦村乡贤施清流获颁铜紫荆勋章。

龙湖侨青会举办庚子年中秋"龙门·晋江汇"联谊活动

10月2日下午　龙湖镇侨界青年联合会（筹）庚子年中秋"龙门·晋江汇"联谊活动在龙湖镇来旺良品堂闽南古味传承基地举办。龙湖镇党委副书记施纯玺、统战委员张尚府，晋江市侨联主任科员夏勇，市委统战部副主任科员、联络科科长曾金珠，龙湖镇侨联主席施能狮、副主席吴谨程，龙湖镇统战干事蔡奕良，龙湖镇外商投资企业协会会长吴仲钦，来旺良品堂董事长洪一博等应邀参加了本次活动。龙湖镇侨界青年40余人欢聚一堂，共叙友情，共话发展，共庆佳节。

施能狮出席泉州市侨界代表热议习近平总书记在汕头的重要讲话座谈会

10月14日晚　正在泉州调研侨联工作的中国侨联副主席程学源主持召

开座谈会，与泉州侨界代表一起热议习近平总书记在汕头的重要讲话。晋江市侨联副主席、龙湖镇侨联主席施能狮出席本次会议并发言：习近平总书记对华侨华人贡献的充分肯定，让我们非常激动、感动。海外侨胞秉承中华民族优秀传统，流淌着中华民族的血液，有着鲜明的中华文化烙印，而这种中华文化烙印就是遍布世界的中华儿女的共同精神基因。泉州是著名侨乡，有丰富的文化底蕴，华侨文化是泉州文化的一个重要组成部分。我们一定会继续把它发扬光大，继承和发扬爱国侨胞的光荣传统，奋发图强，共同书写中华民族伟大复兴的时代新篇章。

刘志仁、施琪乐伉俪捐资 500 万元助力南侨中学兴建教学楼

10 月 15 日 晋江市南侨中学举行施能茂教学楼捐赠暨奠基仪式，晋江市人大常委会主任林仁达，晋江市委常委、统战部部长黄文福，晋江市政府副市长黄少伟，晋江市政协副主席洪元程，龙湖镇党委书记陈希轩、镇长张志雄参加活动。世界晋江同乡总会名誉会长、香港福建希望工程基金会候任主席、石厦村旅居加拿大的刘志仁先生、施琪乐女士伉俪捐资 500 万元兴建南侨中学施能茂教学楼。

施文博、施天佑、吴金錶上《2020 胡润百富榜》

10 月 20 日 胡润研究院发布《2020 胡润百富榜》，2398 位企业家上榜。恒安集团施文博以 175 亿元位列总榜第 296 名，百宏实业施天佑以 37 亿元位列总榜第 1481 名，百宏实业吴金錶以 22 亿元位列总榜第 2204 名。

胡润百富榜是追踪记录中国企业家群体变化的榜单，由英国注册会计师胡润先生于 1999 年创立。它是中国推出的第一份财富排行榜，也是现在国内财经榜单里影响最大的一个榜单。

郭木坤追思会在后溪村举办

10 月 29 日上午 旅菲乡侨郭木坤老先生追思会在后溪村举行。活动由龙湖镇侨联、后溪村两委会、旅菲晋江后溪同乡会主办，后溪村老年人协会、育才小学董事会、育才小学协办，龙湖镇侨联专职副主席吴谨程主持，龙湖镇政府、龙湖镇侨联等相关单位代表，后溪村乡亲代表，郭木坤亲属等近百人参加了本次追思会。追思会介绍了郭木坤的生平，追忆了郭木坤奉献

家乡的事迹，表达了对其艰苦创业、奉献社会的敬仰。旅菲晋江后溪同乡会、香港后溪同乡会、后溪村两委会、后溪村老年人协会、育才小学董事会等单位代表先后上台致悼词，寄托了对郭木坤先生的哀思。

施文港捐资龙侨中学围墙改造工程项目

10 月 石厦村旅菲乡侨施文港捐资 15 万元改造龙侨中学围墙。

许清水、施志伴分别任澳门龙湖同乡会第十三届会长、理事长

11 月 1 日晚 7 时 "庆祝中华人民共和国成立 71 周年暨澳门晋江同乡会第十三届、澳门晋江商会第三届、澳门晋江青年联合会第六届全体理监事就职典礼"在澳门渔人码头宴会厅举行，许清水、施志伴任澳门龙湖同乡会第十三届会长、理事长。

中央人民政府驻澳门特别行政区联络办公室协调部部长傅铁生、台务部部长徐莽，泉州市委常委、晋江市委书记刘文儒，晋江市委常委、统战部部长、市海外联谊会会长黄文福，澳区全国政协委员、澳门福建同乡总会执行会长陈明金，澳区全国人大代表、澳门立法会议员施家伦，港区全国政协委员施维雄，澳区全国政协委员梁少培、何富强、王正伟，澳门立法会议员宋碧琪，以及国内嘉宾、澳门各界人士到场庆贺；龙湖镇党委书记陈希轩，龙湖镇侨联主席施能狮、副主席吴谨程分别代表龙湖镇党委、政府暨龙湖镇侨联到会祝贺。

"龙门·濠江汇"联谊活动在澳举办

11 月 2 日上午 由龙湖镇侨界青年联合会（筹）与澳门龙湖青年促进会联合举办的"龙门·濠江汇"联谊交流活动在澳门龙湖同乡会会所举办，龙湖镇澳门与内地青年首次聚首，共植侨界青年情谊，分享社团工作经验。龙湖镇党委书记陈希轩，澳门晋江同乡会会长许清水、理事长施志伴，澳门龙湖同乡会会长吴东秒、理事长施清积，龙湖镇侨联专职副主席吴谨程，龙湖商会副会长施丽容、施纯略、吴清严、许文汀等到会指导。

"龙门·濠江汇"联谊交流活动分两个环节。第一个环节为"濠江汇·社团秀"交流活动，澳门龙湖青年促进会向内地赴澳委员介绍了该会组建以来的活动情况。

第二个环节为"濠江汇·故乡情"恳谈活动。恳谈会由澳门龙湖青年促进会理事长施珊瑜主持，会长洪振奕、永远会长施文程、监事长许文枫、副会长施丽君、副理事长施文虎等先后在会上与内地赴澳青年围绕"龙湖故乡情"及如何更好地搭建龙湖青年交流学习、增进友谊、积聚能量、共谋发展的重要平台进行面对面交流。龙湖镇侨界青年联合会会长候选人许平、常务副会长兼秘书长候选人施俊侨、常务副会长候选人吴少樑、常务理事候选人许连兴与澳门龙湖青年交流了各自企业经营管理经验，表达了对适时成立龙湖镇侨界青年联合会的期盼。

龙湖镇党委书记陈希轩在会上充分肯定了本次活动，并对龙湖青年提出希望和鞭策。他说："疫情"期间，我们借澳门晋江同乡会换届庆典这一契机，在澳门举办"龙门·濠江汇"两地青年的交流活动，是工作上的创新举措，也是侨务工作的深度延伸。龙湖青年是龙湖未来的希望，"像八九点钟的太阳"，要有作为担当，为建设龙湖侨乡竭智尽责。

澳门晋江同乡会会长许清水、理事长施志伴，澳门龙湖同乡会会长吴东秒、理事长施清积先后在会上讲话，他们希望澳门龙湖青年学习和传承父辈艰苦创业、回馈家乡的优良传统，努力将澳门龙湖青年促进会建设成爱国爱澳、联系家乡的平台。

龙湖镇侨联与泉州科伟信息咨询公司签订龙湖镇侨史馆（网络）建设协议

11月6日 龙湖镇侨联与泉州市科伟信息咨询有限公司签订龙湖镇侨史馆（网络）建设协议，启动龙湖镇侨史馆（网络）建设工作。

施嘉庆、留开昌、郭振东获菲律宾各宗亲会联合会颁授2020年度模范族长

11月15日 菲律宾各宗亲会联合会公布2020年度模范族长名单，旅菲临濮总堂施嘉庆（杆柄村）、菲律宾放勋堂联宗总会留开昌（英仑村）、旅菲汾阳郭氏宗亲总会郭振东（后溪村）上榜。

龙湖镇侨联获省级"侨胞之家"示范点命名

11月18日 福建省侨联下发关于命名省级"侨胞之家"示范点的通知，全省共有44家单位获得省级"侨胞之家"示范点命名，晋江市龙湖镇侨联

获得命名。

许火炎任旅菲晋江梧坑同乡会第五十八连五十九届理事长

11月22日 旅菲晋江梧坑同乡会第五十八连五十九届职员就职典礼举行，许火炎任新届理事长，许剑雄任执行副理事长，许福星任副理事长。

《龙湖侨史资料》出版

11月23日 由晋江市龙湖镇侨联编纂、施能狮主编、吴谨程执编的《龙湖侨史资料》由海峡文艺出版社出版。中共晋江市委常委、统战部部长、市海联会会长黄文福，龙湖镇党委书记陈希轩为本书作序，旅港乡贤、全国政协文化文史和学习委员会原副主任施子清为本书题签。全书62.9万字，其中包括图片270幅，图文并茂，丰富翔实。该书的出版，在华侨华人学地域性研究领域，具有示范性意义。

按照"展示龙湖镇蕴藏丰厚的华侨文化，存留史实；发扬海外侨胞爱国爱乡的优良传统，垂范后世；总结侨联工作的经验，扬长避短；服务'一带一路'建设，资治当今"的编纂工作思路，《龙湖侨史资料》编纂工作历时一年多，经9次修订；全书分《侨情概况》《侨乡文化》《侨乡影像》《侨界精英》《菲华社团》《侨史人物》《侨史纵横》《侨联组织》八章，并附录《龙湖人在港澳台》。

《龙湖侨史资料》力求思想性、资料性、学术性高度统一，呈现了四个方面的特点：

一是首次梳理了龙湖侨史的发展脉络。《涉侨编年史》一节86105字，将一幅浩繁的龙湖人向海外移民的历史画卷，纵向清晰地展示给了读者；《港澳大事记》一节27243字，从另一侧面展示了龙湖人爱拼敢赢、回馈家乡的热血情怀。

二是深度挖掘了龙湖侨界的杰出人物。它不仅展现了龙湖华侨华人在海外谋求生存、创业发展、融入主流社会而付出的努力，取得的成就，而且从史学角度再现诸多侨界杰出人物，如旅菲华人甲必丹许志螺、旅美医学科学家许肇堆、厦门市首任市长许友超、中联部原副部长许立、致公党中央原副主席许志猛、菲律宾华人首富施至成、三任菲律宾总统中国特使施恭旗等。

三是搜寻发现了龙湖侨史的珍贵资料。其中，《晋江县檀林国民风俗改良互助社社章》刊印于 1940 年，再现了 80 年前龙湖侨乡一段尘封的历史；《菲律宾华侨名人史略》出版于 1931 年，全书收录侨界名人共 138 人，龙湖籍许友超等 16 位乡侨入录该书；《龙湖侨乡综合报导专辑》成书于 1992 年 8 月，较为完整地保存了龙湖镇侨情资料。

四是系统收录了龙湖侨居的人文风貌。如第二章《侨乡文化》，集中编发了《龙湖华侨民居》《通瀛书舍》《番婆楼》《侨乡福林》等篇目，并在《侨乡影像》一章收入华侨民居照片 56 幅，展示了龙湖侨乡民居的人文风貌。此外，南侨中学校本教材《以楼说侨》，以侨捐建筑为载体，映现侨校与华侨的历史关联。

菲律宾晋江市龙湖镇联乡总会援助菲律宾受灾民众

11 月 25 日 菲律宾晋江市龙湖镇联乡总会、菲律宾晋江龙湖商会向菲华商联总会华社救灾基金捐赠 50 万菲币，赈济因两场超级台风而受灾的灾民。

许维蓄、施纯锡获授"晋江市慈善世家"荣誉牌匾

12 月 7 日 晋江市人民政府发文授予张长春等 6 名人士"晋江市慈善世家""晋江市慈善家""晋江市慈善大使"荣誉称号，其中，烧灰村旅港乡贤许维蓄（福建万兴隆集团有限公司）、南浔村旅港乡贤施纯锡［信诚集团（福建）有限公司］获授"晋江市慈善世家"荣誉牌匾。

菲律宾龙湖镇联乡总会 50 万元献捐慈济，购置民生急需物资赈济台风灾民

12 月 8 日上午 菲律宾晋江市龙湖镇联乡总会配合菲律宾佛教慈济慈善基金会菲律宾分会，献捐菲币 50 万元，通过慈济菲律宾分会购置各项灾民急需物资，分发到菲律宾各地灾民手中，帮助他们减轻新冠病毒和台风灾害带来的生活负担。

涂雅雅文化发展基金捐赠签约仪式在福建医科大学举行

12 月 18 日 福建医科大学"涂雅雅文化发展基金"捐赠签约仪式在旗山校区学术报告厅举行。校党委书记何明华、副校长周瑞祥、校友涂雅雅和嘉宾施绵绵共同出席捐赠仪式。"涂雅雅文化发展基金"是由前港村旅港乡

贤、福建医科大学举校友、福建省侨联兼职副主席、香港永通发展集团股份有限公司董事长涂雅雅女士先期捐款人民币100万元设立,用于支持学校开展"高雅艺术对话医学"系列活动,助力培养德智体美劳全面发展的医学人才。这是福建医科大学第一个由校友捐赠专门用于支持校园文化建设的基金。

《龙湖侨史资料》出版座谈会暨龙湖镇网上侨史馆上线启动仪式举行

12月25日上午 《龙湖侨史资料》出版座谈会暨龙湖镇网上侨史馆上线启动仪式在来旺良品堂举行。中共晋江市委统战部、市侨联、市党史和地方志研究室、市档案馆领导,龙湖镇党政领导,《龙湖侨史资料》编委、顾问代表,龙湖镇侨联、商会、侨青会代表,菲律宾晋江市龙湖镇联乡总会代表,南侨中学、阳溪中学、龙侨中学、云峰中学代表,来旺良品堂闽南古早味传承基地代表以及晋江电视台、晋江经济报、晋江乡讯社等新闻媒体代表40多人出席了本次活动。

活动分两个阶段。第一阶段的龙湖镇网上侨史馆上线启动仪式在来旺良品堂民俗馆举行,龙湖镇侨联专职副主席吴谨程主持启动仪式。

晋江市侨联庄晓芳主席首先致辞。她代表晋江市侨联向各级领导对龙湖镇编撰《龙湖侨史资料》和建设网上侨史馆给予的支持和帮助表示衷心的感谢,向编委、顾问表达敬意。庄晓芳主席在致辞中指出:经过精心筹备,《龙湖侨史资料》成功出版,网上侨史馆也顺利上线,我们期待用更完整的链条记录龙湖侨亲的爱乡情谊,用更年轻的方式传播龙湖侨亲的感人事迹。

龙湖镇镇长张志雄、中共晋江市委统战部副部长陈贻得、晋江市侨联主席庄晓芳、龙湖镇党委副书记施纯玺、龙湖镇侨联主席施能狮、晋江市委党史和地方志研究室四级主任科员尤春晓等领导上台共同触摸启动球,标志龙湖镇网上侨史馆正式上线。

吴谨程副主席邀请与会嘉宾扫描龙湖镇网上侨史馆二维码,现场上线浏览体验;同时,他还为与会嘉宾介绍了龙湖镇网上侨史馆的四个特点:界面清晰,更加贴近实体展示;多元互动,服务功能更加完善;无损浏览,PC与移动端可任意切换;突破时空,连接历史、现在、未来。

第二阶段的《龙湖侨史资料》出版座谈会在来旺良品堂传习教室召开,龙湖镇党委宣传委员、统战委员蔡文习主持座谈会。

赠书仪式上,张志雄镇长、庄晓芳主席、施能狮主席、尤春晓主任、晋江市档案馆郑清爽副馆长、施纯玺副书记、吴松钝主任分别向菲律宾晋江市龙湖镇联乡总、龙湖镇侨界青年联合会、南侨中学、阳溪中学、龙侨中学、云峰中学代表赠书。

龙湖镇侨联主席、《龙湖侨史资料》主编施能狮首先介绍了《龙湖侨史资料》编纂出版情况。《龙湖侨史资料》编纂工作历时一年多，经9次修订；编撰工作任务艰巨、体系繁复，整个过程得到了相关部门领导和诸多专家学者的重视与支持、指导，成书出版后反响热烈。全书62.9万字，分《侨情概况》《侨乡文化》《侨乡影像》《侨界精英》《菲华社团》《侨史人物》《侨史纵横》《侨联组织》八章，并附录《龙湖人在港澳台》。《龙湖侨史资料》力求思想性、资料性、学术性高度统一，呈现了四个方面的特点：一是首次梳理了龙湖侨史的发展脉络，二是深度挖掘了龙湖侨界的杰出人物，三是搜寻发现了龙湖侨史的珍贵资料，四是系统收录了龙湖侨居的人文风貌。

龙湖镇镇长张志雄在讲话中表达了对以施能狮为主编的全体编委会成员的敬意和感谢，并就《龙湖侨史资料》的出版谈了三点感受：一是完整记录了我镇华侨历史进程，二是为龙湖侨乡建设提供了历史智慧，三是对挖掘乡土文化资源和保护文化生态具有重要意义。他表示：相信在大家的帮助下，龙湖侨乡文化名镇名村建设也一定会取得丰硕成果。

晋江市侨联主席庄晓芳在发言中说：一部《龙湖侨史资料》，可谓洋洋洒洒、沉实厚重；一个网上侨史馆，突破了固有的时空格局，运用了更加年轻的展现形式，令人耳目一新。她归纳总结了侨史资料出版和网上侨史馆建设的意义：一是一史一馆，彰显侨联工作初心；二是以史凝心，推进中华文化传播；三是以馆聚力，推动侨联工作发展。

庄晓芳主席特别指出：2020年，龙湖镇侨联工作取得了不俗的成绩：团结海内外侨亲成功抗击疫情，成立龙湖镇侨界青年联合会，打造"龙门汇"侨界青年联谊系列活动，组织拍摄侨文化微视频，侨社题材的抖音作品单条播放量突破10.4万，出版全市首部镇级华侨史籍，建成全市首个镇级线上侨史馆，获评省级"侨胞之家"示范点。她希望龙湖镇侨联再接再厉，在新的一年里，扎实推进侨联工作再上新台阶。

晋江市委统战部副部长陈贻得在发言中对龙湖侨联的工作提出期望：注重华侨新生代工作，凝聚侨界力量，做中华优秀传统文化的传播者，筑牢

"根、魂、梦"工作主线。

座谈会在宽松的氛围中进行，与会领导、侨亲、嘉宾敞开思路，畅所欲言，畅谈对《龙湖侨史资料》编纂出版工作的体会。

菲律宾晋江市龙湖镇联乡总会副监事长许书粘、龙湖镇侨联副主席许经波、晋江市体育局主任科员许鹏飞、晋江市委党史和地方志研究室主任尤春晓、晋江市档案馆副馆长郑清爽、来旺良品堂创始人洪一博、晋江市文体旅游局副局长施清凉、南侨中学原校长刘清裕、石光中学副书记郭芳读、晋江市文史专家粘良图、晋江市社科联四级主任科员洪国泰、龙湖商会党支部书记吴庆辉等先后在会上发言。

晋江市政协文史委主任吴明哲作总结发言。他总结了前面各位领导、嘉宾的发言概要：一是从无到有，实现了"零"的突破；二是态度精诚，呈现了"质"的确立；三是体量宏大，具备了"史"的规模；四是成果喜人，有着"版"的示范；五是再接再厉，期望"志"的编纂。

吴明哲主任说：《龙湖侨史资料》是龙湖近代华侨工商、文化史不可或缺的重要内容。它是一道风景，是一座丰碑，是侨乡一个文化地标，也是龙湖这一方天空下人们的集体仰望和记忆，更是侨联版的闽南相思树。我们希望以出版为契机，服务统战、侨务工作大局，同聚侨梦、凝聚侨心、汇聚侨力、以侨为桥，致力于将龙湖、将晋江、将中华优秀传统文化传播到五大洲四大洋。

出席本次活动的还有：菲律宾晋江市龙湖镇联乡总会副监事长施并进，龙湖镇统战干事蔡奕良，龙湖镇侨联常委施清棍、秘书施晴娟，龙湖镇侨界青年联合会常务副会长吴超峰，来旺良品堂总经理洪朝芽，南侨中学副校长施文书，云峰中学校长张为瑟，龙侨中学副校长陈征淮，《龙湖侨史资料》编委施正伦、施维隆、许灿煌等。

施文博获第十一届"中华慈善奖"捐赠个人奖

是月　石厦村旅港乡贤、恒安集团董事局主席、晋江市慈善总会永远荣誉会长施文博获第十一届"中华慈善奖"捐赠个人奖。

《海内与海外》刊发《龙湖侨史资料》出版消息

同月　由中华全国归国华侨联合会主管、主办的《海内与海外》期刊

2020 年 12 月号（总第 352 期）以"龙湖沧桑"为题，刊发《龙湖侨史资料》出版消息。

许炳记夫妇位列《2020 福布斯菲律宾富豪榜》第 10 位

是年　《2020 福布斯菲律宾富豪榜》发布，洪溪村旅菲乡侨、SM 集团所有人施氏兄弟姐妹继续位居第一，埔锦村旅菲乡侨、Cosco 资本掌舵人许炳记夫妇以 17 亿美元财富位列第 10 位。

《晋江年鉴》（2021 卷）辑录龙湖镇热心家乡公益事业的个人名录

同年　《晋江年鉴》（2021 卷）辑录《光荣榜·热心家乡公益事业的个人》中，洪游奕（烧灰）、许钟鑫（梧坑）、许永康（梧坑）、施教永（前港）、吴金錶（枫林）、施汉生（洪溪）、许自更（福林）、施文瑞（龙园）、许文汀（埔锦）、许海港（埔锦）、许维蓄（烧灰）、洪天排（烧灰）、许天佑（枫林）、施纯锡（南浔）等 14 位上榜。

2021 年

许海港当选旅菲各校友会联合会第十三届主席、菲律宾校友联总商会第三届会长

1 月 21 日　旅菲各校友会联合会召开第十三次会员代表视频会议，选举新届主席。埔锦村旅菲乡侨、石狮一中菲律宾校友会创会会长许海港等五位侨亲当选旅菲各校友会联合会第十三届主席、菲律宾校友联总商会第三届会长。

许海港获中国驻菲律宾使馆颁发首届年度"领侨之友"

1 月 26 日　中国驻菲律宾使馆举办首届年度"领侨之友"颁奖活动，对大力支持使馆领事侨务工作的菲政府和华社各界人士代表予以表彰，黄溪连大使为菲律宾外交部副部长杜莱等 12 位"领侨之友"获奖者颁发奖牌。埔锦村旅菲乡侨、菲律宾中华总商会副会长许海港获颁优异表现奖。

施养善等乡贤获香港福建同乡会社会服务"突出贡献"表彰

是月　旅港乡贤施养善、施正源、施碧娟、施金造、施永奕暨港澳龙园

同乡会在 2020 年参与社会事务中表现突出，获香港福建同乡会"突出贡献"表彰。

龙湖镇侨联举办"走侨乡·寻侨史·创名镇"学习实践活动

2 月 23 日　龙湖镇侨联八届五次常委（扩大）会议与"走侨乡·寻侨史·创名镇"学习实践活动相结合，实地参访泉州华侨革命历史博物馆、叶飞将军故居、泉州华侨历史博物馆、南洋华裔族群寻根谒祖综合服务平台及青阳街道侨史馆，并与青阳街道侨联交流座谈，共同探讨侨联工作做法。

上午，龙湖镇侨联一行 20 人来到位于南安市金淘镇占石村的泉州华侨革命历史博物馆，感受包括叶飞将军在内的 213 位泉籍华侨为国家、为民族、为人民不懈奋斗的崇高品德和坚贞不渝的革命精神，随后还参观了叶飞将军故居。

龙湖镇侨联八届五次常委（扩大）会议在泉州华侨革命历史博物馆会议室召开。施能狮主席首先通报了龙湖镇侨联 2020 年的主要工作，他在通报中说：去年，《龙湖侨史资料》正式出版，龙湖镇网上侨史馆上线启动，镇侨联获福建省侨联"侨胞之家"示范点命名，侨联工作扎实推进、可圈可点。新的一年，龙湖镇侨联的工作思路是：围绕龙湖镇党委 2021 年工作的总体要求，以高度的政治责任感和使命感，发挥"侨"的优势，大力创建侨乡文化名镇名村。一是持续做好《龙湖侨史资料》第二辑的编纂工作，留存侨乡文化记忆；二是筹备召开龙湖镇第九次归侨侨眷代表大会，做好村级侨联换届工作，健全组织网络；三是办好"家国情·龙门汇"龙湖侨界人物展，礼献建党 100 周年；四是推进侨联会所建设工作，筹建龙湖镇实体侨史馆；五是推动村级侨史馆建设，争创龙湖侨乡文化名村；六是征集族谱资料，助力泉州南洋华裔族群寻根谒祖综合服务平台建设，全面掌握我镇侨情；七是规范运行龙湖镇网上侨史馆，推动侨史展示进抖音、微视频等新兴媒体，讲好龙湖侨亲故事。

龙湖镇社会事务服务中心主任吴松钝代表镇党委作侨乡文化名镇名村创建工作及南洋华裔族群寻根谒祖综合服务平台族谱征集工作动员，他介绍了"侨乡文化名镇名村"创建工作的内容、步骤和要求，希望参会委员能一如既往地支持龙湖侨乡建设、助力龙湖侨乡发展。

晋江市侨联副主席高斓斓作总结讲话。她说：2020 年龙湖镇侨务工作亮点纷呈，创新不断；2021 年龙湖镇侨务工作满载荣誉再出发，砥砺奋进新征程。她要求龙湖镇侨联在疫情常态化的大环境下紧抓机遇、勇于创新、抱团取暖，常怀感恩之心，积极承担社会责任，"在危机中育新机，于变局中开新局"。

下午，龙湖镇侨联一行走进第二站——泉州华侨历史博物馆，感受泉州华侨移民、谋生、发展的历程及爱国爱乡、回馈家国的热切情怀。在南洋华裔族群寻根谒祖综合服务平台，许锦龙科长向委员们介绍了该平台从族谱征集、电脑录入、大数据库形成，至大数据平台推广等整个工作流程，介绍了该平台集姓氏族谱查询、寻根谒祖服务、宗亲联谊互动、社团交流往来、商贸投资引导服务为一体的集约化功能。

在泉州华侨历史博物馆大厅，施能狮主席分别向泉州市侨联、南洋华裔族群寻根谒祖综合服务平台赠送《龙湖侨史资料》，泉州市侨联副主席钟文玲、文化联络科科长许锦龙接受赠书。

下午 4 点，龙湖镇侨联一行走进第三站——晋江市青阳街道侨联，参观青阳街道侨史馆。该馆展出空间与办公空间结合，运用图文、实物相结合的方法，融入影像资料查询等科技展出手段，达到了紧凑、精致、丰富的展出效果。

在青阳街道侨联会议室，青阳街道侨联庄建裕主席、庄铭志副主席与龙湖镇侨联一行面对面交流侨联工作做法，晋江市侨联庄晓芳主席、高斓斓副主席到会指导。庄晓芳主席对两地侨联的联谊交流活动表示赞赏，并对两地侨联新一年的工作提出要求。

施聪典任旅菲浔江公会第六十三连六十四届理事长

2 月 26 日　旅菲浔江公会举行成立 62 周年暨第六十三连六十四届理监事、施氏才干研习中心第三十四连三十五届、青年组第十一连十二届职员就职仪式。衙口村旅菲乡侨施聪典任旅菲浔江公会新届理事长。

受疫情影响，该次就职仪式简办，未举行联欢庆典。

施俊龙受聘为旅菲浔江公会永远荣誉会长

是日　经旅菲浔江公会理监事会一致决议，聘请洪溪村旅菲乡侨施俊龙为该会永远名誉会长。施俊龙为 SM 集团前主席施至成长郎，现任 SM 集团主席，SM 地产发展集团主席，SM（中国）集团副主席。

洪文雅任菲律宾六桂堂宗亲总会第九十二届理事长

同日 菲律宾六桂堂宗亲总会成立 91 周年暨第九十二届理监事就职典礼举行，杭边村乡侨洪文雅任新届理事长。

施恭旗受聘为菲律宾钱江联合会永远荣誉理事长

3 月 14 日 菲律宾钱江联合会第九十四连九十五届理监事职员就职典礼举行，聘任前港村旅菲乡侨施恭旗为该会永远荣誉理事长。

施恭旗现任菲律宾总统杜特尔特中国特使、中国侨商联合会荣誉会长、菲律宾宋庆龄基金会董事长、上好佳集团董事长。

施文殊任菲律宾钱江联合会第九十四连九十五届理事长

是日 菲律宾钱江联合会第九十四连九十五届理监事职员就职典礼举行，钞厝村施文殊任新届理事长。

施少峰出席澳门施琅将军馆落成揭幕仪式

3 月 27 日上午 新丰村旅澳乡贤、澳门施氏宗亲会会长施少峰出席澳门施琅将军馆落成揭幕仪式并致辞。施少峰在致辞中说：施琅将军馆的落成，对澳门施氏宗亲会和广大施氏宗亲是值得纪念的盛事，今后将用好这个平台，以妈祖信仰和施琅将军的渊源联结，开展各类两岸文化交流活动，为澳门文化多元发展，厚植历史家国情怀，促进祖国统一发挥应有作用。

龙湖镇党委、政府暨侨联联合发出《致纺织智造（龙湖）工业园区征迁群众和海内外乡亲的一封信》

3 月 29 日 龙湖镇党委、政府暨侨联联合发出《致纺织智造（龙湖）工业园区征迁群众和海内外乡亲的一封信》。信中阐述了重大利好、千载难逢的项目背景及意义，描述了公正公平、和谐征迁的征迁方案及原则；最后提出希望：希望广大征迁群众、海内外龙湖乡亲切实增强法治观念，积极支持征迁工作，早签约、早受益。为未来着想，为子孙后代着想，强化"主人翁"意识，与党委政府携手共同做好征迁和开发建设工作，为龙湖建设"产城乡"融合新型织造名镇贡献力量。

洪培力任菲华英林洪氏家族总会第七十八届理事长

4月16日　菲华英林洪氏家族总会召开视频会议，选举第七十八届理监事会，中堡村乡侨洪培力任新届理事长。

刘志仁任香港福建希望工程基金会第二十六届董事会主席

4月1日晚　香港福建希望工程基金会第二十六届董事会就职典礼暨成立26周年假九龙观塘香港福建希望工程基金会会所举行，石厦村乡贤刘志仁任新届主席。就职典礼共筹善款港币7287万元，所筹善款将用于内地贫困地区捐建希望小学、资助教育基金和帮助香港本地品学兼优的家庭困难中学生。

施至谦教育基金捐赠仪式在罗溪中心小学举行

4月27日下午　泉州市洛江区罗溪中心小学施至谦教育基金暨泉州西龙寺教育基金捐赠仪式在学校大礼堂隆重举行，衙口村旅港乡贤、福建省龙港食品开发有限公司施至谦向罗溪中心小学捐赠人民币100万元。

"学百年党史·忆华侨精神"主题党日活动在龙湖举行

5月13日上午　由晋江市侨联党支部联合龙湖镇党委、龙湖镇侨联开展的"学百年党史·忆华侨精神"主题党日暨"一堂好课"进侨企活动在龙湖举行。市、镇两级侨联一行30人先后参观了龙园老区基点村红色展馆、福建省晋金供水有限公司、福兴集团有限公司。

结合此次党日活动，以"送课进侨企"的形式，由市侨联党支部副书记、副主席高斓斓在福兴集团有限公司以《品读时代人物·感悟华侨精神》为题，为市侨联机关党员干部、基层侨联工作者和基层侨界代表讲授"一堂好课"。

最后，市侨联领导与龙湖镇党委相关人员、龙湖镇侨联负责人及龙湖镇部分侨界代表召开"叙乡情　谋发展　共奔新时代"座谈会。

会上，市侨联主席庄晓芳肯定了龙湖镇侨联近年来的工作，并以"要做华侨精神的传承者、要做侨务工作的推动者、要做地方发展的先行者"和与会人员共勉。市侨联副主席、龙湖镇侨联主席施能狮简要介绍了龙湖镇侨联近年来的主要工作，龙湖镇侨界青年联合会代表许平也在座谈会上分享了参加侨青会工作的体会和感悟。

仁颐（厦门）控股集团承办"后疫情时代·中菲合作发展论坛"

5月14日 "后疫情时代·中菲合作发展论坛"在厦门举行。论坛聚合政商精英，来自中菲双方的官方领导代表及侨联、行业协会、企业领导代表、投资机构代表、主流媒体等相互交流和碰撞，凝聚众力，共谋两国经贸新发展。

中国驻菲律宾大使黄溪连特意为本次论坛发来了祝贺视频，菲律宾驻华大使何塞·圣地亚哥·罗马纳一行做了"菲律宾后疫情时代的投资机会"专题分享，中国侨联副主席、福建省侨联主席陈式海到会致辞。论坛现场，本次论坛承办方仁颐（厦门）控股集团董事长许海港与中国家庭服务业协会会长王淑霞签署了战略合作协议，双方将共同引进菲律宾家庭服务业标准，同时结合实际，完善打造中国的家政服务标准，共同推动行业规范化发展。

施工作向晋江市慈善总会捐赠善款 500 万元

5月18日 陈店村旅港乡贤、三福（中国）集团施工作借其子施海渤、儿媳吴蒨雯举行结婚典礼之机，以父母施能佳、洪秀冷的名义，向晋江市慈善总会捐赠善款 500 万元，成立施能佳、洪秀冷伉俪慈善基金。晋江市领导林仁达、许宏程、黄文福、张汉杰参加捐赠仪式。这笔善款有 300 万元定向捐赠龙湖镇陈店村两委会、老年协会，100 万元定向捐赠恢斋中心小学校董会。

刘家义与施恭旗在中国（山东）—东盟中小企业合作发展大会上视频对话

5月28日 中国（山东）—东盟中小企业合作发展大会在济南开幕，山东省委书记刘家义与上好佳集团施恭旗董事长进行视频对话，共促菲律宾与山东省加强多元合作。本次活动由山东省人民政府和中国—东盟中心共同举办，主题是 RCEP 签署背景下中国与东盟中小企业合作发展机遇与前景。大会采取线上线下相结合的方式。

施学理在"中国共产党的故事——习近平新时代中国特色社会主义思想在上海的实践"特别对话会上作分享

6月16日 在由中共中央对外联络部和中共上海市委共同主办的"中

国共产党的故事——习近平新时代中国特色社会主义思想在上海的实践"特别对话会上，5 位讲述者分享了他们与上海共发展、同进步的故事。前港村旅菲乡侨、上好佳中国有限公司董事长施学理在会上作分享，讲述了他与父亲施恭旗在上海经商办企业的创业故事。此次会议的主题为"启航梦想，见证奇迹"，来自近 100 个国家的 740 多名外宾将通过线上或线下方式出席会议，其中包括 40 多个国家的驻华大使。

来自上好佳的施学理，是出生在菲律宾的第三代华人。

很高兴在我 23 岁的时候，这么早，就有机会来到上海，我觉得这是改变我人生的最重大的决定。

在上海，我当时最大印象是我们在南京路上著名的第一食品商店做了促销推广，商店门口的柜台好像有一种神奇的魔力，不仅吸引了大量的顾客，还让我们认识了很多全国各地的经销商。一转眼，已经合作超过 20 多年了。从上海起步，我们在国内已经建了 13 家工厂，有 7600 多名员工。

上海一流的营商环境，能够给我们非常安心的感觉。目前，中国继续扩大、深化对外开放，给我们带来了更多的机会。首届进博会，我们认识了乌兹别克斯坦副总理带队的政府代表团，最终促成我们在乌兹别克斯坦的投资。

2005 年，我父亲被授予了上海"荣誉市民"称号，我也在 2017 年被授予了同样的称号。我们父子两个能得到如此珍贵的荣誉，既是幸运，又是激励。我和父辈一样，对中国抱有充分的信心，也期待能在上海这片全世界投资的热土，收获更多的惊喜。

施能狮向泉州五中同心教育基金会捐赠 100 万元

6 月 19 日　泉州五中同心教育基金会成立，衙口村旅港乡贤、龙湖镇侨联主席施能狮向该基金捐赠 100 万元。

龙湖镇侨联健康管理咨询工作室揭牌

6 月 21 日　晋江市医院晋南分院与龙湖镇归国华侨联合会共建的健康管理咨询工作室在龙湖镇侨联揭牌运营，正式拉开了龙湖镇"侨心向党·同心筑梦"主题实践活动的序幕。

为深入开展"我为群众办实事"党史教育实践活动，以实际行动献礼建党 100 周年，响应健康中国战略，拓宽为侨服务渠道，晋南分院与龙湖镇侨联创新工作模式，牵手共建健康管理咨询工作室。健康管理咨询工作室址设龙湖镇侨联会所，依托晋南分院的优质服务资源，由该院于每周三下午选派医生驻室提供包含健康咨询与指导、采集和管理健康信息、评估健康和疾病危险性、制定健康改善和干预服务方案等内容的健康管理咨询服务，方便龙湖镇域及周边区域的归侨侨眷、侨界群众在家门口咨询健康保健、疾病预防等问题，俯身一线守护侨界朋友的身体健康。

福建日报·新福建客户端、中新网福建、泉州医界、晋江新闻网、晋江市融媒体中心·晋江乡讯、晋江电视台、泉州晚报、人民日报客户端福建频道、"学习强国"等多家媒体平台刊发了本次活动的报道。

"学习强国"刊载《晋江市首家！涉侨健康管理咨询工作室在龙湖镇揭牌运营》

6 月 22 日　由中共中央宣传部主管的"学习强国"平台刊载《晋江市首家！涉侨健康管理咨询工作室在龙湖镇揭牌运营》。

施能狮、吴永坚、吴谨程出席"连心侨·家国情"晋江市侨联成立 70 周年巡礼活动

6 月 23 日上午　"连心侨·家国情"晋江市侨联成立 70 周年巡礼活动在五店市尚书第举行。晋江市侨联副主席、龙湖镇侨联主席施能狮，龙湖镇侨联驻会副主席吴谨程，国际华侨华人青商丝路交流协会会长、菲律宾福建青年联合会会长吴永坚应邀出席活动。

在随后举行的侨界人才沙龙活动中，施能狮分享了南浔村旅菲乡贤、"宿务无名氏——引叔"施维鹏及自己捐赠家乡教育公益事业的故事。

侨英小学《少年独轮车·巧筑侨心》参加市侨联成立 70 周年文艺汇演

是日下午　由龙湖镇侨联选送的节目《少年独轮车·巧筑侨心》参加在晋江戏剧中心举行的"亲情中华·大美晋江"庆祝中国共产党成立 100 周年暨晋江市侨联成立 70 周年侨界文艺汇演。侨英小学少年独轮车队于 2017 年

由学校永远董事长洪祖杭先生、夫人宗巧筠博士赞助组建。

澳门龙湖同乡会组团回乡参访恳谈

6月24日 由澳门晋江同乡会会长许清水，澳门龙湖同乡会会长吴东秒、候任会长施清积、候任理事长施英杰率领的澳门龙湖同乡会一行12人回乡参访。参访团一行在龙湖镇政府会议室与镇党委、政府、侨联就龙湖镇"产城乡"融合新型织造名镇建设、回归创业、乡村振兴等议题进行恳谈，吴东秒会长代表澳门龙湖同乡会盛情邀请镇党委、政府、侨联组团参加即将在澳门举行的澳门龙湖同乡会第五届理监事就职典礼。

龙湖镇党委书记许文倡，镇长张志雄，统战委员张志向，秘书陈镜安，组织委员、宣传委员蒲丹尼，镇侨联主席施能狮、副主席吴谨程参加了本次恳谈。

"四海龙湖人"礼献建党100周年龙湖镇侨界人物展揭幕暨来旺良品堂人才驿站授牌仪式举行

6月29日下午 龙湖镇在来旺良品堂举办"四海龙湖人"礼献建党100周年侨界人物展揭幕暨来旺良品堂人才驿站授牌仪式。龙湖镇镇长张志雄，市委统战部副部长、统战系统党委书记、市侨办主任陈金尚，市侨联副主席高斓斓等市镇两级领导，以及龙湖镇域高层次人才代表、龙湖镇干部代表、镇侨联、侨青会及在晋旅外龙湖乡贤代表出席活动。活动由龙湖镇党委副书记王义彬主持。

"旅居四海的龙湖人是我们龙湖最宝贵的财富，是我们最珍视的人才。"张志雄镇长代表龙湖镇党委政府对海内外侨界青年、人才给予高度赞誉，对始终关心关注龙湖发展的各界领导们表示热烈的欢迎和衷心的感谢，正式拉开仪式的序幕。

其间，镇侨联主席施能狮、来旺良品堂董事长洪一博分别介绍了侨界人物展概况和人才驿站筹建情况，与会领导共同为侨界人物展揭幕，并向来旺良品堂人才驿站授牌，陈金尚副部长致贺词。随后，与会人员在镇侨联副主席吴谨程的引导下参观了展览。

百年庆华诞，反哺忆初心。紧接着，与会人员聚集在来旺良品堂传承教室，以"四海龙湖人 聚智建家乡"为主题，结合自身经历，就如何推进青年人才反哺家乡，发挥青年人才力量，促进龙湖发展展开了热烈的讨论，为更好地发展龙湖建言献策。

座谈会由吴谨程主持。澳门龙湖同乡会会长吴东秒、菲律宾福建青年联合会会长吴永坚、菲律宾晋江市龙湖镇联乡总会副监事长吴贝康、龙湖镇侨界青年联合会会长许平等先后在会上作分享。

活动中，陈金尚副部长指出，多年来，海内外龙湖乡亲走南闯北、敢拼会创，在海内海外、世界各地创造了骄人业绩，涌现出众多工商巨子、社会名流和侨团领袖，成为晋江融通中外、连接世界的庞大人才支撑。希望在"十四五"的开局之年，龙湖能充分发挥融通中外、连接内外的独特优势，用自己的一智一力，携手家乡把事业做得更大，推动龙湖镇"产城乡"融合新型织造名镇建设再上新台阶。

为庆祝建党100周年，有效凝聚龙湖各界人才力量，聚智谋发展、聚力建家乡，龙湖镇遴选侨界125名典型代表，分"心有大我志报国""乌篮血迹赤子心""人才荟萃看今朝"三个序列，从不同角度、不同侧面，展现他们或精诚报国、血洒疆场，或竭智尽力、反哺家乡，或慈善为怀、无私奉献，以赤子之心演绎历史传奇，以家国情怀成就时代巨变的动人故事。

第一序列"心有大我志报国"，集中展示了新中国成立前后，施能杞、许友超、许肇堆等31位旅外侨亲参与辛亥革命、抗日战争、解放战争、社会主义建设等的感人事迹，体现了"心有大我，至诚报国"的精神。

第二序列"乌篮血迹赤子心"，经由许逊沁、许志螺、施维鹏、施至成等26位旅外侨亲事迹，展示了龙湖海外侨胞在为居住国的经济、文化建设做出卓越贡献的同时，无论身居何方，故土情怀、中华情结都已渗透进他们的血液，成为生命中无法释怀的组成部分。

第三序列"人才荟萃看今朝"，收录了海外社团中龙湖人举足轻重的身影，会聚了施恭旗、施子清、洪祖杭等68位各界翘楚，试窥龙湖侨界宏大的阵容一角。

希望通过此次展览，明确凝聚侨心侨力同圆共享中国梦的新时代侨务工作主题，以模范事迹鼓舞人心，用典型人物传承历史，进一步推动全镇侨界干部群众，以更加昂扬的斗志、更加充沛的干劲、更加务实的作风，投身到推动龙湖镇全面发展的实践中来，以更加优异的成绩献礼中国共产党成立100周年！

"学习强国"刊载《晋江市龙湖镇举办"四海龙湖人"礼献建党100周年侨界人物展》

6月30日　由中共中央宣传部主管的"学习强国"平台刊载《晋江市龙湖镇举办"四海龙湖人"礼献建党100周年侨界人物展》。

许健伦、许海港赴京出席建党100周年庆典活动

7月1日　石龟村旅加乡侨许健伦、埔锦村旅菲乡侨许海港受邀赴京出席建党100周年庆典活动。

施荣怡获香港特区政府委任为太平绅士

是日　香港特别行政区政府公布2021年授勋及嘉奖名单，南庄村旅港乡贤施荣怡获委任为太平绅士。

许文倡书记带队走访龙湖镇侨联

7月7日上午　龙湖镇党委书记许文倡带队走访龙湖镇侨联，镇党委副书记王义彬，镇党委统战委员、武装部长张志向，镇党委秘书陈镜安陪同。

许文倡书记一行深入了解侨联的历史沿革和发展脉络，进一步明晰干什么、怎么干。许文倡书记强调要坚持把开展党史学习教育同深入学习侨史相结合，从中总结经验、把握规律，不断加深对侨联组织的理解、推动侨联事业的进一步发展。

《福建侨报》刊发《晋江龙湖镇举办侨界人物展》

是日　《福建侨报》刊发《晋江龙湖镇举办侨界人物展》，报道"四海龙湖人"礼献建党100周年侨界人物展揭幕暨来旺良品堂人才驿站授牌仪式消息。

许荣谊任香港培侨中学菲律宾校友会第十九届理事长

7月22日　经复选，檀林村乡侨许荣谊任香港培侨中学菲律宾校友会第十九届理事长。

施永新任菲华晋江前港同乡会第四十五连四十六届理事长

8月1日　菲华晋江前港同乡会成立44周年暨第四十五连四十六届理监事及第卅五连卅六届青年组、第十三连十四届妇女组职员云端视频就职典礼

举行，施永新任新届理事长。

庄建设任澳门护国兴澳联谊会首届会长

是日　澳门护国兴澳联谊会成立暨首届理监事就职联欢会假民众建澳联盟礼堂举行，湖北村旅澳乡贤庄建设任首届会长。该会集结一群居澳退伍战友，以"爱国爱澳、护国兴澳"为创会宗旨，将积极配合特区政府依法施政，更好地发挥桥梁纽带作用，进　步推进澳门与内地的交流与合作。

施金象、许文直礼访龙湖镇党委、政府

8月10日　香港龙湖同乡联谊会会长施金象、永远荣誉会长许文直礼访龙湖镇党委、政府，并参观"家国情·龙门汇"礼献建党100周年龙湖镇侨界人物展。

《"家国情·龙门汇"礼献建党100周年龙湖镇侨界人物展图文志》出版

8月14日　由龙湖镇侨联选编的《"家国情·龙门汇"礼献建党100周年龙湖镇侨界人物展图文志》出版。该书由施能狮主编，为大16开异形彩印本，选编龙湖镇侨界人物展展板百幅及《晋江经济报》《福建侨报》、晋江新闻网、"学习强国"等媒体及平台的相关报道。

施能狮捐建的"玉华爱心园地""玉华爱心温馨步行道"竣工

8月　由衙口村旅港乡贤、龙湖镇侨联主席施能狮捐建的衙口滨海北区"玉华爱心园地"、南侨校区路段"玉华爱心温馨步行道"竣工。

施文博获第十一届"中华慈善奖"

9月5日　《民政部关于表彰第十一届"中华慈善奖"获得者的决定》正式发布，授予182个爱心个人、爱心团队、捐赠企业、慈善项目和慈善信托第十一届"中华慈善奖"。其中，石厦村旅港乡贤、福建恒安集团有限公司董事局主席施文博获"捐赠个人奖"。

施家伦高票当选（连任）澳门第七届立法会议员

9月12日　在澳门第七届立法会选举中，第三组"澳门民联协进会"获26593票，在14直选议席中夺得3席，再创历史；南浔村旅澳乡贤施家伦成就"票王"地位，当选（连任）澳门第七届立法会议员。

施能狮等 12 位乡贤当选 2021 年香港特区选举委员会委员

9 月 19 日 香港特区 2021 年选举委员会界别分组一般选举圆满结束，1448 名新一届选举委员会委员顺利产生。此前，龙湖镇旅港乡贤吴玲玲、吴秋北、施连灯、施金城、施荣怀、施荣恒、施能狮、施清流、施维雄、洪定腾、洪祖杭、洪锦铉（按姓氏笔画排序）等 12 位自动当选。

留奕星任旅菲英仑同乡会第七十六连七十七届理事长

9 月 26 日晚 旅菲英仑同乡会第七十六连七十七届职员就职典礼以视频形式举行，留奕星任新届理事长。

福建临濮施氏宗亲总会教育基金会成立

10 月 10 日 福建临濮施氏宗亲总会召开第三季度常务会议，宣布成立教育基金会，并募集 3150 万元。其中，龙湖镇侨联主席施能狮捐赠 1000 万元，百宏集团董事长施天佑捐赠 1000 万元，恒安集团施文博、福华世家施清岛各捐赠 500 万元。

许泽同任旅菲晋江龙玉同乡会第七十三连七十四届理事长

是日下午 旅菲晋江龙玉同乡会第七十三连七十四届理监事职员就职典礼以视频形式举行，许泽同任新届理事长。

施恭旗获菲律宾管理协会（MAP）授予"年度管理人"称号

10 月 13 日 菲律宾管理协会（MAP）授予前港村乡侨、Liwayway 集团董事长施恭旗 2021 年"年度管理人"称号，并称他是"菲律宾企业家精神的典范"。

该奖项是授予"在管理实践中取得无可置疑的杰出成就、为国家的进步和民族价值观的重塑作出了宝贵贡献的"商界或政府领袖。菲管理协会在一份声明中称，菲华商人施恭旗得奖的原因是"他的商业智慧和管理品质，把一家本地的玉米淀粉重新包装企业转变为一家国际零食制造公司"，施恭旗获选的另一个原因是"他在私营和公共部门的管理生涯中，在诚信、卓越的创业精神、管理能力和专业的领导能力方面，为菲律宾管理者树立了榜样"。

该奖项是授予在领导和管理机构中取得卓越成就的杰出人士，以及值得同龄人和年轻领导和管理人员效仿的模范人物。菲管理协会表示，该奖项的授予遵循了一个彻底、严格的遴选过程。标准包括诚信、领导能力和管理素质，以及对国家建设的贡献。该奖项尽管自 2009 年以来每年颁奖一次，但在其 50 年的历史中仅授予过 45 次。

施清胆任旅菲临濮总堂第一百十一届理事长

10 月 14 日下午　旅菲临濮总堂第一百十一届、青合组第三十三连三十四届、华文教师联谊会第三十一连三十二届、妇女组第十六连十七届、教育基金董事会第十三连十四届就职典礼以视频形式举行，石厦村旅菲乡侨施清胆任旅菲临濮总堂新届理事长。

龙湖镇侨联召开八届六次常委（扩大）会议

11 月 15 日上午　龙湖镇侨联八届六次常委（扩大）会议在镇商会一楼会议室召开，镇侨联八届常委、侨青会（筹）主要成员出席会议。龙湖镇党委副书记王义彬主持本次会议。会上，镇武装部部长、统战委员张志向宣读换届筹备领导小组名单，侨联主席施能狮通报了第九次归侨侨眷代表大会筹备情况，侨界青年联合会候任会长许平报告了侨青会成立筹备情况，镇侨联副主席吴谨程作大会筹备工作补充说明。其间，与会成员就换届工作进行了热烈的讨论，为即将召开的龙湖镇第九次归侨侨眷代表大会暨侨界青年联合会成立大会奠定了坚实的基础。

中国华侨历史博物馆函谢龙湖镇侨联捐赠《龙湖侨史资料》

11 月 18 日　中国华侨历史博物馆向龙湖镇侨联发出《感谢函》，全文如下：

贵会委托北京市菲律宾归侨联谊会副会长许志远先生向我馆捐赠的《龙湖侨史资料》已收悉。此书内容丰富，史料翔实，记载了大量珍贵的历史资料，有助于我馆华侨史料方面的收藏和研究。

在此，由衷感谢贵会对我馆工作的支持，希望双方加强合作，继续做好华侨史料的征集和保护工作！

《福建侨报》刊发调研报告《晋江龙湖首编侨史，保护与开发侨文化遗产》

11月19日 《福建侨报》刊发课题调研报告《晋江龙湖首编侨史，保护与开发侨文化遗产》。该文通过回顾《龙湖侨史资料》编撰的历程与得失，采用实地调研、对象访谈、综合分析等方式，探索科学、合理地保护与传承闽侨文化遗产的路径，以充分挖掘其蕴含的历史传承价值、艺术审美价值和经济开发价值，促进新时代文化事业和文化遗产繁荣发展。该课题指导为龙湖镇党委书记许文倡，课题负责人为龙湖镇党委副书记王义彬、统战委员张志向。

龙湖镇第九次归侨侨眷代表大会暨侨界青年联合会成立大会胜利召开

11月22日 晋江市龙湖镇第九次归侨侨眷代表大会暨侨界青年联合会成立大会隆重召开，施能狮当选（连任）龙湖镇侨联第九届委员会主席，许平当选龙湖镇侨界青年联合会第一届会长。泉州市归国华侨联合会党组书记、主席温锦辉，晋江市委常委、统战部部长黄天凯，晋江市涉侨部门领导、龙湖镇党政领导到会指导。来自菲律宾以及中国香港、澳门的80名侨亲代表、全镇各领域的100名归侨侨眷代表、90多名侨界青年委员和兄弟侨联代表参加了大会。

会议听取和审议了龙湖镇侨联第八届委员会《以侨架桥，侨心向党——为"产城乡"融合新型织造名镇建设贡献侨界力量》的工作报告，分别选举产生了73名侨联第九届委员会委员、262名侨界青年联合会第一届理监事会委员，并通过聘请荣誉职务、团体单位名单。

龙湖镇党委副书记、镇长张志雄主持了龙湖镇归国华侨联合会第九届委员会暨侨界青年联合会第一届理监事会就职仪式。

施能狮在答谢词中指出，新一届侨联委员会将认真学习贯彻习近平关于侨务工作的重要论述，立足新起点，书写新篇章，为龙湖镇经济社会发展做出应有的贡献。一要坚持"侨心向党"铸底色。始终在思想上政治上行动上同以习近平同志为核心的党中央保持高度一致，坚持党的领导，牢固树立"四个意识"，高举爱国主义、社会主义旗帜，引导广大海外侨胞心怀故土、情系桑梓，增强中华民族的认同感、自豪感。二要坚持"侨乡向上"促发展。注重"以侨架桥、以侨引才、以侨建乡"，着力加强同海外侨胞年轻一代和新华侨、留学人员及其社团的联系，努力引荐有经济实力、有社会影响的华侨华人来我镇投资兴业、共谋发展。三要坚持"侨务向善"办实事。把侨联组织的政治性、先进性、群众性有机统筹起来，加强侨联软硬件设施建设，建立直接联系服务侨界群众制度、基层联系点制度，切实增强侨联组织的影响力、凝聚力，努力建设归侨侨眷和海外侨胞可信赖的温暖之家。

许平在表态发言中表示，虽然从小就离开家乡龙湖，在香港生活学习了10年、在英国留学6年，但龙湖是根之所在，已深深地铭刻在骨髓里，将与261位龙湖籍侨界青年一起，为家乡尽份绵力、做点贡献。一是期盼通过这次成立大会，能够凝聚更多的龙湖侨界青年力量，承担更多的社会责任；二是期盼能为旅居海内外众多侨界青年提供一个互相交流的平台，帮助更多侨胞、优秀侨青寻找一切合适的机会投资家乡、反哺故里；三是期盼与委员们互通信息、共享资源，在推动侨青会永续发展的进程中，实现龙湖侨界青年个人价值追求；四是期盼首届龙湖侨青会能够起好头，充满活力，代代相传，让海内外龙湖侨界青年能够游子千里，归根龙湖！

许文倡在讲话中指出，当前，龙湖镇正紧紧围绕市委、市政府总体部署，深入学习贯彻党的十九届六中全会精神，全面传承创新发展"晋江经验"，按照"一轴两片三区"的发展框架，以创新升级促企业转型，以园区建设促城镇品质，以文化旅游促三产提升，全力推进"产城乡"融合新型织造名镇建设。希望广大侨胞一如既往地关心支持龙湖经济社会发展，与龙湖人民携手并肩，共创美好的未来。希望新一届侨联班子能够"以侨架桥"，为海外乡亲投资兴业、经商贸易创造条件，为增强龙湖经济发展后劲牵线搭桥，献策出力。希望第一届侨青会领导班子始终充满活力、怀揣梦想、富有进取精神，继承老一辈侨亲爱国爱乡的优良传统、敢闯敢拼的热血情怀，在融入家乡建设征程中开创自己人生发展的新天地。

黄天凯在讲话中指出，当前，在习近平新时代中国特色社会主义思想指引下，晋江正积极构建"一三七"发展格局，奋力谱写"晋江经验"新篇章。衷心希望龙湖镇新一届侨联班子、侨界青年联合会，在新时代新征程中展现新担当、新作为。一要始终保持正确方向。把党的重大方针政策转化为侨界的自觉行动，坚定不移带领侨界群众听党话、跟党走。二要密切联系侨界群众。主动靠前服务，努力做到"侨界有呼声，侨联有反应；侨界有要求，侨联有行动"。三要着力加强自身建设。新一届领导班子要掌握工作规律，增强履职能力，使侨联真正成为凝聚侨心的平台、沟通交流的桥梁和温馨和谐的"侨之家"。四要主动融入中心大局。继续发挥融通中外、连接内外的独特优势，用自己的一智一力，携手家乡把事业做得更大，推动龙湖镇"产城乡"融合新型织造名镇建设再上新台阶。

泉州市侨联党组书记、主席温锦辉在讲话中要求，龙湖侨联要以第九次侨代会为新的起点，认真总结经验，继往开来，进一步畅通凝聚侨心的渠道，创新汇集侨智的载体，拓展发挥侨力的平台，丰富维护侨益的手段，更好地把侨界群众团结在党和政府周围，服务和推动家乡新一轮发展；希望新成立的龙湖镇侨界青联，充分发挥自身优势，助推侨界青年追梦圆梦，努力打造成有作为、有担当、有情怀、正能量的"侨字号""青字号"社团。

"龙门·晋江汇"餐叙会在佰翔世纪酒店举办

11月22日晚 晋江市龙湖镇侨界青年联合会"龙门·晋江汇"餐叙会在佰翔世纪酒店海之梦宴会厅举办，新成立的龙湖侨青会以侨为桥梁，拓展"朋友圈"。12个泉州青年社团专程赶来与龙湖侨青相聚，共叙友情，畅谈发展。

龙湖镇侨联主席施能狮、副主席施志伴，龙湖镇侨青会会长许平分别向泉州市留学人员联谊会、泉州市侨界青年联合会、世界晋江青年联合会、晋江青年商会、晋江市留学人员联谊会、晋江国际人才交流协会、石狮市菲华归侨经济促进会、澳门龙湖青年促进会、晋江市东石镇侨界青年联合会、晋江市永和镇青年商会、晋江市罗山街道青年创业联合会、晋江市英林镇青年创业联合会等12个兄弟青年社团赠送了《龙湖侨史资料》《"家国情·龙门汇"礼献建党100周年龙湖镇侨界人物展图文志》两本图书。

随后，一个又一个精彩的节目，将餐叙活动推向了高潮。龙湖侨界青年们纷纷表示：侨界青年充满活力、怀揣梦想、富有进取精神，他们将用自己的青春和智慧，在晋江、在龙湖发展的历史长河中写下光辉的一页，努力成为祖国和家乡经济社会发展的重要力量。

许海港为龙湖镇42个行政村订阅2022年度《福建侨报》

11月24日 侨联副主席许海港为龙湖镇42个行政村订阅2022年度

《福建侨报》。《福建侨报》创办于1956年，服务于海外华侨华人和八闽归侨侨眷，长期坚持"传递侨界信息、广播八闽乡音，弘扬中华文化、联结五洲侨心"。

许培明任旅菲萧妃（烧灰）同乡会第九届理事长

是日晚　旅菲萧妃（烧灰）同乡会成立16周年暨第九届理监事、妇女组—青年组第八届职员就职典礼以视频形式举行，许培明任新届理事长。

澳门龙湖同乡会、澳门龙湖青年促进会新届就职

11月28日晚　澳门龙湖同乡会假渔人码头会展中心宴会厅举行宴会，庆祝中国共产党成立100周年、会庆12周年暨第五届理监事就职，澳门龙湖青年促进会第三届理监事就职典礼。晋江市委常委、统战部部长黄天凯通过视频表达祝贺，龙湖镇党委书记许文倡率团到贺，共同祝愿龙湖两会会务工作更上一层楼。

中联办协调部副部长余向军，澳区全国政协委员、澳门福建同乡总会执行会长陈明金，澳区全国人大代表、议员施家伦，澳区全国政协委员、澳门福建同乡会会长张明星，澳区全国政协委员、澳门福建总商会会长何富强，全国青联常委、议员宋碧琪，议员李良汪，晋江市委办公室副主任、市委台港澳办主任陈金尚，晋江市侨联副主席高斓斓，龙湖镇侨联主席施能狮，龙湖镇侨界青年联合会会长许平，以及多个友好社团负责人等出席。

宴会开始前，同乡会新一届理监事宣誓就职，陈明金监督。青年促进会新阁宣誓由宋碧琪监督。同乡会上届会长、永远会长吴东秒向新任会长施清积移交印信，吴东秒同场作会务工作报告。

施清积致辞时勉励同人应当向创会乡贤和前辈虚心学习，秉承"团结、合作、奉献、爱国、爱澳、爱乡"的创会精神，尽心尽力做好会务工作，促进澳门与龙湖两地的各领域交流与合作，一如既往热爱家乡、关心家乡、宣传家乡。

青年促进会会长施珊瑜表示，很荣幸接任会长一职，是责任，更是担当，将引领全体青年推动会务向前。

施英杰任澳门龙湖同乡会新届理事长，李天漂任新届监事长。

菲龙湖镇联乡总会暨商会视频就职，洪源集荣膺新届理事长及会长

11 月 30 日 欣逢菲律宾晋江市龙湖镇联乡总会成立 9 周年暨龙湖商会成立 5 周年，为因应新冠疫情防控之需要，两会假 ZOOM 云端视频会议举行联乡总会第五届、商会第三届理监事及青年组第三届职组员就职典礼，家乡、港澳及菲华侨社各友好单位发来贺词贺电，使两会就职典礼更显意义非凡。

是日下午 8 时，在庄严雄壮的中菲国歌声中，龙湖镇联乡总会及商会新届职员就职典礼顺利地拉开了帷幕。紧接着，由大会主席施聪典致开幕词。首先，他以简洁的语言对来自海内外各地嘉宾表示热烈的欢迎和诚挚的谢意。同时，他更对两会全体理监事三年来不分彼此、积极支持两会开展之各项募款、抗疫救灾活动表示再三的感谢！

接下来，在名誉理事长洪肇等的监誓下，新一届理监事会由部分理监事同人代表举行宣誓，行礼如仪，新旧届理事长顺利地完成交接。名誉理事长洪肇等随后致辞训诲。

再来由新届理事长洪源集为青年组就职监誓。

理事长洪源集在发言中表示，在龙湖镇联乡总会成立短短的九年来，在创会会长及历届理事长的领导下，联络各兄弟镇会及所属各乡会，敦睦乡谊；筹募资金，购置会所，帮助华社抗疫救灾，取得了可喜的成绩！他更表示，青年是我们未来的接班人、未来的希望，期许青年组在新届组长洪天赐的带领下，贡献自己的青春活力，为社会服务！

是晚之新届职员就职典礼，晋江市党委常委、统战部部长黄天凯、晋江市侨联主席陈建军、晋江市龙湖镇党委书记许文倡、龙湖镇侨联主席施能狮，以及香港龙湖同乡联谊会会长施金象、澳门龙湖同乡会会长施清积和家乡杭边村党支部书记、主任洪燕月以视讯录像之形式发表讲话，或亲临视频会议室表示祝贺。本地各友好单位则有 SM Prime Holdings 执行委员会主席、亦即本会指导员施汉生，菲华商联总会理事长林育庆博士，菲律宾晋江同乡总会理事长陈凯复，菲律宾六桂堂宗亲总会理事长洪文雅，菲华英林洪氏家族总会理事长洪培力等致辞祝贺。

是晚龙湖两会新届就职典礼，出席者甚众，云端视频会议室嘉宾云集，同襄庆典，共叙乡谊，一片喜气洋洋热闹之景象！

最后，由副理事长施纯亭代表两会全体同人，对当晚拨冗出席之各友好团体领导及代表们表示衷心的感谢！

菲律宾晋江市龙湖镇联乡总会及商会敦聘施汉生任指导员

是月 菲律宾晋江市龙湖镇联乡总会及商会于新届就职前夕，敦聘施汉生乡贤任指导员。施汉生乡贤祖籍洪溪村，系施至成乡彦令次郎，现任 SM 控股公司执行委员会主席、SM 投资公司董事会首席顾问、中兴银行董事会主席、国家大学校董会主席。

《晋江乡讯》刊发长篇通讯《凝聚侨界力量 谱写发展新篇》

12 月 8 日 《晋江乡讯》2021 年第 45 期第 3 版全版刊发长篇通讯《凝聚侨界力量 谱写发展新篇》。该文以"侨中之侨，侨力丰厚""创新平台，健全组织""编纂侨史，凝聚侨心"三个小题，全面回顾龙湖镇侨联第八次侨代会以来紧密团结归侨侨眷，广泛联系旅外侨亲；发挥侨力，维护侨益，为"产城乡"融合新型织造名镇建设贡献侨界力量。

许文忠任菲律宾烈山五姓联宗总会新届理事长

12 月 12 日上午 菲律宾烈山五姓联宗总会假视频会议室举行第八十二连八十三届理监事就职典礼，梧坑村旅菲乡侨许文忠任新届理事长。

施纯亮任菲律宾家具厂商联合会新届理事长

12 月 15 日 菲律宾家具厂商联合会复选毕，龙园村乡侨施纯亮任第五十九连六十届理事长。

许自准任菲华秀山五乡联合会新届理事长

12 月 19 日上午 菲华秀山五乡联合会假 ZOOM 云端视讯会议举行第五十七连五十八届理监事就职典礼，许自准任新届理事长。

吴秋北当选香港特区第七届立法会议员

12 月 20 日 香港特区第七届立法会选举分区直接选举投票结果揭晓，20 个议席全部产生，古盈村旅港乡贤吴秋北当选香港特区第七届立法会议员。

新一届香港特区立法会将由90名议员组成，其中包括选举委员会选举的议员40人、功能团体选举的议员30人和分区直接选举的议员20人。第七届立法会任期将于2022年1月1日开始，任期4年。

龙湖镇第三届村级侨联完成换届工作

12月24日 龙湖镇42个行政村全部完成侨联组织换届工作，选举产生村级第三届侨联领导班子。

2022年

施能淦任菲律宾菲华龙子会新届家长

1月5日 菲律宾菲华龙子会成立50周年暨第五十一连五十二届职员就职典礼以视频形式举行，衙口村旅菲乡侨施能淦任新届家长。

施能狮捐建衙口南浔老年协会光伏发电设备

1月12日 衙口南浔老年协会光伏发电设备捐赠仪式举行，该项目由旅港乡贤施能狮捐赠32万元建设。

洪溪大道建成通车

1月20日上午 由旅菲华侨SM集团施至成先生家族捐资600万元修建的洪溪大道竣工剪彩仪式举行。洪溪大道自洪溪村水库绵延至慈佑路连通龙狮路，全长约480米，路面宽14米，双向均有宽4米行车道及3米宽人行道。

施文照当选（连任）阿联酋福建总商会会长

1月22日 阿联酋福建总商会成立12周年暨第五届理监事会换届典礼在迪拜江南春大酒店举行，湖北村乡贤施文照当选（连任）新届会长。

洪聪晓捐赠晋江市困难归侨侨眷慰问品、慰问金

是月 后坑村旅菲乡侨、菲律宾福建青年联合会执行副会长洪聪晓以其父亲洪新智的名义向全市110名困难归侨侨眷发放米、油、新春礼包等慰问品，其中还向10名困难群众发放每人2000元的新春慰问金。

龙湖侨青会举办"元宇宙与未来"专题讲座

2月7日下午 龙湖侨青会在来旺良品堂闽南古早味传承基地召开2022年工作会议，并邀清华大学客座教授、泉州市委党校特聘教授陈朝晖老师作"元宇宙与未来"专题讲座。龙湖镇侨联主席施能狮、副主席吴谨程，晋江市侨联主任科员夏勇到会指导，龙湖镇侨青会委员50多人参加了本次活动。

龙湖镇侨联召开2022年度工作会议

2月8日上午 龙湖镇侨联在龙湖镇政府六楼会议室召开2022年度工作会议，吴谨程副主席主持会议，晋江市侨联三级主任科员王建新到会指导，九届镇侨联委员60多人出席了本次会议。

会议传达了晋江市侨联全市侨联工作务虚会会议精神；施能狮主席总结了2021年镇侨联的工作，并提出了新一年的工作思路；侨联副主席、侨青会会长许平作龙湖镇侨青会工作回顾的分享。会议特邀南侨中学校长王诗坦作校本教材《以楼说侨》编辑、教学情况分享，特邀福林村支部书记许景景作福林村华侨生活馆、福林村侨史馆筹建情况分享。

会议指出："广泛联系归侨侨眷和海外侨胞，致力于中华民族伟大复兴"是新时代侨务工作提出的新要求。使命在肩，任重道远。为此，龙湖镇、村两级侨联组织要加强思想政治引领，要增强服务大局意识，要强化本职业务能力。

龙湖镇商会、龙湖镇外商投资企业协会第六次会员大会召开

2月26日 龙湖商会、龙湖外商投资企业协会第六次会员大会召开，吴远场当选（连任）龙湖商会第六届会长，吴仲钦当选（连任）龙湖外商投资企业协会第六届会长。

施维雄向香港多个社团捐赠抗疫物资

3月上旬 全国政协委员、龙园村旅港乡贤施维雄向香港多个社团捐赠抗疫物资，价值48万多元，其中包括：向香港中山社团总会捐赠KN95口罩3万个，向香港青年联会、政协青年联谊会捐赠KN95口罩1.2万个、一次性医用口罩4万个、医护隔离眼罩5040个，向香港福建同乡会捐赠一次性医用口罩6万个，向香港晋江社团总会捐赠一次性医用口罩6万个，向香

港龙湖同乡会捐赠一次性医用口罩 10 万个，向香港港澳龙园同乡会捐赠一次性医用口罩 4 万个，向香港施氏宗亲会捐赠一次性医用口罩 10 万个。

龙湖镇各界向香港龙湖同乡会捐赠抗疫物资

3月上旬 龙湖镇各界分别向香港龙湖同乡联谊会、旅港龙湖镇乡亲捐赠一批抗疫物资，含连花清瘟胶囊、连花清瘟颗粒、医用口罩、测试剂、散利痛退烧药等，价值 109 万多元。捐赠单位包括龙湖镇侨联、龙湖镇侨青会及埭头村、福林村、南庄村、烧灰村、石厦村、苏坑村、杭边村、枫林村、衙口村、南浔村、龙玉村、曾厝村等，捐赠个人包括施维雄、许文直、施清棍、许蔚萱、许维雄等。

施养铁任菲律宾晋江衙口同乡会新届理事长

3月13日 菲律宾晋江衙口同乡会成立 52 周年暨第五十三连五十四届理监事泊第二十三连二十四届青年组职员，衙口中心小学菲律宾校董会第三十一连三十二届董事就职典礼以视频形式举行，施养铁乡贤任新届理事长。

"龙湖侨务"微信公众平台易名为"龙湖侨乡"

3月15日 根据微信公众号管理要求，龙湖镇侨联微信公众平台"龙湖侨务"易名为"龙湖侨乡"。

洪聪晓向晋江市红十字会捐赠医用口罩

3月19日 菲律宾福建青年联合会执行副会长、后坑村旅菲乡贤洪聪晓为支持晋江市新冠肺炎疫情防控工作，向晋江市红十字会捐赠医用口罩 350800 个，价值 145800 元。

吴永坚、吴雅雅伉俪向龙湖镇捐赠医用口罩

3月20日下午 菲律宾福建青年联合会会长、古湖村旅菲乡贤吴永坚为支持龙湖镇新冠肺炎疫情防控工作，携夫人吴雅雅向龙湖镇政府防控办捐赠医用口罩 10 万个。

洪聪法、洪聪伟向晋江市红十字会捐赠医用口罩

是日下午 世界泉州青年联谊会印尼分会副会长、印尼 Dinemate 贸易

有限公司董事长、后坑村旅外乡贤洪聪法，世界泉州青年联谊会印尼分会常务副会长、印尼 Dinemate 贸易有限公司总经理、后坑村旅外乡贤洪聪伟向晋江市红十字会捐赠 133200 个 N95 医用防护口罩，其中定向捐赠给家乡的50400 个也顺利移交龙湖镇政府。

吴永坚、吴雅雅伉俪向晋江市教育局捐赠抗疫物资

3 月 22 日　菲律宾福建青年联合会会长、古湖村旅菲乡贤吴永坚为支持家乡新冠肺炎疫情防控工作，携夫人吴雅雅向晋江市教育局捐赠防护面罩 1万个、手套 2 万个、防护衣 1000 套。

刘志仁向香港多个社团捐赠血氧仪

3 月 29 日　香港福建希望工程基金会主席刘志仁向香港漳州同乡总会、南侨中学香港校友会、香港晋江石厦同乡会各捐赠了一批血氧仪。继早前捐赠血氧仪给香港福建希望工程基金会同人，刘志仁共捐出约 1300 部血氧仪，支援乡亲应对香港新冠肺炎疫情。

菲华英林洪氏家族总会、保生大帝董事会换届

4 月 10 日晚　菲华英林洪氏家族总会第七十九届理监事暨第卅四届青年组泊保生大帝董事会第卅五届职员就职典礼以视频形式举行，洪世为任菲华英林洪氏家族总会新届理事长，洪培力任保生大帝董事会新届董事长。

翁丰产任旅菲龙湖英山同乡会新届理事长

5 月 7 日晚　旅菲龙湖英山同乡会第四十九连五十届理事会职员就职典礼在马尼拉巴西市富临鱼翅海鲜酒家举行，翁丰产任新届理事长。菲律宾晋江市龙湖镇联乡总会理事长洪源集担任监督员为新届职员监督就职。

涂雅雅当选香港福建妇女协会第三届主席

5 月 12 日　香港福建妇女协会换届，前港村旅港乡贤涂雅雅当选第三届主席。

施养善、施碧娟、施正源获香港义工联盟 2022 杰出义工嘉许优秀奖

5 月 28 日　龙园村旅港乡贤施养善、施碧娟、施正源获香港义工联盟2022 杰出义工嘉许优秀义工优秀奖。

洪天亮任旅菲英华同乡会第六十五连六十六届理事长

是日晚 旅菲英华同乡会庆祝成立 64 周年暨第六十五连六十六届职员就职典礼在东海皇宫大酒楼举行，溪前村旅菲乡侨洪天亮任新届理事长。

许经栋任菲律宾许氏宗亲总会中吕宋分会第十五连十六届理事长

5 月 29 日中午 菲律宾许氏宗亲总会中吕宋分会第十五连十六届理监事就职典礼在邦邦牙省仙彬兰洛市馥苑（香港）海鲜酒家举行，埔锦村乡侨许经栋任新届理事长。

龙湖镇开展统一战线结对共建暨主题党日活动

6 月 1 日上午 龙湖镇开展"同心奋进新时代，同向振兴新侨乡"统一战线结对共建暨主题党日活动。活动包括第一阶段"福成林·侨恋乡"古韵侨村走访活动，第二阶段"同心奋进新时代·同向振兴新侨乡"统一战线结对共建活动，第三阶段"闽南有福·粽情欢喜"我们的节日·端午主题党日活动。本次活动由中共晋江市委统战部，龙湖镇党委、政府主办，龙湖镇侨联、龙湖侨青会承办。

晋江留联"汇聚精英 共联未来"在龙湖举办

6 月 2 日下午 晋江市留学人员联谊会"汇聚精英 共联未来"在龙湖举办。先后组织参访了侨资企业福建华清电子材料科技有限公司、福建百宏集团，并赴福建向金门供水水源地——龙湖参观考察，在来旺良品堂与龙湖侨青座谈交流。

晋江市侨联"侨与'晋江经验'"主题调研组赴龙湖调研

6 月 7 日上午 晋江市侨联"凝聚侨务合力 传承弘扬'晋江经验'——侨与晋江经验"主题调研组一行在市侨联三级主任科员王建新、办公室主任蔡婉婷的陪同下赴龙湖镇侨联与驻会副主席吴谨程、龙湖侨青会会长许平座谈，并前往洪溪村了解施至成家族捐资家乡公益事业情况，前往福林村了解侨文化保护情况，了解华侨在推进村公益事业发展、助力乡村振兴中的贡献。调研课题组人员包括厦门大学李明欢教授、俞云平副教授、吕云芳副教授等。

施人玮、施俊侨、施能狮获评福建省非公有制经济优秀建设者

6月17日 在第七届世界闽商大会召开之际，福建省人民政府发布《关于表彰福建省非公有制经济优秀建设者的决定》，授予丁思泉等100位非公有制经济人士"福建省非公有制经济优秀建设者"荣誉称号，龙湖镇施人玮、施俊侨、施能狮上榜。

吴荣锋任旅菲晋江东吴同乡会新届理事长

6月19日中午 旅菲晋江东吴同乡会庆祝成立39周年暨第二十届理监事职员就职典礼在马尼拉富临鱼翅海鲜酒家举行，吴荣锋任新届理事长。

王焕芝教授率队来龙湖调研华侨华人慈善捐赠助力乡村振兴情况

6月22日上午 华侨大学政治与公共管理学院王焕芝教授率队来龙湖调研华侨华人慈善捐赠助力乡村振兴情况，调研组成员包括颜璟承、徐成奥、刘可晗。

吴谨程受聘为晋江市涉侨检察联络员

6月23日上午 晋江市侨联在晋江人才港举办2022年"云侨汇智班"（第二期）活动，龙湖镇侨联副主席吴谨程受晋江市检察院之聘任晋江市涉侨检察联络员。

"侨与'晋江经验'"主题调研组赴龙湖恒盛集团调研

6月24日上午 晋江市侨联"凝聚侨务合力 传承弘扬'晋江经验'——侨与晋江经验"主题调研组一行在市侨联三级主任科员王建新、办公室主任蔡婉婷的陪同下赴龙湖恒盛集团调研企业复工复产、生产经营情况。调研组成员包括厦门大学李明欢教授、俞云平副教授、吕云芳副教授等。龙湖镇党委秘书陈镜安、龙湖镇社会事务服务中心侨务服务科长蔡奕良，龙湖镇侨联副主席吴谨程陪同调研。

施清岛家族捐资设立南侨中学洪云英教育慈善基金

6月26日 陈店村施清岛家族捐资555.5万元，设立侨校——南侨中学洪云英教育慈善基金。

施能狮当选深圳市福建商会第七届候任会长

6月28日 深圳市福建商会第六届第三次常务会长（扩大）会议暨换届选举工作会议在横岗君逸酒店召开，龙湖镇侨联主席、信义集团董事施能狮当选深圳市福建商会第七届候任会长。

晋江市"侨青杯"港澳晋江籍青年篮球交流赛举行

7月6日至10日 由中共晋江市委统战部、晋江市归国华侨联合会、共青团晋江市委员会、中共龙湖镇委员会、龙湖镇人民政府和龙湖镇新时代文明实践所联合主办，龙湖镇侨界青年联合会承办的晋江市"侨青杯"港澳晋江籍青年篮球交流赛在后宅村正浪球场举行。经过5天的紧张角逐，东石侨青、龙湖侨青、晋江留联分获本次比赛第一、二、三名。

施静容任晋江南侨中学菲律宾校友会理事长

7月10日 晋江南侨中学菲律宾校友会第四十二连四十三届理监事就职典礼在巴西市富临海鲜酒家举行，施静容女士任新届理事长。

晋江市委统战部到龙湖镇开展第二批晋江市侨乡文化名镇名村、侨史馆、华侨历史建筑联合检查验收工作

7月12日上午 市委统战部常务副部长、统战系统党委书记施金钟率队，到龙湖镇开展第二批晋江市侨乡文化名镇名村、侨史馆、华侨历史建筑联合检查验收工作。其间，联合检查组先后深入龙园、前港、枫林、南浔、内坑及福林等村，对龙园村侨乡文化名村创建工作、侨史馆营建情况进行全面的指导，并从建筑现状、历史风貌、使用规划等方面，对前港、枫林、南浔、内坑及福林申报的华侨历史建筑进行了细致的评估。

许剑雄任旅菲晋江梧坑同乡会新届理事长

7月17日中午 旅菲晋江梧坑同乡会庆祝成立60周年暨第六十连六十一届职员就职典礼在马尼拉富临鱼翅海鲜酒家举行，许剑雄任新届理事长。

来旺良品堂古早味传承基地获授"新侨创新创业基地"

7月18日晚 龙湖镇举办"喜迎二十大·一起向未来""党建＋"惠民生活节活动，现场举行了晋江市侨联"新侨创新创业基地"授牌仪式，确认

福建省百匠文化传播有限公司（来旺良品堂古早味传承基地）为 2022 年度"晋江市新侨创新创业基地"。活动同时举行晋江市龙湖镇侨界青年联合会与来旺良品堂闽南古早味传承基地合作共建"新侨创新创业基地"协议书签订仪式。

侨乡龙园举办《龙园村志》发行仪式

7 月 21 日上午 《龙园村志》发行仪式在龙园村史馆举行。该书由海峡书局出版社出版发行，共分 13 章 56 节，14 万字，使用图片 500 多张，记录了龙园村的历史沿革、地理环境、红色传承、华侨文化、科教文卫、风俗民情、人文景观以及乡村人物等内容，详细记述村庄 600 多年的演进历程，是一本传承乡村历史文脉，唤起共同文化记忆的地方志书。

泉州师范学院附属尊道小学隆重举行"阁头梅芬运动场"开工仪式

7 月 25 日上午 泉州师范学院附属尊道小学隆重举行"阁头梅芬运动场"开工典礼。"阁头梅芬运动场"由菲律宾总统中国事务特使、上好佳集团荣誉董事长、尊道校董会董事长施恭旗独资捐献，以其先严施阁头、先慈李梅芬名字命名"阁头梅芬运动场"。该工程项目占地 5000 平方米，设有 6 道 200 米环形塑胶跑道和小型足球场，投资 200 万元。

吴宁宁获 2022 年香港特区政府行政长官社区服务奖状

7 月 27 日 香港特区政府公布 2022 年授勋及嘉奖名单，古盈村旅港乡贤吴宁宁女士获香港特别行政区政府颁授的行政长官社区服务奖状。

许文杰等 12 位乡贤当选香港第十四届全国人大代表选举会议成员

9 月 2 日 十三届全国人大常委会第三十六次会议表决通过了香港特别行政区第十四届全国人民代表大会代表选举会议成员名单，龙湖镇旅港许文杰、吴秋北、施连灯、施金城、施荣怀、施荣恒、施能狮、施清流、施维雄、洪定腾、洪祖杭、洪锦铉等 12 位乡贤当选。

龙湖镇涉侨检察联络室授牌

9 月 23 日上午 晋江市检察院与晋江市侨联为龙湖镇涉侨检察联络室授牌。

洪狮任香港龙湖同乡联谊会第八届会长

9月24日 香港龙湖同乡联谊会在中环赛马会黄金阁隆重举行内部换届仪式，洪狮任第八届理监事会会长，施金福任监事长，施纯纯女士任第二届妇女委员会会长，许辉腾任第六届青年委员会会长。

"侨与'晋江经验'"主题调研组赴前港村调研

是日上午 由中共晋江市委统战部（市侨办）、晋江市侨联、安海镇侨联联合厦门大学人类与社会学院开展的"凝聚侨务合力 传承弘扬'晋江经验'——侨与晋江经验"主题调研组一行赴龙湖镇镇前港村，了解旅菲华侨施恭期家族在助力乡村振兴、促进共同富裕中的贡献。

吴雄程任菲律宾商会拉允隆省联碧瑶市分会第二届会长

10月9日中午 菲律宾商会拉允隆省联碧瑶市分会在雷岛度假酒店举行第二届职员就职典礼，枫林村乡侨吴雄程任新届会长。

施清玮任旅菲晋江绍德同乡会新届理事长

10月16日上午 旅菲晋江绍德同乡会庆祝成立76周年暨第七十六连七十七届理监事、第卅一连卅二届青年组、晋江恢斋中心小学菲律宾董事会第二十连二十一届董事就职典礼举行，施清玮任旅菲晋江绍德同乡会新届理事长。

李鹏程任旅菲银江华侨中学校友会新届理事长

10月30日中午 旅菲银江华侨中学校友会第七届理监事就职典礼在东海皇宫大酒楼举行，枫林村旅菲乡侨李鹏程任新届理事长。

施海平任港澳龙园同乡会新届理事长

11月1日 港澳龙园同乡会在香港北角会所举行简朴又隆重的香港第六届理监事会内部换届仪式，施海平任第六届理事长。香港中联办港岛工作部社工处副处长王清福，香港东区协进社主席李少榕，香港民联东区支部主席洪连杉等嘉宾应邀出席见证印信交接仪式。

龙园村获评第二批晋江市侨乡文化名村

11月3日 中共晋江市委统战部发布晋委统〔2022〕47号文《关于确定第二批晋江市侨乡文化名镇名村、侨史馆、华侨历史建筑名单的通知》，龙园村获评第二批晋江市侨乡文化名村，龙园村侨史馆获评第二批晋江市侨史馆；福林村春晖楼、端园、书投楼、慈恩楼、望月楼、西区97号和枫林村文远楼等7处建筑被确定为第二批晋江市华侨历史建筑名单。

郭振东追思会在后溪村举办

11月5日上午 旅菲乡侨郭振东老先生追思会在后溪村举行。活动由龙湖镇侨联、后溪村两委会主办，后溪村老年人协会、育才小学董事会协办，龙湖镇侨联专职副主席吴谨程主持，相关单位代表、后溪村乡亲代表、郭振东亲属等近百人参加了本次追思会。追思会介绍了郭振东的生平，追忆了郭振东奉献家乡的事迹，表达了对其艰苦创业、奉献社会的敬仰。旅菲晋江后溪同乡会、香港后溪同乡会、后溪村两委会、后溪村老年人协会、育才小学董事会等单位代表先后上台致悼词，寄托了对郭振东先生的哀思。

施鸿雄任旅菲晋江石厦同乡会新届理事长

11月6日晚 旅菲晋江石厦同乡会成立71周年暨第四十八连四十九届职员、旅菲晋江石厦溪森罗殿第十届董事会、妇女组就职典礼在俐莎花园酒店举行，施鸿雄任新届理事长。

吴天爽任世界福建青年菲律宾联会新届会长

11月7日晚 世界福建青年菲律宾联会在马尼拉东海皇宫大酒楼举行庆祝成立5周年暨第二届职员就职典礼。埭头村乡侨吴天爽与陈清发、龚金超联袂任新届会长。

龙湖镇侨联、侨青会、商会组团参加澳门晋江同乡会成立35周年庆典

11月28日 龙湖镇侨联、侨青会、商会应邀组团参加澳门晋江同乡会在渔人码头会展中心宴会厅举办的成立35周年庆典。

菲律宾晋江市龙湖镇联乡总会成立10周年纪念庆典大会举行

11月30日晚 菲律宾晋江市龙湖镇联乡总会成立10周年纪念庆典大

会在东海皇宫大酒楼举行。

许维新、施嘉骠获菲律宾各宗亲会联合会颁授 2023 年度模范族长

是月 菲律宾各宗亲会联合会公布 2022 年度模范族长名单，梧坑村旅菲乡侨许维新、南浔村旅菲乡侨施嘉骠上榜。

施能狮任深圳市福建商会第七届会长

12 月 8 日 深圳市福建商会第七届理监事就职典礼在深圳前海隆重举行。福建省政协常委、信义集团董事、深圳市恒通源环保科技有限公司董事长施能狮先生当选新一届会长。

施家伦当选澳区第十四届全国人民代表

12 月 12 日 澳门特别行政区第十四届全国人民代表大会选举会议第二次全体会议举行选举，施家伦当选澳区第十四届全国人民代表。

阳溪中学菲律宾校友会举办庆祝成立 20 周年活动

12 月 14 日晚 阳溪中学菲律宾校友会庆祝成立 20 周年典礼在东海皇宫大酒楼举行。

吴秋北当选港区第十四届全国人民代表

12 月 15 日 香港特别行政区第十四届全国人民代表大会代表选举会议第二次全体会议举行，吴秋北当选港区第十四届全国人民代表。

翁天乙任阳溪中学旅港校友会第九届会长

12 月 15 日晚 阳溪中学旅港校友会庆祝成立 26 周年暨第九届理事会就职典礼举行，翁天乙任新届会长，施金矿任理事长。

施清流任香港福建社团联会第十三届主席

12 月 21 日下午 香港福建社团联会召开 2022 年会员大会，审议通过第十三届会董架构名单，石厦村乡贤施清流任主席，龙园村乡贤施维雄任常务副主席。

香港施氏宗亲会"施子清教育基金会"举行年度奖学金颁赠仪式

12月31日晚 香港施氏宗亲会"施子清教育基金会"在香港上环信德中心黄金阁举行年度奖学金颁赠仪式,为18位施氏年轻学子颁发奖状及奖学金。香港施氏宗亲会理事长施锦珊,全国政协委员施荣怀、施清流、施维雄,香港特区政府教育局副局长施俊辉,第十二届河南省政协常委施荣怡及香港施氏宗亲会监事长施新平出席本次活动。

2023 年

许中荣、施东方、吴永坚、洪聪晓、许超智陪同菲律宾总统来华访问

1月4日至6日 菲华各界联合会名誉主席许中荣,菲华商联合总会副理事长施东方,菲律宾福建青联合会、国际华侨华人青商丝路交流协会会长吴永坚、执行常务副会长洪聪晓,有利东方旅游有限公司执行董事许超智等5位龙湖镇旅菲乡贤陪同菲律宾总统费迪南德·马科斯来华进行国事访问。

"龙湖侨乡"编发《旅菲龙湖乡贤吴永坚、洪聪晓、施东方、许中荣、许智超陪同菲律宾总统访华》

1月7日 龙湖镇侨联微信公众平台编发《旅菲龙湖乡贤吴永坚、洪聪晓、施东方、许中荣、许智超陪同菲律宾总统访华》,阅读量9800人次。

施恭旗、洪聪晓、洪健雄获中国驻菲大使馆2022年度"使馆之友"奖项

1月10日 中国驻菲大使馆假座万豪大酒店举行2022年度"使馆之友"系列奖项颁奖典礼,共有54名菲律宾主流社会和华社领袖与名硕,以及三个华社团体获奖。其中,龙湖镇乡贤施恭旗获杰出贡献奖,洪聪晓获突出贡献奖,洪健雄获"人文交流专项奖"。

施玉婷哲裔简办丧事捐资128万元,其中洪新智捐资设立"侨英小学星婷纪念基金"

上旬 后坑村九旬老人施玉婷离世,其家属遵循老人遗愿,简办丧事,捐款128万元助力村中公益事业和教育事业。其中包括洪新智为继承父母遗愿,纪念其父洪景星、其母施玉婷,特捐赠40万元设立的"侨英小学星婷纪念基金"。

施能狮等乡贤出席晋江海内外乡亲新春座谈会

1月24日 晋江召开海内外乡亲新春座谈会。龙湖镇旅外乡贤，深圳福建商会会长、香港福建社团联会副主席、香港晋江社团总会永远荣誉主席施能狮，澳门晋江同乡会会长许清水，江苏吴江福建商会永远名誉会长施清岛，阿联酋福建总商会会长施文照等应邀出席并作主题发言。

洪聪晓捐赠晋江市困难归侨侨眷慰问品、慰问金

是月 后坑村旅菲乡侨、菲律宾福建青年联合会执行副会长洪聪晓以其父亲洪新智的名义向全市115名困难归侨侨眷发放米、油、干货、保健品、新春礼包等慰问品，其中还向15名困难群众发放每人2000元的新春慰问金。

洪源集任菲律宾六桂堂宗亲总会第九十四届理事长

2月5日下午 菲律宾六桂堂宗亲总会在会所五楼祖厅举行癸卯年春祭祀祖大典。晚7时，复在世纪海鲜酒家举行庆祝成立93周年暨第九十四届理监事会职员泊妇女组、青商会、教职员联谊会职员就职典礼及癸卯年元宵佳节宗亲联欢活动。杭边村乡侨洪源集任新届理事长。

菲律宾总统任命许智钧为中国贸易、投资和旅游特使

2月21日下午 菲律宾总统府宣布，小马科斯总统任命龙玉村旅菲乡侨许智钧（Benito Techico）作为他的中国贸易、投资和旅游特使。许智钧是菲律宾蓝十字生物科技公司（Blue Cross Biotech Corporation）的首席执行官兼总裁、菲律宾商报董事，系菲律宾有利东方旅游有限公司董事长许中荣的长子。

施荣怀当选第十四届全国政协常委

3月10日 第十四届全国政协一次会议选举，港区省级政协委员联谊会会长、南庄村旅港乡贤施荣怀当选为政协第十四届全国委员会常务委员会委员。

"践行二十大　聚侨创未来"龙湖镇侨联会、侨青会联办主题实践活动

3月14日上午　龙湖镇侨联与龙湖镇侨青会赴厦门市同安区竹坝华侨农场开展"践行二十大　聚侨创未来"主题实践活动。龙湖镇党委副书记王义彬，统战委员、武装部部长张志向莅会指导。

当日，龙湖镇侨联、侨青会一行60人走进归侨史迹馆，在解说员的讲解下，近距离观看历史物件，亲身感受60多年来，广大归侨同胞投身祖国怀抱，在同安竹坝这片土地上挥洒汗水、砥砺奋斗的故事，学习竹坝侨胞坚守初心、齐心协力，致力于实现中华民族伟大复兴的爱国主义精神。

活动中，龙湖镇侨联、侨青会召开2023年工作联席会议。施能狮主席全面总结了龙湖镇侨联2022年工作成效，并提出2023年的工作思路：龙湖侨联将围绕龙湖镇党委2023年工作的总体要求，以高度的政治责任感和使命感，发挥"侨"的优势，切实履行职能。一是把学习宣传贯彻二十大精神作为重大政治任务，认真做好港澳台同胞、海外侨胞的思想引导工作，做好汇聚力量、议政建言、服务大局等各项工作。二是创新工作形式，持续做好海外联谊交流活动。三是启动"龙湖侨乡文化研究"工作，深入基层做好侨乡文化田野调查。

龙湖镇侨青会许平会长回顾2022年的工作总结，并提出侨青会2023年的工作思路：龙湖侨青会将进一步围绕理监事会下设的秘书处、外联学习部、文娱部、体育部、志愿服务部五大部门开展各项会务工作，同时，也希望借助其他团体、协会资源进行互通互联，多出访，经常性到各企业、政府事业单位参访，深化与香港、澳门等涉侨团体交流互动。

龙湖镇侨联副主席吴谨程就龙湖镇侨联关于增补委员、常委的情况作说明，并根据基层侨联组织工作有关规定，经全体会议选举，南侨中学校长、书记曾国耕、晋江市医院晋南分院院长洪天姿同志当选为龙湖镇侨联第九届委员会委员、常委。

龙湖镇党委王义彬副书记在会议中指出，2022年龙湖镇侨务工作收获满满，圆满完成了各项工作；2023年龙湖镇侨务工作要继续提质增效，围绕党委、政府工作部署，以高质量发展为目标、以融合发展为重点，积极拓展工作思路，全力推动侨务事业再上新台阶。

龙湖镇侨联、侨青会主题实践活动入录《同心看闽侨·福建侨务一周动态》

3月20日　福建侨报社官微推出《同心看闽侨·福建侨务一周动态》，刊发《龙湖镇侨联、侨青会联办主题实践活动》推文，报道3月14日龙湖镇侨联、侨青会赴厦门市同安区竹坝华侨农场开展"践行党的二十大　汇聚侨力创未来"主题实践活动简讯。

施东方博士荣膺菲律宾商总第三十四届理事长

3月26日　工业家和慈善家、前港村旅菲乡贤施东方博士（Dr. Cecilio Pedro）荣膺菲华商联总会（FFCCCII）第三十四届理事长。施东方1975年毕业于马尼拉雅典耀大学并获商业管理学士学位，并于2006年3月在菲律宾科技大学获得技术管理哲学名誉博士学位。龙埔村乡贤施伟廉、烧灰村乡贤许学禹、龙园村乡贤施清玮、仑上村乡贤洪健雄荣膺副理事长。

施锦珊当选北京福建企业总商会第五届理事会会长

3月31日　北京福建企业总商会第五届第一次会员代表大会在北京会议中心举行，鑫桥联合融资租赁有限公司总裁、衙口村旅港乡贤施锦珊博士当选北京福建企业总商会第五届理事会会长。

香港龙湖同乡联谊会回乡交流考察

4月4日上午　香港龙湖同乡联谊会返乡参访团在荣誉团长施能狮、施维雄、许成沛、许文直，团长施金福和名誉顾问施世筑、施锦山的带领下回到家乡龙湖，与龙湖镇党政领导及各村主干共同畅叙乡谊、共话发展。龙湖镇党委书记许文倡、镇长张志雄等党政领导及各工作点正副点长、各旅港乡亲原籍村主干出席座谈会。座谈会由龙湖镇党委副书记王义彬主持。

龙湖镇党委书记许文倡对香港龙湖同乡联谊会返乡参访团的到来表示诚挚的欢迎，并对广大旅港乡亲多年来对家乡龙湖的支持表示感谢。他表示，近年来家乡龙湖的经济建设和社会发展发生了重大变化，正全方位推进"产城乡"融合新型织造名镇建设，奋力推进中国式现代化龙湖实践。希望广大乡亲能够常来龙湖看看，多为龙湖的发展建设牵线搭桥、建言献策，家乡人民将敞开胸怀，欢迎每一位游子的归来！

随后，龙湖镇镇长张志雄向与会乡亲通报了龙湖镇2022年工作情况及2023年工作计划，他表示：龙湖镇2023年将全力推进科技创新和产业提升双联动、推进城镇建设和乡村振兴双驱动、推进民生福祉和文化文明双提升、推进平安安全和治理创新双提效、推进网格管理和治理能力双促进。希望各位乡亲继续支持家乡经济社会发展，共同为家乡发展出谋划策、贡献力量。

香港龙湖同乡联谊会返乡参访团团长施金福在致辞中表示，踏上家乡的土地，亲切感油然而生，通过参观考察深刻地感受到了家乡的发展变化，内心非常激动，香港龙湖同乡联谊会将加强与家乡龙湖的联络互动，发动广大旅港乡亲多为家乡经济社会发展贡献力量。

最后，与会乡亲还围绕乡村振兴畅所欲言，积极为乡村振兴建言献策。

当天，参访团一行还先后参观了福林村传统村落、来旺良品堂闽南古早味传承基地、龙园村侨史馆、晋金供水公司、施琅纪念馆等，实地感受家乡的发展变化。乡亲们纷纷表示，将进一步发挥桥梁纽带作用，当好家乡发展的"牵线人""推介者"，发动各方力量多为家乡发展建言献策、添砖加瓦。

施能狮等龙湖籍乡贤当选晋江市侨联第十三届委员会委员

4月7日下午 晋江市第十三次归侨侨眷代表大会在金玛国宾酒店召开。龙湖籍乡贤施能狮、许清水当选晋江市侨联第十三届委员会副主席，许平、许文直、许清水、吴谨程、施能狮当选常务委员，许文直、许平、许凉凉、许海港、许清水、吴远北、吴谨程、张为瑟、郑科雄、施俊侨、施能狮、施逸、施清棍当选委员。

多位龙湖籍侨亲受聘晋江市侨联第十三届委员会名誉职务

4月7日下午 在晋江市第十三次归侨侨眷代表大会上，多位龙湖籍侨亲受聘晋江市侨联第十三届委员会名誉职务。受聘为荣誉主席的有：施子清、施教明、施清流、施维雄、洪祖杭、董吴玲玲、施家伦、施汉生、施恭旗、施文诞、施华民；受聘为名誉主席的有：吴天赐、吴远康、施世筑、洪游奕、许文曲、施人玮、施志伴、许中荣、许经旋、施东方、施永昌、施亨利、施培铨、洪我景、施盛大、施健伦、许鸿仪、施教永、施文照；受聘为海外委员的有：许克宜、许扁、吴永坚、施聪典、洪聪晓、洪朝沙、洪聪伟、吴长堂。

许清水、施文诞、施盛大当选晋江市海外联谊会第五届理监事会副会长

4 月 7 日下午 晋江市海外联谊会（简称"海联会"）第五届理监事会、晋江市归国华侨联合会第十三届委员会暨世界晋江青年联谊会（简称"世晋青"）第六届理监事会就职大会在党校大会堂召开，龙湖籍乡贤许清水、施文诞、施盛大当选海联会新届理监事会副会长。

许辉腾、施锦山当选世界晋江青年联谊会第六届理监事会副会长

4 月 7 日下午 晋江市海外联谊会（简称"海联会"）第五届理监事会、晋江市归国华侨联合会第十三届委员会暨世界晋江青年联谊会（简称"世晋青"）第六届理监事会就职大会在党校大会堂召开，龙湖籍乡贤许辉腾、施锦山当选世晋青新届理监事会副会长。

"龙湖·福林侨史馆"正式开馆

4 月 8 日上午 "龙湖·福林侨史馆"开馆剪彩仪式在龙湖镇福林村春晖楼举行。晋江市委统战部副部长吴好景、晋江市委宣传系统党委书记李育波、晋江市侨联副主席高斓斓，龙湖镇党委书记许文倡、镇长张志雄、人大主席谢海青等镇党政领导，还有来自菲律宾、阿联酋、印尼、日本、澳大利亚、新加坡等国家及我国香港、澳门等地区的龙湖乡亲，以及部分重点侨村党总支部书记，龙侨中学、云峰中学及晋南医院负责人等出席揭牌仪式。仪式由龙湖镇党委统战委员、武装部部长张志向主持。

龙湖镇党委书记许文倡、镇长张志雄，市委统战部副部长吴好景，市侨联副主席高斓斓，深圳福建商会会长、香港福建社团联会副主席、晋江市侨联副主席、龙湖镇侨联主席施能狮，福建省工商联兼职副主席施天佑，菲华各界联合会名誉主席许中荣，全国政协委员、香港福建社团联会副主席施维雄，福建省政协委员、浙江省福建商会会长施人玮，阿联酋福建总商会会长施文照，香港龙湖同乡联谊会永远荣誉会长许成沛，龙湖镇侨界青年联合会会长许平，福林村党总支部书记许景景，在海内外龙湖乡亲的见证下，共同用"金剪刀"剪出了"龙湖·福林侨史馆"的"新气象"。

剪彩仪式结束后，龙湖乡亲一同参观侨史馆。"龙湖·福林侨史馆"是

侨史馆矩阵战略下的首座镇、村两级侨史馆，通过对晋江市文物保护单位春晖楼的修缮保护、活化利用，在镇级区域，分别设置侨乡之光、潮涌弦歌、百舸争流、侨乡故里、扬帆起航等五个板块；在村级部分，规划了侨中之侨、侨乡福林、檀香林郁、情深义重、报效祖国、敦睦乡谊、弦歌之声、德泽桑梓等八大区域，以侨乡风貌和旅外乡贤作为明暗两线依次展开，以图文陈列、光影互动等形式全面展示龙湖海外乡贤风采、侨胞奋斗历程和侨乡历史文化，使春晖楼焕发活力，承载海外游子的思乡之情。

随后，与会人员在福林村委的带领下参观福林村古村落保护修缮及侨厝、侨村建设情况。

龙湖镇举办"四海龙湖人·侨聚向未来"恳亲大会

4月8日上午 "四海龙湖人·侨聚向未来"恳亲大会在龙湖镇来旺良品堂闽南古早味传承基地举办。来自菲律宾、阿联酋、印尼、日本、澳大利亚、新加坡等国家及我国香港、澳门等地区的龙湖乡亲，与镇侨联、商会、侨界青年联合会代表齐聚家乡，共叙乡思乡情，畅谈未来发展。

晋江市委统战部副部长吴好景、晋江市委宣传系统党委书记李育波、晋江市侨联副主席高斓斓、龙湖镇党委书记许文倡、镇长张志雄、人大主席谢海青等镇党政领导，以及重点侨村党（总）支部书记参加活动。会议由龙湖镇党委统战委员、武装部部长张志向主持。

现场举行了"施琅故里·侨乡龙湖"龙湖镇形象 IP 设计大赛启动仪式。龙湖镇党委书记许文倡，龙湖镇镇长张志雄，晋江市委宣传部部务会成员、二级主任科员、宣传系统党委书记李育波，深圳福建商会会长、香港福建社团联会副主席、晋江市侨联副主席、龙湖镇侨联主席施能狮，福建省工商联兼职副主席施天佑，菲华各界联合会名誉主席许中荣，全国政协委员、香港福建社团联会副主席施维雄，澳门龙湖同乡会会长施清积，来旺良品堂创始人洪一博，恒盛集团总经理许鸿源，分别拿起手中的"流沙壶"，共同用流金沙，映现"施琅故里·侨乡龙湖"，正式开启龙湖镇形象 IP 设计大赛筹备工作。

"施琅故里·侨乡龙湖"龙湖镇形象 IP 设计大赛，将以侨乡文化和人文历史为设计题材，面向全社会征集具有鲜明龙湖特色、积极向上的形象 IP 设计作品，协力打造有标识性的宣传品牌、更具象化的家乡记忆。

现场举行了龙湖镇乡村振兴战略项目推介会。福林村党总支部书记、主任许景向在场来宾详尽介绍了福林村当前的发展情况和未来的发展方向，同时表达了合作发展的殷切希望，希望通过本次乡村振兴战略项目推介会，得到广大侨亲、乡贤支持，促进福林村发挥优势、整合资源，优化业态布局和品类组合，实现乡村产业高质量发展，促进乡村振兴。

现场召开了龙湖镇招商推介会。龙湖镇副镇长李远远向一直以来关心和支持家乡事业的海内外乡贤、侨亲和企业家表示热烈的欢迎和衷心的感谢，希望大家能够继续关心、支持龙湖经济建设和社会各项事业发展，加强彼此间的沟通、交流，常来常往，多来龙湖走走，龙湖镇将会继续营造良好营商环境，提高服务能力，为广大乡亲回乡投资、创业架桥铺路，让大家安心投资、大胆创业、放手发展。

活动现场还开展了龙湖镇海外菁英汇专场沙龙座谈会和"龙湖智库"聘任仪式，着力发挥侨力资源优势，全力推进"乡贤归巢共富"工程，广泛吸引海内外乡贤人才反哺故里，共建家园。

座谈会由龙湖镇镇长张志雄主持。其间，他向与会乡亲介绍龙湖经济社会发展情况和未来的发展计划，并表示：今年，龙湖镇将从推进科技创新和产业提升双联动、推进城镇建设和乡村振兴双驱动、推进民生福祉和文化文明双提升、推进平安安全和治理创新双提效、推进网格管理和治理能力双促进五个方面，全方位推进"产城乡"融合新型织造名镇建设，奋力推进中国式现代化龙湖实践。同时，再次真诚地邀请大家常来龙湖看看，多为龙湖的发展建设牵线搭桥、建言献策，家乡人民将敞开胸怀，欢迎每一位游子的归来。

会上，菲华各界联合会名誉主席许中荣，深圳福建商会会长、香港福建社团联会副主席、晋江市侨联副主席、龙湖镇侨联主席施能狮，龙湖镇侨界青年联合会会长许平分别作了发言，为家乡发展建言献策。

最后，龙湖镇党委书记许文倡表示，一直以来，广大龙湖侨亲、乡贤、企业家时刻记挂造福桑梓，关心参与龙湖公益慈善、乡村振兴等各项事业，这些大义大爱，家乡人民始终铭记于心。

洪游奕上榜福布斯中国"大湾区 ESG 企业家 30 评选"

4月14日　福布斯中国"大湾区 ESG 企业家 30 评选"结果发布，维珍妮集团主席、首席执行官兼执行董事洪游奕先生上榜。洪游奕先生系烧灰村旅港乡贤，龙湖镇侨联副主席。

"龙湖·福林侨史馆"开馆入录《同心看闽侨·福建侨务一周动态》

4 月 17 日 福建侨报社官微推出《同心看闽侨·福建侨务一周动态》，刊发《晋江"龙湖·福林侨史馆"开馆》推文：

近日，泉州晋江市龙湖镇"龙湖·福林侨史馆"开馆并举办"四海龙湖人·侨聚向未来"恳亲大会。来自菲律宾、阿联酋、印尼、日本、澳大利亚等国家，以及中国香港、澳门等地区的龙湖乡亲参加活动。

今年来，为全方位展示龙湖侨史的深厚底蕴，龙湖侨联创新推出侨史馆矩阵建设理念。"龙湖·福林侨史馆"就是侨史馆矩阵战略下的首座镇、村两级侨史馆。其中，在镇级区域，分别设置侨乡之光、潮涌弦歌、百舸争流、侨乡故里、扬帆起航 5 个板块；在村级部分，规划了侨中之侨、侨乡福林、檀香林郁、情深义重、报效祖国、敦睦乡谊、弦歌之声、德泽桑梓八大区域，以侨乡风貌和旅外乡贤作为明暗两线依次展开，通过图文形式全面展示龙湖镇悠久的侨乡历史和文化魅力。

省委统战部综合侨情处处长潘晨辉一行来龙湖镇调研侨务工作

4 月 21 日下午 省委统战部综合侨情处处长潘晨辉、侨政处处长李道振一行，在泉州市委统战部四级调研员康彤明的陪同下到龙湖镇调研侨务工作，并召开座谈会。晋江市委常委、统战部部长黄天凯，市委统战部副部长、市侨办主任吴好景，市归国华侨联合会党组书记、主席陈建军，龙湖镇党委副书记王义彬，深沪镇党委统战委员、秘书王育民，晋江市内坑镇党委统战委员、秘书张燕娜，龙湖镇侨联和重点侨村业务骨干、侨胞代表参加座谈。潘晨辉处长一行实地参观了龙湖·福林侨史馆，深入了解了龙湖镇侨乡发展历史、海外侨胞奋斗历程和旅外乡贤人物风采，并对该镇做好新时代"侨"文章，凝聚侨心、汇集侨力建设中国式现代化的侨乡提出了具体的意见建议。

《福建侨报》《晋江乡讯》报道"龙湖·福林侨史馆"开馆

同日 《福建侨报》以《晋江市"龙湖·福林侨史馆"开馆》为题，《晋江乡讯》以《"龙湖·福林侨史馆"正式开馆》为题，分别报道"龙湖·福林侨史馆"开馆消息。

施君易在 2023 年日内瓦国际发明展夺得金奖

4 月 26 日 为期 5 天的第四十八届日内瓦国际发明展在瑞士日内瓦 Palexpo 展览馆开幕。这是自 2020 年新冠疫情暴发以来该展览会首次恢复线下展出，40 个国家的 800 多个参展单位共展出 1000 多个发明项目。在激烈的角逐之下，石厦村旅港乡贤施君易的科研项目——"云合混合现实平台"夺得评审团嘉许金奖。"云合混合现实平台"是透过对患者医疗数据进行基于人工智能的自动化处理与电影渲染，该平台可创建逼真的增强现实 3D 全息图，以加强进行手术时的合作与沟通。

龙湖镇侨联、江南街道侨联开展交流活动

4 月 28 日上午 泉州市鲤城区江南街道侨联会组织部分侨联干部到龙湖镇侨联会开展经验交流会。江南街道侨联会成员先来到施琅纪念馆、龙湖镇侨联会所、福林村端园华侨生活记忆馆、龙湖·福林侨史馆参观考察，在解说员的带领下，详细了解了龙湖悠久的侨乡历史、丰富的历史建筑资源和旅外乡贤人物风采以及海外侨胞情系桑梓、回报家乡的义举。

随后，在座谈会上，龙湖镇侨联会和江南街道侨联会就新时期侨联工作新思路、发挥侨联组织力量等方面进行深入探讨，交流彼此的成功经验和工作成果，并对今后侨联工作展开设想，集思广益。会后，双方表示，将进一步加强兄弟侨联会之间的联系沟通，积极开展常态化、多领域、深层次的合作交流，在合作中增进情谊，整合各方资源，服务地方发展，共同推动新时代侨联工作高质量发展。

施俊匡荣获"天津市青年五四奖章"

同日 第二十二届天津青年五四奖章揭晓。天津市政协委员，香港政协青年联会副主席兼政策研究及培训委员会主任，香港青年联会常务副秘书长，怡高安迪（香港）有限公司董事，帝龙集团香港有限公司创始人，龙园

村旅港乡贤施俊匡荣获"天津市青年五四奖章"。

吴金泉任旅菲晋江埭头同乡会新届理事长

同日晚 旅菲晋江埭头同乡会成立54周年暨第四十一连四十二届理监事会就职典礼在马尼拉东海皇宫大酒楼举行，吴金泉任新届理事长。

洪祖江任菲华英林洪氏家族总会新届理事长

4月30日中午 菲华英林洪氏家族总会假座菲律宾巴兰玉计市东海皇宫大酒楼举行庆祝成立80周年钻禧纪念暨第八十届理监事及青年组职员就职典礼，仑上村乡侨洪祖江任新届理事长。

施锦珊任香港施氏宗亲会第十九届理监事会理事长

同日 香港施氏宗亲会第十九届理监事暨第六届青年委员会就职典礼在荃湾如心酒店举行。衙口村旅港乡贤施锦珊任新届理事长，后宅村旅港乡贤施新平任监事长。施锦珊表示，宗亲会将筹办纪念先贤施琅将军收复台湾340周年系列活动。

施学顺任世界临濮施氏宗亲总会第十九届理事长

5月1日 世界临濮施氏宗亲总会庆祝成立42周年暨第十九届庆典联欢大会在荃湾如心酒店举行。前港村旅港乡贤施学顺任新届理事长。

许扁当选菲律宾菲华各界联合会2023—2025年度新届副主席

5月3日晚 菲华各界联合会假座世纪海鲜酒家举行新届常务委员会议并改选新届领导班子，烧灰村旅菲乡侨许扁当选该会2023—2025年度新届副主席。

龙湖镇侨界青年联合会志愿服务队名列第五届"晋江青年五四奖章"集体榜单

5月4日下午 晋江市纪念"五四运动"104周年暨五四"青廉"系列活动启动仪式在晋江梧林古村落举行，龙湖镇侨界青年联合会志愿服务队获第五届"晋江青年五四奖章"集体荣誉。

《人民日报海外版》刊发长篇通讯《福建晋江"龙湖·福林侨史馆"：留住"根"的记忆，展现爱乡情怀》

5月8日《人民日报海外版》第6版刊发李怡撰写的长篇通讯《福建晋江"龙湖·福林侨史馆"：留住"根"的记忆，展现爱乡情怀》，全文如下：

在福建省晋江市龙湖镇福林村，建于1946年的华侨特色建筑春晖楼最近迎来新的发展"春天"。近百年前，为报答母亲养育之恩，旅菲华侨许友超修建春晖楼。如今，春晖楼"变身"晋江市首个镇、村两级侨史馆——"龙湖·福林侨史馆"，成为侨乡人新的精神家园和传播侨乡文化的新载体。

有效保护

"龙湖·福林侨史馆"二楼，悬挂着一幅匾额复制品，上书"为国义务"四字，这是爱国将领蔡廷锴赠予许友超的墨宝，也是两人友谊的见证。

1931年"九一八"事变后，许友超多方奔走，在归国途中结识蔡廷锴，二人一见如故，结下深厚友谊。1937年，许友超被推为华侨救国会主席，全身心投入抗日救国事业，无暇照顾母亲，内心深感愧疚。1946年抗战胜利后，他返乡为母亲修建居所，借"谁言寸草心，报得三春晖"之意，取名"春晖楼"，报答母亲含辛茹苦的养育之恩，弥补长期未能孝悌膝下的遗憾。十余年后，许友超母亲去世。此后，春晖楼长期无人居住，由许友超堂亲代为照看。

2020年，福林村启动春晖楼修缮工程，次年5月正式完工。为有效保护建筑、响应晋江市创建"侨乡文化名镇名村"活动，龙湖镇侨联与福林村侨联开展合作，活化利用春晖楼，将春晖楼改造成晋江市侨史馆矩阵战略下的首座镇、村两级侨史馆。

全面展示

"龙湖·福林侨史馆"展览分为镇级和村级两大板块。在镇级区域，侨史馆分别设置侨乡之光、潮涌弦歌、百舸争流、侨乡故里、扬帆起航5个板块，介绍龙湖镇侨胞出海发展脉络和地域分布，讲述他们艰辛创业的历程及回馈祖国家乡的感人事迹。在村级区域，侨史馆规划了侨中之侨、侨乡福林、檀香林郁、情深义重、报效祖国、敦睦乡谊、弦歌之声、德泽桑梓八大区域，以侨乡风貌和旅外乡贤为明暗两条线索，介绍福林村以古村落、古民居、古街区、古学塾、古禅寺为特色的"五古"文化和华侨心系祖国家乡的情怀。

为了更好地保留华侨建筑的历史风韵，侨史馆工作人员多次咨询上海博物馆、泉州市博物馆、晋江市博物馆、晋江市文保中心等机构的专家，在布展过程中大量采用可逆性材料，以减少对建筑本体的损伤。在守住传统民居"原汁原味"的同时，侨史馆还充分利用智能设备打造更好的视听体验场景。此外，侨史馆计划将场馆数字化，丰富龙湖线上侨史馆内容。

"未来，侨史馆还将通过侨联和同乡会联系海外侨胞，进一步丰富馆内的实物藏品，同时，力求实现传统与现代结合，线上与线下结合。"龙湖镇侨联副主席吴谨程说。

传承文化

在馆内的文创展示区，琳琅满目的当地特色年画、茶具、拓片和以侨批为灵感制作的文创产品，向参观者展示着当地特色文化。福林村侨联主席许景景介绍："我们为本地企业提供优质产品展示平台，促进文化产业的发展。"

除侨史馆外，龙湖镇和福林村还依托当地丰富的侨厝侨楼资源打造华侨文化生活馆、咖啡厅和侨胞之家，力图引入不同业态，促进村镇产业发展。

龙湖镇统战委员张志向介绍，"龙湖·福林侨史馆"为村镇两级侨史馆建设提供新思路。今后，龙湖镇还将建设镇级总馆，以镇级总馆全方位展示、村级分馆多维度补充的方式，全面立体、鲜活生动地讲述龙湖镇侨乡历史。

许景景说，侨史馆目前正在和当地政府教育相关部门以及中小学洽谈，利用每周三下午的延时服务课时间，轮流组织学生参观侨史馆，未来还计划开设乡土教育课程，开展主题实践活动。

"我们希望充分发挥侨史馆的文化功能，留住海外侨胞对'根'的记忆，展现华侨华人的爱国爱乡情怀。"许景景说。

施汉明任旅菲观屏同乡会第四十五、四十六届理事长

5月12日晚 旅菲观屏同乡会第四十五、四十六届理事会、妇女组、青年组职员就职典礼在马尼拉世纪海鲜酒家举行，施汉明任新届理事长。

东石镇组织相关人员赴龙湖参观学习

5月17日 东石镇统战委员、武装部部长蔡达峰率东石镇侨联及檗谷村、湖头村、塔头刘村主干、村统战委员参观"龙湖·福林侨史馆"、龙园村侨史馆、端园，了解龙湖镇侨乡历史文化名村建设情况。

施能狮出席中国式现代化中的侨力量晋江侨乡实践交流座谈会

5月24日下午 中国式现代化中的侨力量晋江侨乡实践交流座谈会在福建"首富县"晋江举办，侨胞、各地商会代表、专家学者共话改革开放以来"侨"对晋江社会经济发展的重要贡献，龙湖镇侨联主席、香港晋江社团总会永远荣誉主席施能狮出席本次会议。"我的家乡是晋江龙湖，是一个侨胞众多的地方，海外侨胞对龙湖经济社会发展的影响十分突出，包括教育、医疗、文化等各行各业。"施能狮表示，身为一名常年在外经商的晋江人，他时刻牵挂家乡发展，响应家乡号召，回归创业，回馈桑梓，助力晋江乡村振兴、中国式现代化建设。"现在的中国发展环境更好了，机遇更多了，空间更大了，我们这些在外打拼的晋江人、侨胞、侨商更要凝聚共识，发挥桥梁纽带作用，在中国式现代化道路上奋勇争先。"

晋江经济报"乡村多看点"微视频第5期发布《许志北的家国情怀》

5月26日 晋江经济报"乡村多看点"微视频第5期发布《许志北的家国情怀》，"139个门的番仔楼你见过吗？"该视频由龙湖镇侨联副主席吴谨程介绍梧坑村番仔楼——志成兄弟楼的前世今生及爱国侨胞许志北的家国情怀。

许学禹、施幼治伉俪捐款200万比索助建中国语言文化宫

同月 旅菲烧灰村乡贤、侨宗许学禹、施幼治伉俪支持中菲两国元首确定深化农业、基建、能源和人文四大重点领域合作的联合声明，回应中国驻菲律宾大使黄溪连关于"促进中菲两国人民相知相亲"的倡议，捐款200万比索，支持中国语言文化宫建设。

施养善获香港义工联盟"优秀家庭"铜奖

6月22日 由香港义工联盟、香港深圳社团总会主办的"庆祝香港回归祖国26周年暨2023年优秀家庭颁奖典礼"在培侨书院盛大举行。此次活动经过多轮评审及网络投票，共产生了87个优秀家庭。龙园村旅港乡贤施养

善获"优秀家庭"铜奖。

施恭旗家族一行回龙湖镇前港村故乡开展恳亲交流活动

6月24日上午 旅菲著名实业家施恭旗家族一行回龙湖镇前港村故乡开展恳亲交流活动。在泉州师范学院,优秀学生代表为施恭旗家族恳亲团成员佩戴红领巾。随后施恭旗家族一行参观了前港文化活动中心和施恭旗故居,到上新厝祖厅、前港施氏大宗祠、晋江真如殿上香谒祖,并参观前港村"党建+"邻里中心筹建项目。

施子清、吴秋北分别获香港特区政府授勋、委任

7月1日 香港特区政府公布授勋及嘉奖名单,共有403人获特区行政长官颁授勋衔及作出嘉奖,这是香港回归以来第26份授勋名单。其中,南庄村旅港乡贤施子清荣获大紫荆勋章,古盈村旅港乡贤吴秋北被委任为太平绅士。

许良集任旅菲石龟许厝同乡会第五十六连五十七届理事长

7月9日晚 旅菲石龟许厝同乡会庆祝成立57周年暨第五十六连五十七届职员就职典礼在马尼拉世纪海鲜酒家举行,许良集任新届理事长。

洪聪晓任菲律宾福建青年联合总商会、国际华侨华人青商丝路交流总商会新届会长

8月1日晚 菲律宾福建青年联合总商会、国际华侨华人青商丝路交流总商会庆祝创会6周年和4周年,第七届连第八届职员就职仪式在东海皇宫酒家举行,后坑籍乡贤洪聪晓任新届会长。

当天,洪聪晓慷慨解囊,捐献晋江龙湖镇后坑村乡村建设福利金15万元、晋江侨英小学教育基金5万元、世晋青心连心慈善基金10万元,并向菲律宾英林洪氏家族总会捐献60万菲币。

许瑞愿当选菲律宾晋江同乡总会中吕宋分会首届会长

8月6日中午 菲律宾晋江同乡总会中吕宋分会、菲律宾晋江总商会中吕宋分会成立暨首届理监事泊妇女组职员就职典礼在克拉克经济特区举行,秀山籍乡亲许瑞愿当选首届会长。中吕宋幅员辽阔,辖武六干省、邦邦牙

省、丹辘省、蕊描依丝夏省、描沓安省、三描礼士省、红奚礼示直辖市等六省一直辖市。

侨乡龙湖举办"归巢"体验之旅港澳夏令营

8月12日至13日 "爱晋江 向未来"第一届晋江籍青少年"寻根逐梦"夏令营（港澳）龙湖籍营员回到故乡龙湖，开启为期两天的"归巢"体验之旅。营员们先后走进晋金供水公司、石龟许氏家庙、浔海施氏大宗祠、施琅纪念馆、闽台粘氏大宗祠、衙口沙滩、恒盛集团公司、夜光达公司、龙湖·福林侨史馆、福林侨乡，感受家乡深厚的人文积淀和经济文化发展成就。

菲律宾晋江市龙湖镇联乡总会访问团礼访晋江市涉侨相关部门

8月16日 菲律宾晋江市龙湖镇联乡总会访问团礼访晋江市涉侨相关部门。晋江市委常委、统战部部长黄天凯，晋江市委统战部副部长、市政府侨务办公室主任吴好景，晋江市统战系统党委专职副书记曾金珠，晋江市侨联副主席高斓斓参加座谈。菲龙湖镇联乡总会访问团由创会会长洪我景，名誉理事长施聪典，理事长洪源集，副理事长施文港、施纯亭、施碧昌、施玉玺组成。双方就社团建设、华文教育、新生代传承等主题进行座谈交流。

菲律宾晋江市龙湖镇联乡总会回龙湖乡访问

8月17日 菲律宾晋江市龙湖镇联乡总会访问团回龙湖乡访问。晋江市委统战部副部长、市政府侨务办公室主任吴好景，龙湖镇党委书记许文倡、镇长张志雄、人大主席谢海青、统战委员张志向等党政领导与访问团欢聚一堂，拉家常、叙乡谊、话发展。龙湖镇侨联、商会、侨青会和部分村党（总）支部书记代表参加了座谈。会上，双方互相介绍了龙湖镇经济社会建设和在菲律宾的龙湖籍社团会务发展等情况，并就招商引资助力家乡振兴、交流互动促进乡情乡谊、新生代交往携手同行等工作进行了深入的座谈和交流。

涂雅雅、施锦珊当选福建省侨联第十一届委员会兼职副主席

8月17日至18日 福建省第十一次归侨侨眷代表大会在福州举行，大会选举产生福建省侨联第十一届委员会，龙湖籍旅港乡贤涂雅雅、施锦珊当选兼职副主席。

后　记

　　历时四载，梳理与记录龙湖镇华侨历史、侨乡文化的编年体志书《龙湖涉侨编年》终于付梓出版。书名"涉侨编年"，意在以时间为中心，按年、月、日顺序记述史事，客观反映与龙湖镇这一特定地域相关的侨史发生和发展的时代背景。资料来源繁杂而广博，诸如华侨史料、社团书刊、族谱碑刻、新闻报道、文史笔记和其他地方文献等，还有十多年来的即时记录。

　　在浩如烟海的历史文献中梳理编纂这一部涉侨编年，是职责担当的体现，更是倾注情怀的过程。龙湖镇被誉为"侨乡中的侨乡"，侨乡文化积淀丰厚，而侨史文献阙如，这不能不算是一个遗憾。好在自2019年6月始，我们组织编纂了《龙湖侨史资料》，继于2021年7月编纂出版《"家国情·龙门汇"礼献建党100周年龙湖镇侨界人物展图文志》。两本侨史文集的出版，反响良好，求之者众，这坚定了我们编纂《龙湖侨乡文化丛书》的信心。

　　作为镇级编年侨史的拓荒者，本卷计19万字，将零散且无人问津的历史信息汇集成书，其间，我们所扮演的角色是历史的记录者和客观的书写者。而具体操作中的搜寻、梳理、取舍、记录、概括、编辑、撰著等，则呈现了些许编者的主观认知，我们姑且称之为个人对龙湖侨乡文化的思考。这种主观性同时带来了局限：读者在阅读的过程中，已有意无意地接受了编者所设定的编纂观点、价值与角度。再者，囿于资料有限，本卷的内容远远不是龙湖侨乡文化编年史的全貌，这也正是本卷的局限。为此，我们深感歉意。

　　幸而我们开了个头，为有志于补充和完善龙湖侨乡编年史的后来者提供一个可资比较与借鉴的文本。时间流逝，日新月异，许多东西正在我们的眼皮底下渐次消失，我们有责任有义务，为龙湖侨乡文化编年续上纪实的一笔。

需要说明的是，本卷编纂工作始于 2019 年 6 月，成稿于 2023 年 5 月，历时 4 年，而《龙湖侨乡文化丛书》策划于本卷成稿之前。我们的初衷是：编纂出版一套序列性著作，服务于龙湖镇侨联工作，服务于龙湖侨乡各项建设。另外，基于侨乡文化生态的完整性考虑，本卷把港澳台地区信息一并纳入侨乡编年范畴。

记录历史，留存文化。如果本卷能为不同专业、不同界别的读者带来一定的阅读收获，那么，我们的编纂初衷亦已达成。

感谢中国华侨出版社、泉州华侨历史学会、中共晋江市委统战部、晋江市委党史和地方志研究室、晋江市侨联、晋江市社科联、龙湖镇党委、龙湖镇政府诸单位对本卷编纂、出版工作的悉心指导与支持！

编　者
2023 年 8 月